多様化する社会の中で
新たな言語教育のあり方を探る

言語と教育

杉野俊子
監修

田中富士美
波多野一真
編著

井上恵子／岡崎享恭／岡山陽子／蒲原順子／近藤 功
佐々木倫子／中川洋子／野沢恵美子／長谷川瑞穂
濱嶋 聡／原 隆幸／森谷祥子／山本忠行

明石書店

まえがき

　人は他の人の「何気ない一言によって」幸せな気分になったり、一生忘れないほど傷ついたりする。それほど言葉には力がある。言葉は人の人生や社会やひいては世界全体を左右するほどの力を持っている。「〇〇と言ったではないか」とＡ氏が非難し、「いや、そんなふうには言った覚えはない、それはＡ氏の記憶違いだ」とＢ氏が反論するのは、昨今の政治シーンでもよく見かけることである。Ａ氏とＢ氏の社会的立場が対等な時には、これは議論あるいは口げんかで終わってしまうが、もし立場が対等ではない場合には、そこに力関係の不均衡が生じる。また、あれほど他人が言った言葉に敏感に反応した者も、自分が優位なグループに属している時は、人の痛みに対して鈍感になる。

　人はまた、経済発展や自然環境の尊重と維持については理解を示すが、言語の維持については無知や無理解の場合が多い。環境と開発に関する議論から生まれた「持続可能性」という概念を「linguistic sustainability（言語持続性）」に当てはめた Bastardas-Boada（2014）は、言語の多様性の維持を考慮しないで、ただ単に優勢な言語を押し付けたり拡大したりすることは、環境にかまわず景気を拡大するのと同じようなものであり、社会的・文化的に破壊的影響を与える可能性がある、と警告している。その破壊的な影響力を受けるのは少数言語話者である。少数派の中には、経済的や社会的に成功するために国家や世界的に伝達手段に使われている言語を優先し、自分達の継承言語を捨てても構わないと思う人もいるが、他方では、言語の多様性とアイデンティティ維持に努める者もいる。それゆえ、政策担当者、関連機関、そして言語多数派のみならず言語少数派も社会言語的な多様性を保存していく責任と必要がある。

　本書はそのような責任と必要を共有する研究と教育に携わる16人の執筆者によって書かれたものである。執筆者たちは、「言語と言語教育のあり方は、人々の生活に大きく影響を与える」という目的及び学術的な意義をもって本書の執筆に取り組んだ。「言語教育のあり方が人々の生活に大きく影響を与える」の一例としては、昨今のグローバル化による英語の拡大に伴う英語学習の激増がある。大言語の存在意義と共に、少数言語話者にとって、自らの母語を十分に学ぶことや、母語を用いて教育を受けることができる機会があることは、個人が

生活を送る上で、また彼らのアイデンティティや文化を保持する上で、非常に大切なことである。しかし、大言語との力関係やそれに伴う経済・教育的な理由から、そうした機会が限られてしまう事例が多々見られる。

本書は、そうした各国の社会経済的状況と言語教育との関連を中心に、各国についての研究や議論を紹介していくことを出版の目的にしている。また、国内にも目を向けることにより豊かな言語教育のあり方について議論を深めている。本書は10章から構成され、「国内の事例」「海外の事例」「第三の道へ」を提案する議論という3部から構成されている。第Ⅰ部は、佐々木「日本手話とろう教育——危機的な時代の第三の道」、井上「母語を生かした英語の授業——英語を英語で教える授業を補うために」、蒲原「世界の動向に連動する言語教育とは——日本の教育に欧米型の論理的思考法と言語技術を取り入れるときに考えなければいけないこと」の三稿の他、杉野「在日ブラジル人第二世代の言語と教育の問題点」、森谷「夜間定時制高校における言語的多様性と英語教育」、中川「これからの英語とのつきあい方」の三つのコラムも含んでいる。佐々木は、ろう児をとりまく「言語と教育」の現状を見た上で、ろう教育に望まれる第三の道を提案している。井上と蒲原は、グローバル化に対応した英語教育推進の中、英語教育の広がりや欧米型の論理的思考を表す言語表現や形式が、日本語や日本人の思考力に与える影響を憂慮し、内発的に起こるような方向性を示唆している。杉野は、「ニューカマー」から「在日ブラジル人第二世代の時代」になったと言われる在日ブラジル人家族やその子ども達が抱える言語・教育の問題点を指摘している。森谷と中川のコラムでは、日本の英語教育の限界を考察し、今後の英語教育のあり方を提案している。第Ⅰ部の三稿と三コラムを通して、より豊かな言語教育を目指すべく、議論や提案を行った。

第Ⅱ部は、長谷川「カナダ・ヌナブト準州のイヌイットの社会変化と教育」、原「グローバル時代におけるマカオの言語教育——グローバル社会での生き残りを賭けた政策」、岡崎「英語教育と先住民族言語復興——マオリ語・アイヌ語を中心に」、野沢「インドの部族言語の教育——サンタル語教育に関する現地調査より」の四稿と、濱嶋「オーストラリアにおける少数民族言語教育の成功と不成功」、岡山「パラオにおける言語の状況」、山本「アフリカにおる言語使用と教育——公用語普及と国民教育の観点から」、近藤「ベトナムと日本の架け橋になれるか、新設のある大学の役割——その光と影」の四つのコラムから成

る。カナダ・イヌイット、マカオ、インド、オーストラリア、パラオ、アフリカ、ベトナムなど、アジア・アメリカ・アフリカ・オセアニア地域にわたる海外の事例を紹介し、先住民少数言語のその復興と教育について現状の問題点を提示し、現地語による基礎教育の普及が負のスパイラルから抜け出す方策になるのではないかという、世界の多くの少数言語話者に共通する問題の解決に貴重な示唆をしている。

　また、第Ⅲ部では、田中「言語は中立か――英語の経済的・社会的優位性についての一考察」、杉野「脱グローバル化時代の語学教育――「母語＋英語＋第三の場所」の提案」、波多野「日本における英語必要・不要論――バフチンの「対話」の概念が示唆する第三の道」の三稿を通して、言語と教育の関係を、現在の英語教育のあり方とその発展性をグローバルな視点からとらえなおし、未来へ向けて第三の道を探っていく試みを行った。

　本書は、特定の言語を単純に導入／擁護／推進（あるいは反対）しただけでは解決できない複雑な状況を「矛盾」と捉え、国内外のそうした状況を（言語）教育という視点から客観的に伝えていくことを心掛けた。また、事実を伝えるだけではなく、賛成・反対という二分法的に議論されがちな言語使用に関する摩擦や衝突を乗り越え、未来に向けて第三の道を提示できる一冊にしていくことを目指した。

　言語教育は、教育的要素によってのみ内容が決定されるわけではなく、往々にして社会的・政治的・経済的要素に左右される。ゆえに、教育方法や教授法を研究すると同時に、それぞれの地域の状況を調査し、そこに住む人々にとって最良の言語教育のあり方を提言することで、より豊かな言語教育を提言することができると言えよう。様々な地域の状況をまとめた本書は、言語教育における関連した研究を発展させていく上で、大きな学術的意義を有すると思われる。

2017 年 10 月

杉野俊子（監修）、波多野一真（編集）

参考資料

Bastardas-Boada, A. (2014). Linguistic sustainability for a multilingual humanity. Sustainable Multilingualism, pp. 134-163. http://dx.doi.org/10.7220/2335-2027.5.5

目 次

まえがき　3

第Ⅰ部　国内の事例

第1章　日本手話とろう教育
危機的な時代の第三の道　　佐々木倫子　10

コラム①　在日ブラジル人第二世代の言語と教育の問題点　　杉野俊子　28

第2章　母語を生かした英語の授業
英語を英語で教える授業を補うために　　井上恵子　32

コラム②　夜間定時制高校における言語的多様性と英語教育　　森谷祥子　49

コラム③　これからの英語とのつきあい方　　中川洋子　53

第3章　世界の動向に連動する言語教育とは
日本の教育に欧米型の論理的思考法と言語技術を取り入れるときに考えなければいけないこと　　蒲原順子　57

第Ⅱ部　海外の事例

第4章　カナダ・ヌナブト準州のイヌイットの社会変化と教育　　長谷川瑞穂　76

コラム④　オーストラリアにおける少数民族言語教育の成功と不成功　　濱嶋聡　94

コラム⑤　パラオにおける言語の状況　　岡山陽子　98

第5章 グローバル時代におけるマカオの言語教育

グローバル社会での生き残りを賭けた政策 ········ 原　隆幸　102

コラム⑥　アフリカにおける言語使用と教育 ·· 山本忠行　120

第6章 英語教育と先住民族言語復興

マオリ語・アイヌ語を中心に ································ 岡崎享恭　125

コラム⑦　ベトナムと日本の架け橋になれるか、新設のある大学の役割
近藤　功　141

第7章 インドの部族言語の教育

サンタル語教育に関する現地調査より ········ 野沢恵美子　145

第Ⅲ部　第三の道へ

第8章 言語は中立か

英語の経済的・社会的優位性についての一考察

田中富士美　170

第9章 脱グローバル化時代の語学教育

「母語 + 英語 + 第三の場所」の提案 ················ 杉野俊子　198

第10章 日本における英語必要・不要論

バフチンの「対話」の概念が示唆する第三の道

波多野一真　215

あとがき　231

用語索引　233

第 I 部

国内の事例

第1章
日本手話とろう教育
危機的な時代の第三の道

佐々木倫子

> ぼくが光と音を失ったとき　そこには言葉がなかった
> そして世界がなかった
>
> ぼくは闇と静寂の中でただ一人　言葉をなくして座っていた
> ぼくの指にきみの指がふれたとき　そこに言葉が生まれた
> （後略）
>
> （福島 智〔盲ろう者〕"指先の宇宙"
> 『ぼくの命は言葉とともにある』より）

はじめに

　本章では、聴覚障害を持つ子どもたち（以下、「ろう児」）の言語と彼らに対する教育（以下、「ろう教育」）を取り上げる。ろう児をとりまく「言語と教育」の現状を見た上で、ろう教育に望まれる第三の道を描くのが本章の目的である。最初に、ろう教育の分野にあまりなじみのない読者のために、本章に出現するキーワードを簡単にまとめる。

日本手話——日本のろう者の間で用いられる視覚言語。日本語とは異なる独自
　の構造を持つ。「NM（非手指）表現」と呼ばれる、「眉（上げ・寄せ）、目
　（見開き・細め・視線）、あご（動き）、口（口型）、頬（ふくらみ、すぼめ）、
　舌（舌だし・動き）、頭（うなずき・動き）、肩（広げ・すぼめ・動き）」（松岡
　2015：63）、「CL 表現」と呼ばれる手の動きや位置・形、「RS（ロールシフ
　ト）」と呼ばれる実際の場面の再現、過去の考えや感じ方などの表現も、全
　て文法である（松岡、2015）。米国には ASL（アメリカ手話）、英国には BSL
　（イギリス手話）、日本には日本手話があり、それぞれ異なる構造を持つ。
日本語対応手話——「手指日本語」とも呼ばれ、日本語の文法に従って、手指
　単語（手話の単語）を当てはめていくもの。声を出しながら手指単語を並べ
　ていく場合も、声なしの場合もある。一般の人は手が動いているので、こ
　れも「手話」と考えがちだが、実際は日本語の手指単語表示である。
ろう者——日本手話を自身の第一言語（最も自由に使える言語、以下、「L1」）と
　する、聴覚に障害を持つ人
聴者——「健聴者」という呼び方もされるが、日常生活でのやり取りに不自由
　しない、通常の聴力を持っているとされる人。年少者は聴児。
デフファミリー——家族の皆が聴覚障害を持つ一家。一般的に家庭内言語は日
　本手話。デフファミリーに生まれるろう児は 1 割以下である。
指文字——手話の中で用いられる、手の形を文字に対応させたもの。

1．ろう児の「言語と教育」

　グローバル化が進む 21 世紀は、多くの人が複数の言語を運用する時代である。
社会全体は言うに及ばず、家庭内や職場で複数の言語が飛び交い、人々はバイ
リンガル、マルチリンガル（多言語）話者となる。かつて「世界的な規模で目に
つくことは、経済的に先進工業国となりえた最初で今まで唯一の非白人国、つ
まり日本が、きわめて大きな言語上の均質性を特徴としていることである」（ク
ルマス、1993：22）と指摘された日本にも、社会の多言語化を認識する流れが

12 第Ⅰ部 ● 国内の事例

出てきた。国勢調査の多言語化をはじめとするマイノリティ言語話者への配慮が出てきている。また、まだ英語能力にとどまりがちではあるが、子どもにバイリンガル言語能力を育てる目的で学校を選ぶ保護者たちも増加してきている。しかし、この流れの中で、逆に、いっそうのモノリンガル化の圧力に直面している子どもたちの集団がいる。それは、先天的に聴覚障害をもって生まれてきた子どもたちと、日本語獲得以前に失聴した子どもたちである。

聴覚障害を持った子どもが自然習得できるのは、視覚言語である手話である。同時に、マジョリティが日本語使用者である日本社会で広く活躍するためには日本語習得も不可欠となる。つまり、彼らはバイリンガル話者となることが運命づけられている子どもたちと言えよう。聴覚障害を持った子どもたちが、1000人に1人の割合で生まれ続けてきたこと、1878年に日本最初のろう学校である京都盲唖院が設立され、手話で教育がなされたことを思うと、その子どもたちの「言語と教育」の研究と教育実践に、バイリンガル教育を期待してしまうのではないだろうか。ところが、現状は期待を裏切るものである。

一例を挙げれば、日本語を身につけさせることだけに焦点化したものを除くと、国内のろう児の言語と教育に関する成果物は乏しい。大部の英文の論文集、Knoors, Harry ／ Marc Marschark (Eds.) (2015) 、Marschark, Marc ／ Gladys Tang ／ Harry Knoors (Eds.) (2014)、Marschark, Marc ／ Patricia Elizabeth Spencer (Eds.) (2016) などに比して、差は大きい。主たる書籍を見ても、上農 (2003)、金澤 (2001)、河﨑 (2004)、斉藤くるみ (2007)、斉藤道雄 (1999、2016)、スチュワート／クラーク (2009)、全国ろう児をもつ親の会 (2003、2004、2006、2008)、鳥越／クリスターソン (2003)、ムーアズ／マーティン (2006)、森／佐々木 (2016)、脇中 (2009) などである。ちなみに、ここには、研究とは異なる性質のもの、翻訳を含めている。

当然のことではあるが、日本語で本が書ける・本を書こうとするろう者の数は限られる。といって、手話で主張しても、その主張を理解できる聴者は限られる。当事者側からの情報発信が大多数の人間に届かないために、当事者の主張は無視され続けてきた。

ろう児にとって自己肯定感が持てるのは、まず、目のことばである手話によって言語意識を確立すること、そして同時に、生まれ育つ地域の音声言語

（の書きことば）に囲まれて、両言語を運用しながら、達意の2言語使用者になることだろう。バイリンガルろう教育はその目標にそった教育である。日本に生まれたろう児ならば、まず、自然習得できて自由に使える言語、つまり、第一言語（L1）の日本手話と、社会で広く活動するための第二言語（L2）の日本語という2言語選択が、身体的条件にも社会的条件にも合致した選択となる。ところが大多数のろう児が受ける教育では、本来のL1である日本手話が否定されるのである。しかも、それはモノリンガル社会の傾向が強い日本だけではない。彼らに対するバイリンガル教育は、多言語社会と自他ともに認識する欧米においても論争の種となっている（Knoors & Marschark, 2012: e3）。以下、ろう児の「言語と教育」の複雑さの整理を試みたい。

2．手話とろう教育をめぐる六つの誤解

　ろう教育において、日本語力の育成だけが目指されるのはなぜか。そこには主として以下の六つの誤解が介在すると思われる。

（1）手話は言語ではないとする誤解

　1960年代以後、手話の言語学的解明は世界各地で進んでいる。世界の言語の概要を載せているエスノローグには、2017年現在、日本手話を含む140の手話が挙げられている。亀井（2010：10）は以下のように述べている。

> 　一般啓発面でも、手話に対する言語としての認知は、著しい変化を見せています。岩波書店『広辞苑』（新村出編、2008）で、手話が言語であるとされたほか、言語学や言語処理学、歴史学、社会学、文化人類学などの事典や教科書で「手話」の項目を設け、言語の一部として紹介する例が増えてきました。

　つまり、言語学をはじめとする学問の世界では、手話は言語として認められている。しかし、学問の世界はろう教育の現場に届かない。ろう学校（特別支援

学校）には、手話は身ぶりのようなもので、身ぶりではしっかりした教育内容は伝えられないと考える聴者教員が依然として多い。2007 年にろう学校が特別支援学校とされ、教員の移動が増し、手話のできない教員が着任する。新人が手話で教育内容が伝えられないのは無論のこと、手話がことばであることも実感できないと思われる。

（2）手話は一つとする誤解
(a)「手話は一つ」とする主張

　一方、「手話は言語」と認める人の中に、「手話は一つ」と考える人々がかなりいる。「日本手話」も「日本語対応手話」も両者の間の混成手話も「手話」として一つにくくるという意味である。冒頭のキーワードの説明で述べた通り、日本手話は独自の構造を持つ独立した自然言語であり、日本語対応手話は日本語の文法に手指単語を当てはめたものである。しかし、手指単語という共通点だけに着目する人もおり、また「手話話者」を増やすねらいを持つ人もいる。つまり、日本語が L1 の中途失聴者も軽度な難聴者も含めれば、聴覚障害者は国内に 600 万人いるとも言われる。筆談だけの人もいるが、手指単語で日本語のコミュニケーションを補う人もいる。彼らの言語運用も含めれば、“手話”使用人口は大きな数字になる。

　多くのろう者は日本語（の書きことば）をある程度習得しているので、日本手話も日本語対応手話も使うことができ、相手がろう者か聴者かで言語を切り替えることもある。しかし、それは両言語をそれなりに使い分けられるということに過ぎないが、聴者には手が動くものは全て手話に見える。しかも、多くの手話サークルや研修で、まず聴者講師から教えられるのは日本語対応手話である。手話研修が福祉の分野で扱われ、手話通訳の正確性・厳密性に寛容であったことが、日本手話の言語としての位置づけを遅らせ、聴者の間にこの混乱を引き起こした面もある。2016 年の時点でも、難聴の姉を持つ、ある手話学習者が、せめて声つきをやめたいと手話サークルの講師に申し出たところ、声出しを強く促されたという（2016 年 5 月個人談）。「手話は一つ」という考えは、研修講師を務める、手話上級者と見なされる人にも共有されているのである。

（b）日本語習得のための手話

新生児聴覚スクリーニングの普及で聴覚障害は早く発見され、発見後、医療関係者は、聴児にできる限り近づける仕事を進める。親も90％以上が聴者であり、わが子に少しでも話せるようになってほしいと考える。ろう児の言語発達の知識がない聴者の親にとって、わが子に対して、話しかけながら覚えたての手指単語をつけるのは自然な言語行動だろう。さらに、現実問題として聴者の親が簡単に習えるのは、地域の手話サークルなどで教えている日本語対応手話である。

ろう教育関係者は手話をどう捉えてきたのだろうか。神田（2010）は日本手話学会の歩みを述べる中で、田上栃木聾学校教諭と栃木聾学校グループに言及している。伝統的手話（日本手話）と同時法的手話（日本語対応手話）、その混在型である中間型手話というネーミングも田上氏らによるという（2010：61-62）。

> 田上氏らの関心は聾学校教員として当然だが、聾児に日本語をいかに習得させるかにあった。（中略）しかし、伝統的手話を無視するのではなく、日本語との文法の違いには深い関心があり、伝統的手話が自然言語であることは認めていた。

田上らは、日本手話が日本語とは文法が異なる自然言語であることはわかっていたが、日本語の定着という教育的見地から日本語対応手話を作ったわけである。音声、書記、手指単語で、学校を日本語のみの言語環境にすることが、ろう児の自己肯定感、言語能力、学力にどう作用するかは、さらなる調査研究を重ねて検証する必要がある。日本手話と日本語対応手話との構造的違いを具体的に示す文献（岡／赤堀2011、木村2011、松岡2015）もあるが、ろう教育関係者にはなかなか届かず「手話は一つ」とされる現実がある。

（c）日本手話と日本語対応手話の伝達力の違い

日本手話と日本語対応手話とは異なる言語なので、そこには種々の違いがあるが、最も大きな違いは、「伝達の重層性」にあるのではないだろうか。森田／佐々木（2016）でも触れた、筆者自身がある公立ろう学校で目撃した授業は、

他のろう学校でもたびたび見られるものである。聴者の教員が日本語対応手話でろう生徒たちに質問する。生徒たちはお互いに日本手話で教師の質問の意図を検討し、解答をまとめる。そして、結論に達すると、生徒の一人が教師に向き合い、声つきの日本語対応手話で解答を伝える。別の授業で、聴者の教員が質問を板書し、ろう中学生たちに向かい「話し合ってごらん」と日本語対応手話で指示を出す。すると生徒たちは、日本手話で話し合い、教師に向かって日本語対応手話で結論を説明する。つまり、生徒たちは日本語対応手話を一貫して使用するのではなく、真のやり取りが必要になると日本手話に切り替えるのである。

　ウィルバー（2015）によれば、同等の情報を持った自然手話文と音声言語との持続時間はほぼ同じだが、対応手話では少なくとも50%長くなるという。日本手話と日本語対応手話との間でも「日本手話の場合は、2～3回の表現、3秒間で済むのに対して、日本語対応手話は7秒で二倍以上かかる。」（森田、2016：46）という記述もある。一度に複数の意味を伝えられる、つまり、重層性を持った、声のやり取りや日本手話のやり取りと異なり、書かれた文字を手指単語で表示していくような日本語対応手話には、一度に伝えられることに限りがある。

　ただし、これは日本語対応手話では真の内容伝達ができないという意味ではない。準備された原稿をもとに講演を行うときや、授業の中でも全体に向かってまとめを発表するといった発表モードのとき、日本語対応手話は機能する。特に、聞き手が聴者の場合は、文法が日本語で、手指単語の表示が明確で、しかも伝達に重層性がなくて、手形に集中すればいいのでわかりやすい。また、ろう者も多くは日本語文法をある程度習得しているので、日本語モードに切り替えれば内容理解は可能である。しかし、ものごとを分析したり、比較したりといった思考と直結しているとき、他の人との熱した議論・やり取りのときに、対応手話ではもどかしい。真剣な論争や感情の発露は内容に集中できる日本手話でやり取りするのがろう者である。

（3）ろう学校では手話で教えているという誤解

　一般人はろう学校を手話で勉強を教える所と捉えがちであるが、ろう学校は

口話を教える所であった。1933年の鳩山文部大臣の訓示以降、日本のろう学校では日本語のみ、しかも音声を授業で使用する口話教育が中心とされてきた。これをろう教育の「第一の道」と呼びたい。現在、人工内耳手術の普及などで、聴覚を生かし、発音をより洗練させる聴覚口話法が新たな流れを作りだしている。年輩ろう者の経験談にあるような、生徒の手をしばり、口の中に手をつっこむような発音訓練ではなく、笑顔とほめことばとゲーム感覚を駆使した楽しい発音訓練による口話教育で、「第一の道」を疑わない教師も親も多い。

　1993年の「聴覚障害児のコミュニケーション手段に関する調査研究協力者会議報告」で、手話は多様なコミュニケーション手段の一つと位置づけられた。それ以後は手話を導入しているとするろう学校が増えており、授業見学に行くと、話しながら手を動かしている先生もかなり見られる。これは（2）で述べた、日本語の口話＋手指単語、つまり、声つき日本語対応手話／手指日本語、手話つきスピーチと呼ばれるものである。1990年代以前と違い、生徒たちの教室内での日本手話の使用を禁止しない教員は増えたが、教員自身の授業言語は、文字と声と手指単語による日本語が大半である。

　佐々木（2015）では、ろう学校で手話活用が普及しない主たる要因2点を挙げた。

　①地域の手話サークルやテレビ講座で手指単語を覚える程度では、コミュニケーション力に限界がある。そのため、聴者教員と生徒の間で、大切な情報伝達は日本語で行うことになる。

　②日本手話が使用されないのは、個々の教員の資質の問題ではなく、教員の移動を頻繁にする、聴者の教員に十分な手話講習を用意しない、ろう者の教員免許取得を可能にする教育レベル達成が難しい、などの教員養成の制度的問題である。

　これがろう学校で、聴者の教員が苦労し続ける理由である。ろう教育の「第二の道」、声つき日本語対応手話の使用は公立ろう学校の太い流れとなっている。

（4）手話は運用で自然に育つという誤解

　人工内耳などの医療機器が発達した世界の先進国では、ろう学校が姿を消しつつある。日本も例外ではなく、減少の道をたどっている（学校基本調査）。そ

れでは、いったいろう児はどこで L1 を育てればいいのか。聴児の L1 は通常、家庭内と近隣社会で継続的に使用される。日常会話はもとより、政治・経済問題に至るまで、多様な分野の日本語が周囲で日々交わされている。さらに、小学校、中学校、高等学校と、国語の授業によって正確さや適切さが養われる。それでも、大学入学後に、学生の L1 能力が低いとして、「口頭表現」「論文・レポートの書き方」といった講義が必修となる。さらに、大学を卒業して就職すれば、接客話法、文書作成、プレゼンテーションなどを学び、やっと一人前の L1 の使い手とみなされるのである。

　一方、日本手話の育成はどうか。家庭、学校、社会の三つの育成の場で、どの場もきわめて不十分である。まず家庭だが、聴者家庭の場合、手話環境は貧しい。何も手当をしなければ、いわゆるホームサインと言われる自己流の身振りによる伝達方法にとどまってしまう。デフファミリーの場合でも、日常会話レベルにとどまりがちで、家庭に多くは望めない。

　では、学校はどうか。小学校、中学校と、近隣の学校へインテグレーション（統合）をした場合には、難聴学級へ入らない限り手話環境はない。難聴学級に入ってもないことも多い。そのため、手話環境があるとすればろう学校と考えるわけであるが、運用が生徒同士の会話レベルにとどまる学校も多い。一部のろう者教員以外に、流暢な、教科を教えられるような手話能力を教員に期待することはできない。さらに、国語授業に匹敵する手話科の授業などは、どのろう学校にも存在しなかった。

　そして、社会は手話環境を提供できるだろうか。一般社会ではほとんど使用されず、ろうコミュニティも弱体化している。マスメディア上の手話による発信は手話ニュースや政見放送などに限られ、音声による発信量に比べてあまりにも限られている。

　以上のような貧しい日本手話環境の中で、日本で唯一、手話科を設立した、私立ろう学校の悩みは深かった。2008 年の開校前も、そして開校後も、独力で国語の「聞く・話す」に匹敵する教科を作り、実施してこなければならなかったのである（森田／佐々木）。学校が日本手話の言語環境であっても、手話でコミュニケーションをしているだけでは、学校場面の日常会話能力が育成されるに過ぎない。思考を支える手話能力を育て、分析的思考力や批判的思考力を育

第1章 ● 日本手話とろう教育　　19

て、思考や感情を自由闊達にやり取りできる。それでこそ教育場面の言語であり、それは自然にまかせて育つわけではない。手話科のカリキュラム開発が急務となったゆえんである。

（5）テクノロジーがろう者をなくすとする誤解

　聴覚障害をめぐるテクノロジーの発達は、まず第一に、聞こえを良くする方向に向けられた。早期発見・早期治療によって、ろう児はより良い聞こえを手に入れる。しかし、それは聴児になることを意味するわけではない。人によって聞こえの程度に差があるが、難聴であることは共通している。もともとL1の日本語を確立した後の中途失聴者が、「音声を取りもどす」のとは違いがある。日本耳鼻咽喉科学会のホームページの「人工内耳について」も、以下の言及をしている。

　　人工内耳を通して初めて聴く音は、個人により様々な表現がなされていますが、本来は機械的に合成された音です。しっかりリハビリテーションを行うことで、多くの場合徐々にことばが聞き取れるようになってきます。このため、術後のリハビリテーションが大切です。また、リハビリテーションには、本人の継続的な積極性と、家族の支援が必要です。

　さらに、重要な点は、リハビリテーションを継続し、音が聴きとれ、きれいな発音ができるようになっても、それと話せることとは同じではないという点である。例えば、人工内耳の成功例とも言うべき星野（2015：6）においても、著者である星野の二人の人工内耳装用児について、以下の記述がある。

　　人工内耳を装用しても聴覚障害者が健聴者になるわけでなく、音声言語を習得するためには、大人の意識的な関わりと話しかけが必要となるため、A子やK子に遊びの中で適切なことばかけを繰り返してきた。（中略）軽度の難聴であることには変わりがない。

　星野（2015）では、授受動詞「くれる」の習得が困難で、周囲の大人が意識

20 第Ⅰ部 ●国内の事例

的な学習機会を設け、反応、評価をくり返すことによって、やっと習得することを検証している。「Ａ子のように、コミュニケーションで話しことばを使い、音声日本語を第一言語としていても、人工内耳を装用して言語音のインプット量を多くするだけでは不十分であり、日本語の習得のために意識的な学習が必要」（2015：219）なのである。ある程度の聴力をもつろう児にとって、音声インプットは音声言語習得の助けにはなる。しかし、音声言語を自然習得できるようにはならない。

　子どもの言語発達・認知発達はどのように起こるのか。周囲の大人とのやり取りの重要性は言うまでもない。そして、ここで特に重視したいのは、やり取りで促進される言語発達が、自分に話しかけられた時だけに起こるのではないという点である。聴児の場合、意識せずに耳に入ってくる、膨大なインプットが側聞され、つまり、小耳にはさみ、それがあるとき意味と結びつき、記憶に刻まれ、積みあがっていく。ところが、普及しつつある両耳装用の人工内耳をもってしても、子どもの言語獲得に必要な「側聞力」は現時点では得られにくいという。語彙の拡大にも、正しい文法の定着にも、そして、何よりも語用論的能力の育成にも、不断の努力が必要なのである。日本語のみに固執する限り、ろう児は「聞こえにくさ」に悩まされつつ、言語獲得と認知発達に向き合わなければならない。しかも、その努力が全員実を結ぶわけではなく、個人差がある。

　成長して他のろう者の存在、手話の存在を知り、幼少年期にろう者との接触を与えなかった親への強い反発を引き起こすケースがある。生活音の聴きとりは無論のこと、言語音の獲得にもある程度成功したにもかかわらず、自我の発達とともに、人工内耳を切り、手話に固執する者も出現する（ある耳鼻咽喉科医師の私信より）。

　これは手話だけの世界に自身を閉じ込めてしまう行動で、このような悲劇もまた避けたい。すべてのろう児の日本手話・日本語バイリンガル話者への成長の道を用意したい。

（6）手話言語法／手話言語条例が手話を社会で確立するという誤解

　岡は手話の現状について、以下のように述べている（2012：102-103）。

2011年11月6日から9日までノルウェーで開催された「手話と危機言語」の国際会議では、デンマークとオランダが特に危機的状況であるとされ、以下の声明が11月9日に出された。（中略）デンマークは手話を言語として認める法律を持ち、1982年から世界に先駆けてろう学校におけるデンマーク手話と書記デンマーク語とのバイリンガル教育を実現し、成功を収めた国であると思われていた。そのデンマークでデンマーク手話が危機言語化するというような事態が発生しているということは、デンマーク手話の安定性にかかわる振り子の振り幅の大きさで世界中を驚かせた。

　音声言語に関しては複言語主義を掲げ、バイリンガルろう教育をけん引したヨーロッパ、特に「手話を言語として認める法律」を持つデンマークで、手話が危機を迎えている。2017年現在、日本では全日本ろうあ連盟が中心となって、各地で手話言語条例制定と手話言語法制定の推進運動を活発に進めている。運動は手話を言語として保障することとして五つの権利を挙げている。「手話言語の獲得、手話言語の習得、手話言語での習得、手話言語の使用、手話言語の普及・保存」の5点である。森田／佐々木（2016）でも述べたが、条例が既に制定された県の実践を見ると、条例をもってしても現実は変わっていない。「手話言語の獲得」については、教育現場の実践とはほぼ結びついていないのである。家庭での手話環境の整備への指導もろう学校の重要な仕事であるが、条例にも実践報告にも具体的記述がない。「手話言語の習得」は、ろう学校教員と一般生徒に関する、主として入門期の日本語対応手話の例である。「手話言語での習得」も「手話言語の使用」も、ろう生徒に対する年齢相応の日本手話能力の発達保障もされていない。「手話言語の普及・保存」も同様で、聴者の中高生に対する入門的な手話の普及はあるが、ろう中高生の思考を支えるような日本手話の普及・保存に言及するものはない。これでは日本語対応手話のみが保障される可能性が強い。それは日本手話の駆逐につながりかねない。

3．日本手話とろう教育の「第三の道」

　手話言語は文字を持っていない。話者の数が限られている。しかも、地域の音声言語である日本語が生み出す経済効果と、日本手話のそれには圧倒的な差がある。その上、現代のテクノロジーは、人工内耳にしろ、補聴器にしろ、聴覚障害を最大限に解消する方向を強く推進している。しかし、聴覚障害を持った子が生まれ続けること、人工内耳で補っても難聴が残ることを考えれば、日本手話と日本語のバイリンガルを育てるという目標を、この時点で取りさげることはできない。

　にもかかわらず、障害が聴覚だけの子どもの場合、聴力を補って地域の学校に進む流れが現在主流である。そこで、近隣の学校における難聴クラスの充実と通常クラスにおけるろう児への合理的配慮の普及が重要になる。聴児との共学の中でどう情報保障をしていくか。また、ろう学校にも人工内耳装用のろう児が増えることを考えれば、音声日本語も生かすバイリンガルろう教育の形も無視できない。「第一の道」の口話教育も「第二の道」の声つき日本語対応手話による教育も、日本手話を抑圧する減産的教育だった。日本手話も日本語も生かす加算的バイリンガル教育が「第三の道」である。

（1）手話科カリキュラムの充実

　加算的バイリンガル教育を視野に置いた、手話科のカリキュラムはどうあるべきか。私立ろう学校の明晴学園は、通常の国語科教育を、「手話」と「日本語」の二つの教科で担う（学校法人明晴学園、2014）。「話す・聞く」の分野は日本手話の教員が、「読む・書く」の分野は日本語の教員が主に分担する。そこで、手話科のカリキュラムにはどのような教授項目が挙がるべきだろうか。

　教室場面の挨拶や指示・応答表現、休み時間のやり取り、職員室や保健室での説明から始まり、学校生活、教科などの手指単語は当然正確な定着が望まれる。しかし、『学校の手話』に出ているような、手指単語を覚えただけでは手話ができることにはならない。意味を重層的に伝える、日本手話らしい文法項目として、以下などが考えられよう（赤堀ほか、2009：16）。

　①手話の様々な構文が理解表出できているか。

②CL 表現ができているか。

③RS をスムーズに表現できているか。

④日本語からの口型や手話独特の口型などが必要な箇所につけられるか。

⑤日本語からの借用語彙の独自の意味を正しく理解し、表出できるか。

　これらは国語授業で言えば文法指導に相当するものである。発音から語彙、文法、談話と、言語の細かい単位から正確さを押さえていく手話能力の育成は教育に課せられた重要な仕事である。それと同時に、「体験を話す」「自分の大切なものについて、順序立てて友だちに話す」「相手が伝えたいことを落とさないように聞くことができる」「グループで発表し合う」「互いに交流して、どんなことを伝えたいのか、どんなことをつけ加えるとよいのかを確かめる」（参考『学習指導書別冊　こくご一上』）など、「聞く・話す」分野は多様な広がりを見せる。国語の場合、子どもたちは常に場面に応じた実際の言語運用を見聞きしている。兄弟げんか、親同士の会話といった家庭内運用も買い物も、マスメディアから伝わる様々な国際ニュースといった社会での運用も、全てインプットとなる。しかし、ろう児には豊かなインプットはない。手話 DVD なども限られている。手話科カリキュラムに組み込むべき言語運用は多岐にわたる。難しい選択ではあるが、育ちつつあるろう生徒を見れば、弱音をはいている暇はない。カリキュラムの詳細については稿を改めて述べたいが、以上は日本で唯一の手話科を持つ私立ろう学校の実践に見られる第三の道である。では、近隣の学校にインテグレーションされるろう児には、第三の道は望めないのだろうか。

（2）発達するテクノロジーの利用

　現在、発達しているのは、補聴器と人工内耳だけではない。タブレットや高性能のパソコンも教育機関は無論、家庭にも普及している。障害者差別解消法が 2016 年から施行され、制度的には情報保障を得やすくなった。にもかかわらず、教科の手話通訳能力を持った人材が日本全国の学校で得られるわけではない。そこで整備が望まれるのが、遠隔手話通訳サービスと遠隔要約筆記サービスである。教室の壁を越えて教室外の優れた技術にアクセスできるシステムを整えることによって、教室内のコミュニケーション環境の多様性への対応を可能にする。例えば、近隣の学校に進学した単独のろう生徒にとって、小さなカ

メラ、マイク、そして自分用のスマホ一つの持ち込みで、情報保障を受けながらの授業参加が可能になる。こういったシステムの整備と予算化はさらに推進されるべきであろう。

そして、テクノロジーの発達は、日本手話のできる教員と手話通訳の養成にも役立つ。遠隔教育の拠点組織を設け、質の高い日本手話の通訳養成プログラムを、どこに居住する人でも受講可能にする。日本手話の基礎をしっかりと身につけた上で、それぞれの地域のろう者との対面コミュニケーションを進めることで、高度な日本手話能力を備えた人材の養成が可能になる。

第三の道の実現はけっして容易ではない。ろう教育の世界でシステム構築では先頭を行くとも形容されるのがブラジルである。筆者は2012年にろう教育と遠隔ろう教育手話通訳養成システム利用の現場の見学と関係者インタビューを行った。ろう者教員、ろうコーディネーター、ろう生徒たちのことばに、理論を具体化することの難しさ、システムを機能させることの難しさを見た。そこには、聞こえる生徒たちと一緒の教室の一角に座って、授業に来るべき手話通訳を待つのに、無断欠勤があったり、来ても手話の質が低くて授業内容が意味不明だったりすると、訪問者の筆者にまで訴えるろう高校生たちがいた。システム拠点の大学とは遠く離れた北部地域の都市だったせいもあるだろうが、理論と現実との間に大きな溝があることも確かである。

それに引きかえ、声つき対応手話を含めて地域の多数派言語を授業言語とする考えは、実現の容易さの点では優れている。声つき対応手話を授業手段とすることを肯定するのは、日本のろう教育関係者だけではない。KnoorsとMarschark（2012）という欧米のろう教育研究をけん引してきた研究者たちも、多くの調査研究の結果を総合して、豊かな自然手話環境を幼い時から整えることの難しさを考慮すると、教育的な見地からは手指単語つきスピーチ、つまり声つき対応手話を選択するとしている。しかし、L1の手話が学習言語レベルまで育ちにくく、地域の多数派言語への転移があまり期待できないためL1手話をあきらめるか、だからこそL1手話と地域の多数派言語の両方の使い分け能力を育てるべきかを比べたとき、筆者は後者を選択する。「第一の道」と「第二の道」の「言語と教育」を考えるとき、それらが、ろう児の思考と発信／受信を支えるには不十分であることを、これまでのろう教育が示している。通信機器

等のテクノロジーは日進月歩で成長している。日本は一つの拠点のシステムが全国に及びやすい。教育のインフラはかなり整っている。21世紀のろう教育は「第三の道」のバイリンガルろう教育を可能にする条件に恵まれているのである。以上がろう児を取りまく「言語と教育」の現在とこれからである。

注

1 人工内耳はいったん頭に埋め込んだら、取りだすことはできない。使用をやめたい場合は電源を切ることになる。

参考文献

赤堀仁美／岡典栄／小野広祐／梶陽子／狩野桂子／長谷部倫子／深瀬美幸／森田明／木村晴美（2009）『ハルミブック指導書』（手話版）特定非営利活動法人バイリンガル・バイカルチュラルろう教育センター

ウィルバー、ロニー・B（2015）「第24章　言語のモダリティと構造」『デフ・スタディーズ——ろう者の研究・言語・教育』明石書店、595〜621頁（Ronnie B. Wilbur (2011) "Modality and the Structure of Language: Sign Languages Versus Signed Systems", *The Oxford Handbook of Deaf Studies, Language, and Education, Volume 1, Second Edition*.）

上農正剛（2003）『たったひとりのクレオール——聴覚障害児教育における言語論と障害認識』ポット出版

岡典栄（2012）『日本手話——書きことばをもたない少数言語の近代』一橋大学審査博士学位論文

岡典栄／赤堀仁美（2011）『日本手話のしくみ』大修館書店

学校法人明晴学園（2014）『明晴学園　教育課程』学校法人明晴学園

金澤貴之編（2001）『聾教育の脱構築』明石書店

亀井伸孝（2010）「特集「手話言語学の50年」企画趣旨」（『手話学研究』第19巻、日本手話学会）

河崎佳子（2004）『きこえない子の心・ことば・家族——聴覚障碍者カウンセリングの現場から』明石書店

神田和幸（2010）「日本手話学の歩み——自分史的視点からのエッセイ」（『手話学研究』第19巻、日本手話学会）

木村晴美（2011）『日本手話と日本語対応手話』生活書院

斉藤くるみ（2007）『少数言語としての手話』東京大学出版会

斉藤道雄（1999）『もうひとつの手話』晶文社

斉藤道雄（2016）『手話を生きる——少数言語が多数派日本語と出会うところで』みす

26　第Ⅰ部 ●国内の事例

ず書房

佐々木倫子（2015）「手話と格差——現状と今後にむけて」（『言語と格差——差別・偏見と向き合う世界の言語的マイノリティ』明石書店）

スチュワート、デイヴィッド・A／ブライアン、クラーク・R（松下淑／坂本幸訳）（2009）『聴覚障害児の読み書き能力を育てる』明石書店

全国ろう児をもつ親の会編著（2003）『ぼくたちの言葉を奪わないで！——ろう児の人権宣言』明石書店

全国ろう児をもつ親の会編（2004）『ろう教育と言語権——ろう児の人権救済申立の全容』明石書店

──（2006）『ろう教育が変わる！——日弁連「意見書」とバイリンガルろう教育への提言』明石書店

──（2008）『バイリンガルでろう児は育つ』生活書院

鳥越隆士／グニラ・クリスターソン（2003）『バイリンガルろう教育の実践——スウェーデンからの報告』全日本ろうあ連盟

フロリアン、クルマス（諏訪功／菊池雅子／大谷弘道訳）（1993）『ことばの経済学』大修館書店

星野友美子（2015）『人工内耳装用児の言語学習活動』ココ出版

ムーアズ、ドナルド・F／マーティン、デヴィッド・S編、松藤みどり／長南浩人／中山哲志監訳（2006）『聴覚障害児の学力を伸ばす教育』明石書店

松岡和美（2015）『手話言語学の基礎』くろしお出版

森壮也／佐々木倫子編（2016）『手話を言語と言うのなら』ひつじ書房

森田明（2016）「日本手話と日本語対応手話の情報落差」（『日本語教育学会春季大会予稿集』45 〜 48 頁）

森田明／佐々木倫子（2016）「ろう教育における手話のあるべき姿」（『手話を言語と言うのなら』ひつじ書房）

光村図書出版（2015）『小学校国語　学習指導書別冊　こくご一上』）光村図書出版

ろう教育科学会編（2012）『聴覚障害教育の歴史と展望』風間書房

ろう教育を考える全国協議会（2013）『学校の手話』NPO 法人ろう教育を考える全国協議会

脇中起余子（2009）『聴覚障害教育これまでとこれから——コミュニケーション論争・9歳の壁・障害認識を中心に』北大路書房

Knoors, Harry, Marc Marschark (2012) "Language Planning for the 21st Century: Revisiting Bilingual Language Policy for Deaf Children", *Journal of Deaf Studies and Deaf Education*: 1-15 (http://jdsde.oxfordjournals.org).

Knoors, Harry, Marc Marschark (Eds.) (2015) *Educating Deaf Learners: Creating Global Evidence Base*, Oxford University Press. New York, NY.

Marschark, Marc, Gladys Tang, Harry Knoors (Eds.) (2014) *Bilingualism and Bilingual*

Deaf Education, Oxford University Press, New York, NY.

Marschark, Marc, Patricia Elizabeth Spencer (Eds.) (2016) *The Oxford Handbook of Deaf Studies in Language*, New York, NY. Oxford University Press.

〈参考サイト〉（最終アクセス 2017 年 3 月 30 日）

エスノローグ

https://www.ethnologue.com/statistics/family

学校基本調査　特別支援学校

http://www.e-stat.go.jp/SG1/estat/List.do?bid=000001079867&cycode=0

日本耳鼻咽喉科学会「人工内耳について」

http://www.jibika.or.jp/citizens/hochouki/naiji.html

コラム ①

在日ブラジル人第二世代の言語と教育の問題点

杉野俊子

在日ブラジル人第二世代

　1908 年に第 1 回日本人移民 781 名が笠戸丸でブラジルに向かってから 110 年、世界に拡散している日系人の最多数の 190 万人（2016 年）が地球の裏側のブラジルに住んでいると言われる。一方、1990 年の日本の出入国管理法改正で、日系 1 世から 3 世とその配偶者と家族に在留資格が与えられてから、日本に来日した日系ブラジル人の総数は 2006 年には過去最高の 31 万 2979 人に上った。2008 年のリーマンショック以降、その総数は 17 万 4284 人（2016 年）に減少したが、在日ブラジル人家族の持家数やその子ども達の進学率が高くなり、今や「ニューカマー」から「在日ブラジル人二世代の時代」になったと言われている。

　日系ブラジル人の数が常に最多の浜松市（2016 年 12 月、9165 人）は、2000 年代初頭には、騒音やゴミ出しなどの近隣住民とのトラブルや、親の日本語能力不足と学校文化の相違のせいで子どものいじめや不登校の問題などが顕著だった。浜松市は、2001 年の「外国人集住都市公開首長会議」における「世界都市化ビジョン」の宣言を皮切りに、2010 年 1 月の浜松市外国人学習支援センターの設立、2009 年の在浜松ブラジル総領事館の開設、2011 年の不就学ゼロ作戦など、地域住民と外国人住民との共生に取り組んできた。近年では経済的な不安は完全になくなっていないが、「デカセギ」から「定住化」が増えてきた。2015 年の時点で、外国人子どもの小学校 1 年生の 69％が日本生まれであり、日系ブラジル人家族の持ち家数が全国で一番になっているのもその一例であろう。

コラム① ● 在日ブラジル人第二世代の言語と教育の問題点　29

在日ブラジル人の第二世代の特徴の一つは、高校進学率があがったことである。在日ブラジル人集住都市では、2001年まではせいぜい30%程度だったが、それ以降は60%程度になった。2011年には浜松市内の大学に通っている学生は数人しかいなかったが、2016年末には40人強が大学に願書を出した。名古屋の国際大学でも10人単位での入学が報告されている。また、愛知淑徳大学ではブラジルの通信大学制度を提供していて、2013年の時点で約200人の登録者が在籍していた。

リーマンショック以前は、ブラジルに帰国予定の親が多かったので、日本の公立小中学校に通う利点は少なかった。その後は、浜松市内の会社形態のブラジル人学校は7校から3校に減り、授業料が安い公立小・中学校に通う児童生徒が増えた。そのため、日本語の方が得意になり母語であるポルトガル語が不得意になったり、日本語しかできなくなったりしている。

さらに顕著な傾向は、50代や60代の親の世代と違って、労働者として工場で働きたくないと思っている若者が増えていることだ。

第二世代の教育上の問題点

それでは問題点はないのだろうか。高校進学率が60%になったとは言え、日本人の子どもの高校進学率は98%である。また、浜松市の「外国にルーツを持つ青少年のキャリア支援事業（2017）」の調査では、外国にルーツを持つ青少年135人のアンケート結果、日本の高校と外国人学校在学中と卒業した人数を合わせると85%になるが、その内、日本の全日制の高校に通っているものは15.1%で、後は定時制（39.5%）、単位制（35.3%）、中退などその他（67%）となった。高校進学をしていても、定時制や単位制、高校進学ができないか中途退学をした外国人の若者が安定した雇用機会を得ることは日本人の子ども以上に厳しいと思われる（浜松市キャリア支援事業2017）。

また、同上の報告書では、42.2%の青少年が「日本語を問題なく使える」、24.4%が「漢字読み書き可」と回答した一方、「日本語がほとんどできない」「漢字読み書きが不可」がそれぞれ14.1%となった。また約半数が「地域活動には参加したことがない」と答えた。

文部科学省の「日本語指導が必要な外国籍の児童生徒（2016年5月）」の

調査でも、日常会話ができても学年相当の学習言語が不足しているため学習に支障をきたしている生徒の数が一番多かった外国籍の児童生徒は日系ブラジル人の母語であるポルトガル語で、全体の約4分の1を占めている現状である。

　大学進学率に関しては正確な数値は出ていない。前述のように、スポーツ推薦や名古屋の私大など入学枠は広がっているものの、進学率は20人に1人程度と言われていて、大学進学はまだ高い壁である。ブラジルの通信制大学では、授業料が年間で31万円～54万円なので、決して安価とは言えない。

　池上と上田は、日系定住外国人第二世代の大学生に格差が広がっているという格差拡大モデルを、以下の4段階で紹介している［池上・上田2014］。

　　1．大学に進学し、語学力や異文化適応能力を生かして、大企業の総合職として活躍するグローバル人材
　　2．日本語がある程度できて、高校や専門学校を卒業し、比較的安定した職場で働く労働者
　　3．日本語が中途半場で、親世代のデカセギスタイルから抜け出せない間接雇用の工場労働者
　　4．日本語はおろかポルトガル語も中途半端な一方、日本での生活に慣れ、親世代が従事していた重労働に耐えられずバイトでつなぐ底辺層

　このような格差は、親の経済力や教育に対する意識の違いにあると、派遣会社の経営者はインタビューの中で答えてくれた。ブラジルは未だに父系家族であるため、「お父さんがしっかりしている家庭はきちんと教育している」「ポルトガル語だけ、あるいは日本語だけで育てている親が多い。二言語教育を行うには親の努力が大事である」等、親の責任を強調していた。これに関しては、NPOでボランティアをしている日系の女性も、親の中には中学生くらいの子どもをいきなり日本に連れて来たり、教育に無関心な者もいたりする、と同様のことを述べていた。現在大学に通っている学生もインタビューの中で、本人は塾とかに通わないで自力でがんばったが、親が経済的にも精神的にも後押ししないと、なかなか向学心を高く保つことは難しいとのことだった。

日本では Nikkei-Brazilians の、Nikkei（日系）の方が強調されるが、在日ブラジル領事やブラジル国内で発表されている論文では、Brazilian の方が強調され、ブラジル人の同胞が世界に出ている現象に焦点を当てている。つまり、視点を変えることで在日日系ブラジル人を理解する要素になる。

　また、日本国内では、日系ブラジル人の親世代から二世世代になって、経済的に安定した生活をして、表面的には同化して社会に溶け込んでいるので一見問題がないように見える。しかし、逆に社会システムに埋没することで、問題の所在が顕在化しなくなっただけで、問題はそのまま残っていると筆者は考える。

　「デカセギ」から「滞在型」になっている昨今、特に若者を中心として日系ブラジル人の社会参加とアイデンティティが変わってきていることを念頭におかなければならない。また、今後さらに深刻になる労働力不足に対応できるように、日本語かポルトガル語という二者選択ではなく、彼らの言語力を言語資源として二言語を伸ばしていけるような言語政策と教育システムの施策が、日本のサスティナビリティにつながっていくように、この課題に真剣に取り組んでいくべきだと考える。

参考文献

池上重弘・上田ナンシー直美編（2014）『第6回　多文化子ども教育フォーラム　ポルトガル語での討論会Ⅳ－日本の大学に進学したブラジル人たちの経験から学ぼう－報告書』静岡文化芸術大学

浜松市報告書（2017）「外国にルーツを持つ青少年のキャリア支援事業」2017年2月、1－48、浜松市

文部科学省（2014）『「日本語が必要な児童生徒の受入状況等に関する調査（平成28年度）」の結果について』文部科学省HP

第2章
母語を生かした英語の授業
英語を英語で教える授業を補うために

井上恵子

> 言語の相違は音形や記号の相違ではなく、
> 世界観自身の相違である。
>
> （レオ・ヴァイスゲルバー／福田幸夫訳
> 『母語の言語学』p. 233）

はじめに

　グローバル化が進む一方で、グローバル化に反対する動きが出るなど世界情勢は日に日に変化している。教育がこうした変化する社会の要請にこたえることは重要である。しかし、公教育としての学校における英語教育は、英会話学校とは異なり、英語のスキル（技能）の習得の他に、教育を通じて人格を形成し、ことばへの気づきを促すなど、より高い目標を掲げる必要がある。明治期では、たくさんの学術的な書物が外国語、特に英語から母語である日本語に翻訳され、人々は西欧から輸入された思想と知識を日本語で読み、それらの知識を自分のものとすることができた。また、明治以来、英語教育は文法を教え、読んだ英語の内容を日本語に訳させる、いわゆる文法・訳読教授法等が用いら

第2章 ● 母語を生かした英語の授業 　33

れ、文章を読むことに重点が置かれていた。これらを通じて、日本は西欧の
国々を目標にして国の近代化を進めていったと言えるだろう。

　近年、英語教育の目標として、文部科学省の学習指導要領ではいわゆるグ
ローバル人材を育成するために、コミュニケーション能力育成重視の方針が打
ち出され、日本全国の中学校や高等学校、大学では英語を英語で教えること
が望ましいとしている。こうした背景を受けて、学校では従来用いられてきた文
法・訳読教授法は、文部科学省が目標に掲げるような英語のコミュニケーショ
ン能力を育むためには役に立たないと敬遠されている。むしろ、学習している
外国語を使ってコミュニケーション活動をすることで、その言語を習得させる
コミュニカティブ・アプローチ教授法が主流になりつつある。本章ではこの傾
向をもう一度見直し、母語を外国語学習の重要なリソースとして活用する文
法・訳読教授法を再考する。そのために企業や学校での実態調査の結果をふま
え、母語を締め出さない方が良い理由を示し、明治期からの英語教育を参考に、
どのように母語を取り入れることができるかを検討する。そして母語を生かす
文法・訳読教授法がコミュニカティブ・アプローチ教授法の足りないところを
補うことができることを提案する。

1．英語の目標

（1）学校における英語学習

　文部科学省はグローバル化に対応した英語教育改革実施計画[2]の中で、中学校
の目標では、身近な話題についての理解や簡単な情報交換や表現ができる能力
を養うこと、高等学校の目標では幅広い話題について抽象的な内容を理解でき、
英語話者とある程度流暢にやり取りができる能力を養うこととしている。また、
中学校、高等学校ともに英語のみを使用する授業が基本である。ESL[3]の授業の
ように、教室を一歩外へ出たらいやおうなく一日中英語に触れるような環境と
日本の英語教育の環境は異なる。松村は「日本人が英語の勉強に費やしている
時間は決して多くないことを理解する」（松村、2010：4）ことが大切であると述

34　第Ⅰ部 ●国内の事例

べている。日本の中学、高校、大学でのおおよその英語の学習時間は1000時間超であり、英語のみで授業を行ったとしても、教室以外で英語に触れる機会の少ない日本では絶対的な時間数が不足する恐れがある。

（2）社会人が英語を使用する割合

　では実際、社会人はどの程度英語を使い、企業はどの程度の英語力を必要としているのだろうか。日本経済団体連合会が2015年3月に発表した「グローバル人材の育成・活用に向けて求められる取り組みに関するアンケート結果」によると、産業界が大学卒業時に学生が身につけていることを期待する素質、能力、知識では、第1位が主体性、2位が（日本語の）コミュニケーション能力、3位が実行力で、外国語能力は16項目中12番目である。また東京大学大学院教育学研究科大学経営・政策研究所センターは2010年に行った大学教育に関する職業人第一次報告において、大卒社員の仕事上での英語の使用状況を調査している。それによると、仕事上での英語の使用状況は、顧客、組織内での対応や情報収集などが多いが、平均すると8割がほとんど英語は使用しないと答えている。ユニクロや楽天株式会社のように社内の公用語はすべて英語という企業もあるが、それはあくまで自社の利益を第一義的にして英語を公用語に採用しているわけであり、国の政策としての英語教育には別の視点が必要だろう。将来仕事上で英語を使う人も使わない人も、共に学ぶ学校英語の目標は、英語のスキル（技能）だけではなく、母語を外国語と比較することなどで、異文化理解を深め、異なる習慣に柔軟に対応できる人材を育むことが期待されるべきである。

2．学校における調査

　次に、英語教育の現場では英語を英語で教える授業やコミュニケーション重視の授業はどのようにとらえられているのだろうか。現状を踏まえた上で提案できることとは何だろうか。英語を英語で教える授業や母語の扱いについての教師や生徒の意見を以下にまとめてみた。

（1）英語学習に関する実態調査

　ベネッセ教育総合研究所で実施された2015年度の「中高生の英語学習に関する実態調査2015」を以下のように要約する。

（a）　まず高等学校の英語の授業の活動についての教師の報告である。音読、発音練習、文法説明、内容読解、リスニングなどはおおよそどのクラスでも取り入れられている（80％以上）。しかし、英語での会話（生徒同士）、自分の気持ちなどを英語で表現することや、読んだ内容を英語で要約するなどの活動は半分以下（40％台）しか行われていない。さらに、ディスカッションやディベートなどの活動は10％以下である。理由としては時間が足りないこと、そして、教師自身が自分の受けた授業でそのような訓練を受けなかったことが挙げられるだろう。

（b）　授業中に教師が半分以上英語を使っている割合は、中学校6割、高校5割弱という報告である。では、どんな場面で英語を使っているのだろうか。おおよそ8割程度の教師が行っているのが、「生徒への指示」、「褒め、励まし」、「生徒とのQ＆A」である。英語の授業の中身である教科書の英文の内容を紹介したり、説明したり、紹介した英文に関する言語活動などは約50％から40％である。文法の説明になると10％以下である。生徒への指示は決まり文句で行えるため、比較的簡単に英語を使用することが可能である。しかし、英語での内容の紹介と説明はもう少し高度な内容と表現になるため、教師にとっても生徒にとってもハードルが高くなる。さらに、文法説明はほとんどの教師が日本語を使用している。この調査からも、筆者は思考力を伸ばす英語の習得は母語である日本語の支えが必要なのではないかと考える。

（2）授業内アンケート調査から

　では実際に英語を学んでいる学習者はどのように思っているのだろうか。次に示すのは、筆者が教える大学で2015年度に文学部の1年生から3年生を対象にして行った調査の結果である。文部科学省の「英語の授業は英語で」の方針

36 第Ⅰ部 ●国内の事例

に対してどのように思うか、「賛成」か「反対」か、「必要なときだけ日本語を使う」かは３択の選択式で、その理由は自由に意見を述べる形式で答えてもらい、理由の要旨をまとめて１位から３位まで多い順に下記に記した。

　文学部で専門が英語以外の大学１・２年生62名、文学部英米文学科１年生23名、英米文学科３年生65名、計150名から回答を得た。150名のうち43名が英語での授業に賛成であった。また、必要な時には日本語を使用する（「すべてを英語で」には不賛成）が97名で、無理だと思うが10名であった。英語のみの授業を望んでいるのは43名で、何らかの形で日本語の使用を認めているのは97名と賛成の倍近くいる。次にその理由を学生の専攻別にもう少し細かく見ていきたいと思う。

(a)「英語を英語で教える授業」に反対の理由

表１　専門が英語以外の大学２年生10名

１位	英語で話されても十分理解できない
２位	自分の英語力が不安でついていけないかもしれない
３位	最初から英語だとわからなくてやる気がなくなる

　この結果を見ると英語の説明がわからないという理由が多いが、自分の英語力に不安を覚えると同時に学ぶ動機にも影響があるということがわかる。英語の授業のクラスの中にこのように感じているものがいれば、授業についていけずに落ちこぼれてしまうことにもなるのではないか。

(b)「必要な時には日本語を使う」に賛成の理由

表２　専門が英語、および専門が英語以外の大学１・２年生54名

１位	すべてが英語だと理解できないところが出てくる
２位	英語力が不安で、専門的なところはついていけない
３位	すべての人が英語が得意なわけではないから

第2章 ● 母語を生かした英語の授業　　37

この結果からは、英語での授業でわからないことがあり、正しく授業の内容が理解できているかに不安を持っていることがわかる。複雑な内容などは英語と日本語と両方で伝えるなどの工夫が必要である。

表3　専門が英語で、使用言語は英語だけの授業を週6時間、2年間受けた大学3年生43名

1位	授業内容の理解に問題が生じ、日本語で説明されたほうが効率よく理解できる部分がある
2位	中学生など英語に慣れていないと無理だと思うし、ついていけない生徒が出る
3位	文法の説明などは日本語でないとイメージできない

　この調査結果は、もうすでに2年間の英語を英語で学習した経験のある大学生の意見なので、理由も説得力がある。英語だけで授業を受けるとどうしても十分理解しているとは言えない部分があり、それを問題に感じる学生が多い。上級レベルの英語のクラスで、英語での質問や教師とのやり取りには慣れているにもかかわらず、日本語の説明のほうがより理解が深まると多数の学生が答えている。

(c)「英語を英語で教える授業」に賛成の理由

表4　専門が英語以外の大学1年生2年生9名

1位	英語にたくさん触れるので力がつきそう
2位	英語に触れることが多く、英語に慣れることができる
3位	日本人は英語が苦手なので強制的に触れさせる

　この結果からは、英語での授業は英語に触れる機会が多くなるので、より効率的に英語を学べるというふうに考えていることがわかる。確かに、言語は触れる量に応じて伸びていくものなので、少しでも多く触れれば英語がより身につくのではないかという意見ももっともである。日本は教室外ではほとんど英

38　第Ⅰ部 ●国内の事例

語に触れない環境であるので、教室内で英語の環境を強制的にでも作り出すのは大切である。

表5　専門が英語の大学1年生11名

1位	一番自然に英語を身につけられるから
2位	耳が英語に慣れるから
3位	英語を話す機会があるから

　この結果からは、教室内の英語の環境を生かして英語学習に結びつけようという姿勢が見られる。英語で社会や理科を学んだり、話し合いをしたり様々な活動を英語だけで行えば、英語の表現も自然な形で身につくし、教師が英語母語話者であれば、文化的側面も一緒に理解できるプラスの面も無視できない。

表6　専門が英語で2年間の「英語は英語で」の授業を受けた大学3年生23名

1位	英語の環境に身を置くことで確実に英語が身につく
2位	英語を話す力がつく
3位	日本語に逃げられないので否応なしに英語で話し、英語で考える

　この調査結果も英語の環境を作り上げることの大切さを理由としている。日本のように教室外ではあまり英語を使わない状況下では、特に話す訓練は、授業以外ではできないので、話す環境を作ることは非常に大切である。

　以上、「英語を英語で授業」に関するアンケートの結果を考察してきたが、学習者は、英語を「聞く」、「話す」環境と、日本語でわからないところを説明してもらう時間の両方を求めていることがわかる。全てをいきなり英語でというのではなく、段階的に、または授業の一部を日本語での授業にするなどの対応が必要であることがわかった。このように、アンケート調査から浮き彫りにされたことは、母語である日本語を活用して学習者の理解を助け、授業内容が理

第2章 ● 母語を生かした英語の授業　　39

解できたかどうかを確かめるなどして、英語を英語で教える授業の補完をすることが大切であることがわかった。

3．母語の重要性

　では母語である日本語を英語の授業から一切締め出すのはなぜ問題なのだろうか。昨今、巷では聞くだけで習得できる英語など、幼児が母語を習得するプロセスを真似するような方法が盛んにもてはやされている。表面上の語彙や会話表現の記憶には役に立つだろうが、母語を習得するプロセスにはもっと多くのものが関わっている。母語である日本語の世界と同じような豊かな英語の世界が、そのような短い時間で手に入るのだろうか。以下、私たちの母語の世界とはどのようなものかを考えてみたい。

　言語学者レオ・ヴァイスゲルバー（Leo Weisgerber, 1994）[5]によれば、小さい時から人間は母語という言語を通して世界を認識するようになり、母語を通して認識した環世界に住んでいる。各言語はその言語固有の世界を持っていて、物理的には同じ世界であっても、その世界の解釈の仕方はそれぞれの言語で異なる。ヴァイスゲルバーは、語の意味は語音とその対象としている事物だけからなるのではなく、意味を形作るためには精神的処理が必要であると言っている。精神的処理とは、母語である言語の力を用いて自分のまわりにある世界を理解し、とらえなおし、整理して新たにその言語特有の世界に作り直していくことである。人は事物を見てことばにするとき、見た人の目を通して世界を整理し、ある概念を作って理解する。従って、異なる母語を話す人々の間では、あるものの概念も異なる。

　例えば「犬」と dog は同じ動物を指しているが意味は全く同じではない。日本語の「犬」は日本人の目を通していろいろな犬のイメージを整理し、犬という概念を作っている。本来の動物としての犬のほかに、日本語の「犬」には他人の秘密をかぎまわるスパイの意味や、ある語につけて「犬死」などのように

劣るものの意味を表したりする。しかし、英語の dog は動物の犬のほかに、く だらないものや失敗作、見えや体裁、そして氷などのつかみ道具を表したりも するなど、英語の dog と日本語の犬の意味とは似たものであっても全く同じ概 念ではない。

　このように、単語一つをとっても英語と日本語は全く同じ意味を持っている とは限らない。意識しなくても学習者は母語である日本語のことばの使い方を 身につけて育つので、英語の単語の意味や表現も日本語の意味と同様である よ うに考えてしまいがちで、間違った解釈や使い方をする場合もある。また、英 語を英語のみで教える環境は言語が一つしか使われていない環境（単一の言語環 境）であるので、言語というものについて考える機会も乏しくなる。しかし母 語である日本語と英語の違いなどを比較すれば、ことばへの気づきも促される。 また、日本語を英語の授業で必要以上に使い過ぎないようにすれば、学習者が 培ってきた日本語での過去の経験を生かして、英語の意味などを理解する時間 を短縮することもできる。また言語というものがどんなにパワフルで創造的な ものであるかを理解し、世界には多様な言語や文化があるということを再認識 できる。

4．明治以来の日本の英語教育

　明治以来、日本では中学校、高等学校から大学へとどのように英語を教えて きたのだろうか。江利川は著書『日本人は英語をどう学んできたか』の中で次 のように述べている。

　　数学などの教科を英語で教えるイマージョン教育が注目されている。しか し、この方式は明治前期の高等教育機関や一部の中学校ではあたり前だっ た。西洋の学問は御雇い外国人などが英語で教え、教科書も答案も英語 だったのである。そうした環境の中から、夏目漱石、新渡戸稲造、斎藤秀 三郎などの英語名人が出たのも当然だ。（江利川、2008：13）

明治初期には西洋文明を取り入れるために盛んに英語が学ばれた時代があり、その時代に新渡戸稲造や斎藤秀三郎等は、高等教育を受けたエリートとして官立の英語学校に学んだ。そこでは、いわゆるお雇い外人が教師で英語の教科書などを用いて教科を教えていたようである。英語は英語で教えられ、話すことも書くことも堪能な、いわゆる使える英語として学んだ。しかし、それだけではない。これらの明治期の英語名人は日本人として日本の文化を発信することもしている。例えば、新渡戸稲造の『武士道』は英語で書かれ日本人の精神を見事なまでに表現し、鈴木大拙は英語で書かれた著書 "Zen and Japanese culture" の中で、仏教思想や日本文化を西洋人に対してわかりやすく説いている。斎藤秀三郎は英語の辞書の編纂で著名な人物であり、早川勇の『明治はいかに英語を学んだか』によると、

> 斎藤は「日本人の英語はある意味で日本化されなくてはならない」(The English of the Japanese must, in a certain sense, be Japanized.) という信念をもっていた。このため、彼は英米人の文章は和英辞典にのせるべきではないと主張した。この日本式英語こそ、明治英学の気概である。(早川、2007：59)

早川によれば後に日本式英語は否定されたが、この英語に対する斎藤の考え方は興味深い。また早川（2007）によると、愛知県で育ち札幌農学校に学んだ志賀重昂は、「日本は文明の進んだ西洋世界と肩を並べるためには、（日本人としての）自己の特長を打ち出すべきだ」と考えていたようである。このように見ていくと、これらの明治の偉人たちは日本人であるという意識を失わずに英語を習得し、日本の文化を世界に向けて発信していることがわかる。彼らの英語力が卓越しているのは、英語を英語で教える教授法の産物でもあるが、英語での読書量が極めて多く、そこから書きことばの英語を学んでいたということもあるだろう。英語で会話をすることだけを学んでいたのであったら、いまだに読みつがれている新渡戸稲造の『武士道』などは生まれなかったに違いない。ここに英語教育に対する重要なヒント、すなわち日本人としてのアイデンティ

ティを再確認し、日本文化の発信、そしてコミュニケーションとしての書きことばの英語を大切にするという点があるように思う。

5. 英語教育法の比較

　ここでは伝統的に日本で用いられてきた文法・訳読教授法（文法と英語から日本語への訳が中心の教え方）と、現在英語教育で主流になりつつあるコミュニケーション重視のコミュニカティブ・アプローチ教授法を比べてみたい。

（1）文法・訳読教授法（文法と英語から日本語への訳が中心の教え方）
　Brown（2014）は文法・訳読教授法について、文法ルール、語彙の暗記、文章の訳といったラテン語などを学ぶ際に用いられた伝統的な方式であると述べている。すなわち、文法を教え、外国語を母語に訳して外国語の意味を理解させる教え方である。ここで注意したいのは、ヨーロッパで用いられた伝統的な文法・訳読教授法と日本の英語教育で明治時代から用いられた訳読法は異なるということである。山田（2015）によると「一方日本の訳読法は、漢文訓読法[10]が形を変え洋学経由で英語教育に取り込んだものになるので、そのルーツは異なる」と言っている。日本の教育的な訳読法は、プロの翻訳者のように言語を置き換えることが目的ではなく、英文の意味確認と文法事項の習得を目的としている教授法である。読む能力を育むのには適しており日本の英語教育では明治以来この方法が定着してきた。楢和（2006）は、

　　しかし、本来、話す能力の獲得を目指す教授法ではないのだから、冷静に考えれば「日本人が英語を話せないのは学校における英語教育が書記言語[11]中心の文法・訳読方式教授法に偏っていたからである」という批判になるべきであり、文法・訳読教授法自体に対する批判にはならないはずである。
　　（楢和、2006：140）

と指摘している。文法・訳読教授法の欠点として、文を英語から日本語へ、ま

たは日本語から英語へと一対一で翻訳していくような授業では、正解不正解の答えが出るだけの退屈な授業になる。また、辞書や文法書に頼っただけの理解では、ことばは意思疎通の手段であるだけでなく、詩や物語の感情表現を表すなどの創造的な使い方もできるということが理解できない。しかし、ある文を別の言語に置き換えるだけの訳の授業ではなく、英文を読みながら、二つの言語を比較したり、いろいろな構文も同時に学習していくような教育的な訳を利用した教授法を導入すれば、ことばに対する気づきを促し、自立学習を促す文法・訳読教授法の長所を生かすことができる。

（2）コミュニカティブ・アプローチ教授法（英語を英語で教えるコミュニケーション重視の教え方）

　この教え方では、言語の形（文法や語彙）よりも意味のやり取り（実際にコミュニケーションを図り意味のやり取りをする）を重視するので、英語でのコミュニケーション能力を育み、英語を英語で教える授業に適している。どちらかと言えば、難しい英文を読むより、英語の会話表現の習得に重点が置かれている。またこれは、文部科学省の使える英語の趣旨にもそった教え方である。しかし、二つの問題点がある。一つ目は、通じさえすればいいと表面上の流暢さを重んじるあまり、多少文法的に間違っている表現があっても見過ごされることがたびたびあれば、その間違った表現が次第に学習者に定着してしまう恐れがある。二つ目は、学習者は、特に初級レベルの英語では、実用的な会話練習、例えば、自己紹介や買い物の時のやり取りなど日常生活の話題ばかりでは知的な内容の乏しい授業になり退屈する。これを回避するには、ところどころ訳も取り入れて、学習者の知的レベルにあった文学など幅広いトピックから教材を選ぶ必要がある。

　一つのクラスには多種多様な能力や動機を持った学習者が集まっているわけだから、どれか一つの教授法が全ての学習者に同様に効果を上げるとは限らない。文法を理解するのが不得意なもの、読解が得意なもの、話すのが得意なものなどがいる。英語を英語で教えるコミュニケーション重視の教え方だけでなく、教育上の必要に応じて適所に母語を使用して文法を説明し、難しいところ

は日本語に直して意味を確認したりすることで、より学習者のレベルと能力に
そった授業ができるのではないだろうか。

6．英語教育における母語の役割

　カミンズ[12]（Jim Cummins）は、言語には、生活圏で用いる生活言語と学校など
の場で用いられる学習言語の２種類があると主張している。生活言語は、生活
を営む上での不可欠な言語で、そのやり取りは言語のみにとどまらず、ジェス
チャーや物、まわりの状況など言語を使わないものまで含まれるので、英語だ
けで授業しても、慣れれば何が行われているかの理解もさほど難しくない。加
えて、やりとりの内容も、挨拶や買い物など日本語でのやり取りを参考にして、
大体の会話がどのように進むかは学習者にわかっている。新しい難解な概念の
話などは、あまり登場しない。それに引きかえ、学習言語は新しい概念を理解
し、分析し、自分の意見をまとめ上げるなどかなり高度な知的レベルの作業に
必要となる。言語のみのコミュニケーションが主になるので、背景やその場の
状況などが参照できない場合が多い。上級レベルの英語を身につけている学習
者以外は、高度な知的レベルの内容を英語だけで説明されると、何がどう説明
されているのかわからず、クラスの中で落ちこぼれてしまう生徒も出てくる可
能性がある。筆者が先に述べた大学生へのアンケートでも、何人かは落ちこぼ
れる危険性に触れている。

　そこで、日本語で比較、分析、総合、要約などの高度の知的訓練をした経験
が、英語での学習言語を用いた作業にはおおいに助けとなる。英語の学習言
語能力を育む際には、母語である日本語で、英文の内容理解が正確であるかど
うかをチェックするなど、母語の助けを借りるとよりやさしく学ぶことができ
るのではないか。染谷（2007）は英語を専門とする学生が、構文、語彙数で伸
び悩んでいることを報告しているが、筆者も同様に、大学３年生が書いた英文
の構文の不正確さや、冠詞のミス、語彙の貧困さなどの問題点を授業で感じて
いる。日本語を用いて英文法を再確認し、生活言語から学習言語への移行がス

第2章 ● 母語を生かした英語の授業　　45

ムーズにいくように授業での工夫が必要である。時には訳を用い、語彙も日本語を使って覚えるなど、母語の力を利用しつつ、生活言語の英語から抽象思考のための学習言語の英語の習得へと、その移行をスムーズにすることが望ましい。

7．まとめ

　グローバル化が進み、コミュニケーションの道具として英語の重要性が増す中、日本では英語教育に関しては様々な提案がなされてきた。現在は文部科学省の学習指導要領の方針もあり、英語は英語で教える方針を取り入れた英語教育が主流になり、英語の流暢な会話能力を伸ばすことに力が注がれるようになってきている。しかし、教室外でも英語が使われている ESL のクラスのような環境とは異なり、日本では、教室外では英語に触れる機会が少ない。特に職場で英語を使用しているのは約1割から2割位であることが調査でわかっている。流暢に話すことを学ぶことも大切であるが、それより明治の先人たちがしたように、日本人として日本文化を世界に向けて発信できるように学校教育の中で教養を積み、英語で発信できる力を養うことが大切である。そのためには、生活言語のための英語だけでなく、より抽象的な概念を学ぶための学習言語の習得により重点が置かれなければならない。

　前述のように、ベネッセの調査によれば、中学校・高等学校の英語のクラスでは、教師は授業時間の半分以上で英語を使用して授業をしているクラスが多い。しかし、英語での挨拶や「教科書を開きましょう」などの文言は使われていても、難しい話題を英語で話あうところまでには至っていない。また、生徒自身は英語を英語で教える授業に対しては、英語に接する機会が増えるなど、その良さは十分に認識しているが、自分の英語力に自信が持てず、専門的な難しい話題になるときちんと理解できないかもしれないと思っている。生徒の不安を解消するためにも、一部母語を授業に取り入れるなど、落ちこぼれる生徒に対する配慮も必要である。

母語にいつどのようにして外国語学習を支援する役割を持たせるかは周到な用意と綿密な計画が必要である。さもないと学習者は、常に母語を使用してしまうので、外国語に触れる機会が減ってしまう。しかし、母語の豊かな世界を英語教育の場から一切排除してしまうのは母語を軽視することにもつながり、せっかく母語によって養われた抽象思考や論理的な思考などが使われず、学習者は一種の知的な空白状態に置かれてしまう危険がある。部分的に英語の授業で母語を活用することによって、英語を英語で教える授業の長所を生かしつつ、英語力に自信のない学習者にも配慮し、かつ知的好奇心を持たせるような英語の授業をすることができるのではないだろうかと思う。

注

1 ことばへの気づきとは、普段意識せず使用している言語である母語を改めて他の言語と比べたりすることで、母語である日本語の特徴などを学ぶこと。

2 平成25年12月13日に文部科学省が、初等中等教育段階からのグローバル化に対応した教育環境作りを進めるため、小中高等学校を通じた英語教育改革を計画的に進めるための「英語教育改革実施計画」を発表した。その中で高校卒業段階で英検2級～準1級、TOEFLiBT57点以上程度を目標として掲げている。

3 ESLとはEnglish as a Second Languageの略で、第二言語としての英語を指す。アメリカで海外から来た移民などの子どもたちは、学校などで第二言語としての英語を学ぶ。

4 松村（2010：5）によれば中学校、高等学校、大学で英語授業時間の合計は1120時間であり、吉田／柳瀬（2003：33）によると中学1年から大学2年までの8年間で1080時間に過ぎないと言っている。これに対し、大津（大津他、2013）によると母語形成期の母語の接触量は約5475時間であるとされている。

5 ヴァイスゲルバーは1899年生まれのドイツの言語学者。人間にとって言語とは何かという問いに答えている（『母語の言語学』訳者あとがきより）。

6 『広辞苑　第6版』（岩波書店）より。

7 『ジーニアス英和大辞典』（大修館書店）より。

8 1862年に盛岡で生まれたキリスト教徒であり教育者だった。1920年から新渡戸は国際連盟事務次長に就任。

9 明治3年、金沢市に生まれた仏教学者で、日本の禅文化を海外に広めた。

10 漢文訓読法とは、漢文を日本語の文法に従って、訓点をつけて読むこと（『大辞泉』より）。

11 書記言語とは文字や文章を書き記すためのことば。

12 ジム・カミンズ（Jim Cummins）はカナダのバイリンガルの教育学者。人間の言語能力を生活言語（Basic Interpersonal Communication Skills）と学習言語（Cognitive Academic Language Proficiency）の2種類に分けることを主張した。

参考文献

ヴァイスゲルバー、レオ（福田幸夫訳）（1994）『母語の言語学』三元社

江利川春雄（2008）『日本人は英語をどう学んできたか——英語教育の社会文化史』研究社

大津由紀雄／江利川春雄／斎藤兆史／鳥飼久美子（2013）『英語教育、迫り来る破綻』ひつじ書房

カミンズ、ジム（中島和子訳）（2011）『言語マイノリティを支える教育』慶應義塾大学出版会

河原俊昭編（2008）『小学生に英語を教えるとは？——アジアと日本の教育現場から』めこん

クック、ガイ（斎藤兆史／北和丈訳）（2012）『英語教育と訳の効用』研究社

ユクスキュル／クリサート（日高敏隆／羽田節子訳）（2005）『生物から見た世界』岩波文庫

清田淳子（2007）『母語を活用した内容重視の教科学習支援方法の構築に向けて』ひつじ書房

斎藤兆史（2006）『日本人に一番合った英語学習法——明治の人は、なぜあれほどできたのか』祥伝社

斎藤裕紀恵（2016）「「英語は英語で」に関する高校教師の認知調査と授業実践」（言語教育エキスポ2016　JACET教育問題研究会主催）

田中克彦（2009）『ことばとは何か——言語学という冒険』講談社学術文庫

寺島隆吉（2009）『英語で授業のイデオロギー——英語教育が亡びるとき』明石書店

成田一（2013）『日本人に相応しい英語教育——文科行政に振り回されず生徒に責任を持とう』松柏社

西山教行／平畑奈美編著、鈴木孝夫ほか著（2014）『「グローバル人材」再考——言語と教育から日本の国際化を考える』くろしお出版

バトラー後藤裕子（2011）『学習言語とは何か——教科学習に必要な言語能力』三省堂

早川勇（2007）『明治はいかに英語を学んだか——東海地方の英学』あるむ

松村昌紀（2010）『英語教育を知る58の鍵』大修館書店

吉田研作／柳瀬和明（2003）『日本語を活かした英語授業のすすめ』大修館書店

Brown, H. Douglas（2014）*Principles of language learning and teaching*, Sixth Edition Pearson Education, Inc.

Baker, Colin, Nancy H. Hornberger（2011）*An Introductory Reader to the Writings*

48　第Ⅰ部 ●国内の事例

of Jim Cummins, Multilingual Matters Ltd.

〈インターネット文献〉

大藪加奈（2007）「英語で教える英語の授業　非母語話者教員をとりまく状況分析と理論的枠組み」
　　http://fliwww.ge.kanazawa-u.ac.jp/wp-content/uploads/art_3.pdf

染谷泰正（2007）「教育における母語の扱いについて」
　　http://www.someya-net.com/99-MiscPapers/InteractiveVol.23-07.pdf

自由民主党　教育再生実行本部（2013）「成長戦略に資するグローバル人材育成部会提言」
　　http://www.kantei.go.jp/jp/singi/kyouikusaisei/dai6/siryou5.pdf

東京大学大学院教育学研究科　大学経営・政策研究所センター（2010）「大学教育に関する職業人調査　第一次報告書」
　　http://ump.p.u-tokyo.ac.jp/crump/resource/100312shokugyojin.pdf

楢和千春（2006）「文法・訳読教授法を再考する──母語による世界観の構築の観点から」『鳥取環境大学紀要』第4号、139〜145ページ
　　https://www.kankyo-u.ac.jp/f/845/1069.pdf

日本経済団体連合会（2015）「グローバル人材の育成・活用に向けて求められる取り組みに関するアンケート結果」
　　http://www.keidanren.or.jp/policy/2015/028.html

文部科学省（2008）「中学校学習指導要領解説」
　　http://www.mext.go.jp/component/a_menu/education/micro_detail/__icsFiles/afieldfile/2011/01/05/1234912_010_1.pdf

文部科学省（2015）「グローバル化に対応した英語教育改革実施計画」
　　http://www.mext.go.jp/b_menu/houdou/25/12/1342458.htm

八田洋子（2003）「日本における英語教育と英語公用語化問題」文教大学『文学部紀要』第16-2号
　　http://www.bunkyo.ac.jp/faculty/lib/klib/kiyo/lit/l1602/l160205.pdf

ベネッセ教育総合研究所（2015）「ベネッセ中高の英語指導に関する実態調査2015」
　　http://berd.benesse.jp/global/research/detail1.php?id=4776

山田優（2015）「外国語教育における「翻訳」の再考──メタ言語能力としての翻訳規範」
　　https://www.kansai-u.ac.jp/fl/publication/pdf_department/13/107yamada.pdf

コラム ②

夜間定時制高校における言語的多様性と
英語教育

森谷祥子

はじめに

　定時制高校が都市部を中心に近年注目されている。東京都では 2000 年代に、朝昼夜間 3 部の時間帯から授業を選択できる多部制単位制の定時制高校や、チャレンジスクールという不登校経験者にとっての「学校のやり直し」の機会となるような定時制高校が設立され、入学希望者数は増加傾向にある。「新しいタイプの定時制高校」が増加する要因の一つには、生徒の社会的・文化的背景の多様化の認識がある。定時制高校（正確には高等学校定時制課程）はそもそも、第二次世界大戦後の混乱の中、勤労青年たちの教育機会を保障するために始まった。しかし、時代が進むにつれて定時制高校は不登校経験者、壮年の生徒、障害を抱える者、外国籍の生徒など様々な理由で全日制高校に行かなかった生徒たちの学び舎となっていく。そう考えると、じつは「新しいタイプ」の定時制高校の設立以前からすでに、伝統的な夜間定時制高校では多様な背景を持つ生徒たちが在籍していたことが想像できる。

　そこで本コラムでは、定時制高校の多様性、厳密には夜間定時制高校に通う生徒の言語的な多様性に焦点をあてる。その際、都内のある夜間定時制高校の例を紹介し、そこでの英語教育における生徒の言語的多様性に関する現状も紹介する。その上で、日本の英語教育の限界を考察し、これからの英語教育の在り方に関する問題提起をしたい。

全国定時制高校の多言語環境に関する近年の傾向

　文部科学省（2015）の調査によると、全国公立高校での外国人生徒は

8584人であり、その数は年々増加傾向にある。同じ調査で、日本語指導が必要な外国人生徒は2272人だという報告もされ、彼らの母語としてはポルトガル語、中国語、フィリピノ語などが挙げられている。さらに、日本国籍を持つ生徒たちが必ずしも日本語を母語として話すわけではなく、彼らの中にも日本語指導が必要である生徒がいることも報告されている。

都立高校に目を移そう。角田（2012）によると、2011年時点で都立高校には1223人の外国籍の生徒が在籍しており、その内訳は全日制で734人、定時制で489人であるという。これに基づいて計算すると、全生徒数における割合は全日制が0.6%であるのに対して、定時制は全日制の5倍以上の3.3%となる。国籍とその生徒の言語が必ずしも一致するわけではないが、少なくとも、定時制では全日制以上に多言語環境が顕著になっている現状が推測できるだろう。

都内夜間定時制高校A校における言語的多様性

筆者は2015年9月から都内の夜間定時制高校A校にて、長期的な現地調査を行っている。A校は東京の郊外にあり、周囲には住宅や小さな町工場が密集している。授業が始まる夕方の時間帯には、周囲の小商店や飲食店に地域住民が集まり賑わいを見せる。この地域には外国人居住者も多く、日本語以外の言語を町中で聞くことは決して珍しいことではない。A校の生徒たちの中には、昼間、飲食店や工場、建設現場などで働く者も多く、彼らは職場で中国語、英語、ベトナム語、バングラデシュ語などを同僚が話しているのを聞くという。そして、当然ながらA校に通う生徒の中にも、様々な言語を話す者がいる。筆者が知る範囲で生徒たちが流暢に話す言語には、日本語以外に、英語、タガログ語、中国語、ネパール語、タイ語などがある。特に同じ言語を共有する生徒間では、彼らの言語で会話が行われる様子が日常的に観察される。このように、A校では生徒たちの言語的多様性が普段の学校生活の中の一部として顕在化された状態となっている。

外国籍の生徒や国籍は日本だが外国出身の親を持つ生徒たちのことを「外国にルーツを持つ生徒」と呼ぶことが多い。A校にも外国にルーツを持つ生徒が多く在籍しており、正確な数字はつかめないが、A校のある先生による

と生徒の約4割がそのような生徒に当たるという。A校にいる外国にルーツを持つ生徒は、大きく三つのパターンに分けられる。一つ目は、比較的最近まで海外で育ち、現地のことばを第一言語として習得、日本語は日本にやってきてから第二言語として学習するというパターン。二つ目は、幼少期から基本的には日本で育ち、日本語を第一言語として習得、同時に親が使っている言語も家庭内での使用などを通して自然に習得するというパターン。三つ目は、幼少期から日本で育ち、家庭でもほぼ日本語のみを使用し親の言語は習得していないパターンである。A校では、このように多様な言語的背景を持つ外国にルーツを持つ生徒たちが、その他の日本人生徒に交じって、日々学校生活を送っている。

A校の多言語環境と英語教育

A校での英語の授業に目を向けてみよう。お分かりのようにA校では様々な言語を聞く機会がある。実際にA校の英語の授業においても、生徒による多言語の使用が観察される。例えば、ある女子生徒は、日本語、タガログ語、英語を話すが、英語の授業中にはこの三つの言語を使い分けて話す。彼女は積極的に発言をするタイプの生徒で、授業で取り上げられた単語について、日本語で「フィリピン英語では、それはこう言うんだ」という内容の話をすることがある。また彼女は、同じクラスにいるフィリピン出身の生徒とは授業中にタガログ語で話し、イギリス出身のALT（Assistant Language Teacher）の先生とは流暢な英語で話す。この他にも、A校には中国出身の生徒が同じクラスに複数在籍する場合もあり、中国人生徒同士で中国語で話す声が教室内で聞かれることも日常的にある。このようにA校の英語の授業では、日本語と英語以外にも様々な言語が飛び交い、生徒たちの言語的多様性が顕在化した状態となっていると言える。これまで日本語環境で学校生活を送ってきた日本人生徒たちにとっては、異言語異文化を直接実感する機会となっている。一方、英語教育に視点をおくと、以下に述べる課題も浮かび上がる。

日本の英語教育の限界

A校に見られるような生徒の言語的多様性は、外国にルーツを持つ生徒が

増加傾向にある日本の学校現場では無視できないものとなるであろう。では、生徒の持つ言語的多様性は、日本の英語教育においてどのような意義を持つのであろうか。現行の高等学校学習指導要領（文部科学省、2009）における英語教育の主な目的の一つは、異文化への理解を深めることである。その意味で、生徒たちの言語的多様性は、英語教育において積極的に取り入れられてしかるべきだ。実際にＡ校では、多言語を使用する生徒たちに肯定的な発言をする教員もいる。しかしながら、Ａ校も含めた現在の日本の英語教育において、生徒の持つ言語的多様性が十分に生かされる環境が整っているとは言い難いように感じる。一般的に、中高の英語教員の中で日本語と英語以外の言語を理解できる人はそう多くはなく、特にタガログ語やタイ語は生徒の母語としては多く話されているにもかかわらず、それらを学習したことがある英語教員の数は限られる。じつはＡ校にはそのような教員はいるのだが、それでも授業は日本語と英語のみがベースになっている。そのため、結果的に日本語と英語が話せない生徒にとっては授業に参加するハードルは非常に高く、授業に参加できたとしても、生徒たちの背景にある言語的多様性が授業で積極的に生かされるような場面は起こりにくくなっているように思われる。この現状を、異文化理解や言語権の視点から問題視すべき時が来ているのではないだろうか。

まとめ

　本コラムでは、夜間定時制高校の言語的多様性に注目し、そこでの英語教育の現状を紹介した。そして、日本の英語教育が抱える課題について論じた。日本の英語教育に携わる教員や研究者が、いま一度、英語教育が誰のためにあるのかを考え、国内の多言語・多文化に真摯に向き合う必要があると感じる。

参考文献

角田仁（2012）「特定課題研究 多様化する夜間定時制高校——外国につながる生徒をめぐる公正さの概念の変遷」（『異文化間教育』第36号）

文部科学省（2015）「「日本語指導が必要な児童生徒の受入状況等に関する調査（平成26年度）」の結果について」

文部科学省（2009）「高等学校学習指導要領」

コラム ③

これからの英語とのつきあい方

中川洋子

あなたにとって英語とは何ですか?

　私は、英語の授業をこの問いかけから始めている。学生からは、「好きな科目」、「嫌いな科目」、「今の社会で必要なもの」、「話せたらかっこいい」、「将来仕事で使いたい」、「単位のため」などという回答が返ってくる。

　これらの回答からは、英語が必要か否かというよりも、好きな教科か嫌いな教科かということ、英語が学校教育や社会と強い結び付きを持っていること、といった学生の英語観がうかがえる。

　学生の多くは工学系、経済・情報系、医療系の学部学科に所属している。英文学や英語教育、英語学など、何らかの形で英語を専門に学ぶ学生は含まれていない。したがってこれらの学生の英語観は、多くの日本人が共有する英語観と言ってもよいだろう。

　また、この質問に対する回答は、ここ数十年間ほぼ変わっていない。この間に、「国際化」、「バイリンガル」、「グローバル化」、そして「日本人の内向き志向」など、英語に関わる様々なことばを耳にしてきた。日本と英語という言語との密接な関係も依然として強く、2020年度には小学3年生で英語の「外国語活動」が必修化、小学5年生での英語の教科化が実施される予定で、今後もますますその関係が強化されていくことが予想される。このように、英語教育やマスコミ、インターネットなどによる情報網によって、英語の必要性が強調されている。その一方で、偏った英語観を身につけてしまったり、英語以外の言語に関心を持つ機会が少ないという懸念もある。

　確かに、英語がコミュニケーションにおいて重要な言語の一つであることは間違いない。しかし日本では、学校や仕事で英語に関わる人を除けば、日

常生活で必ずしも英語が必要とされているわけではない。そのため英語に対して「好きか嫌いか」、あるいは「話せたらかっこいい」というイメージで済んでしまう距離感があるとも言える。そのような距離感がある故に、英語の過度な必要性が強調され、英語が必要とされる場が人工的に設けられてはいないだろうか。それでは、英語が必要とされる場を思い浮かべてみよう。

英語は本当に必要か？

　仕事や旅行などでコミュニケーションを取るとき、洋楽や洋画等を楽しむとき、英語の授業、または入試科目や検定試験などが挙げられよう。しかし、先に述べたように日本では、英語は必ずしも日常生活で必須の言語ではない。インドの言語学者Kachru（1932 ～ 2016）は、世界の英語圏を、英語を母語として使用する国（the Inner Circle）、第二言語として使用する国（the Outer Circle）、国際語として使用する国（the Expanding Circle）の三つに分類した（Kachru, 1985）。日本は、国際語として使用する国に分類されている。仕事や旅行、趣味などで英語を使用するときを除けば、国内では、英語は主に授業や入試、検定試験などで必要とされている。逆に言えば、英語の必要性が必ずしも高くないために、英語力を他者との比較によって評価、数値化する場を設け、英語を評価の対象に入れていると言えよう。そのようにして英語の必要性をアピールし、英語ができないといけないという先入観を持つように仕向けられてはいないか。一方、マスメディアやインターネットでも、日本人の「通じない英語」や和製英語、カタカナ英語を特集し、「英語が使えない日本人」をクローズアップしている。しかし私は、英語は自動車の運転免許のようなものだと考えている。免許があれば、自分で車を運転して出かけたり、車を使用する仕事に就くこともできる。しかし、電車やバスなどの公共交通機関や自転車があるから、免許は不要だという人もいる。免許が不要な仕事もある。つまり、英語は免許と同じで、必要な人には必要だが、全ての人に必須のものではないということである。免許がないことで劣等感を持つ必要がないことと同様に、「英語が使えない」ことを問題視する必要もないのである。

英語だけでよいのか？

　英語のみをクローズアップすることには、もう一つ問題点がある。わたしたちのまわりにあふれている言語は、英語だけではないにもかかわらず、英語以外の言語やその言語を使用する人々への気づきの機会を逸してしまう可能性がある。文科省によれば、世界の母語人口の上位5言語は、1位中国語（8億8500万人）、2位英語（4億人）、3位スペイン語（3億3200万人）、4位ヒンディー語（2億3600万人）、5位アラビア語（2億人）である（文部科学省基礎データ、出典：The Penguin FACTFINDER, 2005）。

　実際にわたしたちは、英語母語話者だけではなく、それ以上に多くの英語以外の母語話者と共存している。東京都によれば、都内の外国人総数は48万6346人、その上位5カ国は中国（18万5883人）、韓国（8万8755人）、フィリピン（3万761人）、ベトナム（2万7762人）、ネパール（2万2660人）である。ちなみに英語圏出身で上位の国はアメリカ（1万6939人）で、7位である（平成29年1月1日現在）。もちろん、非英語圏出身者でも英語を母語とする者はいるが、彼らの多くは日本語を外国語として、国内で生活している。文化庁の調査によると、国内の日本語学習者数は19万1753人（平成27年度）となっており、日本語教育のニーズも年々高まっている。

　このように、国内には英語ではなく日本語を学習したいと希望する人も多い。非英語圏の言語やその出身者への気づきのきっかけを提供するために、学校教育で学習可能な言語の中に、英語以外の選択肢がもっとあってもよさそうなものである。しかし、英語以外の外国語の科目を開設している高等学校は708校（公立512校、私立194校、国立2校）で、国内の高校の約1割である（文部科学省「英語以外の外国語の科目を開設している学校の状況について」平成26年度現在）。

英語とのつきあい方

　それでは、わたしたちにとって英語とは何か。英語が重要な言語であることは間違いないが、英語と同様に重要な言語もたくさんある。日本語だけでも、消滅の危機にあるアイヌ語や沖縄語、各地の方言など大事な言語がある（文化庁「消滅の危機にある方言・言語」）。

また、英語が必要だといっても、必ずしも「聞くこと、話すこと、読むこと、書くこと」という４技能をバランス良く修得するだけではなく、人によって必要な英語力が異なっていても良い。好きな原書が読めること、旅行で英語を使ってやり取りができること、仕事のメールで英文が書けることなど、英語の必要性は人によって様々である。英語はあくまでも多くの言語の一つであることを自覚しながら、自分に必要な英語力を楽しく磨いていけば良いのである。

参考文献

東京都　toukei.metro.tokyo.jp
文化庁　bunka.go.jp
文部科学省基礎データ mext.go.jp
文部科学省「英語以外の外国語の科目を開設している学校の状況について」
　　http://www.mext.go.jp/b_menu/shingi/chukyo/chukyo3/058/
　　siryo/__icsFilesdfile/2016/05/25/1371098_1.pdf
文部科学省「今後の英語教育の改善・充実方策について　報告～グローバル化に対応した英語教育改革の五つの提言～」
　　http://www.mext.go.jp/b_menu/shingi/chousa/shotou/102/houkoku/
　　attach/1352464.htm
Kachru,B.B.(1985) *English in the World: Teaching and Learning the Language and Literatures*. Cambridge: Cambridge University Press.

第3章
世界の動向に連動する言語教育とは

日本の教育に欧米型の論理的思考法と言語技術を
取り入れるときに考えなければいけないこと

蒲原順子

> 意味のエッセンスをつくる場合に、ひじょうに大切なことがある。
> それは、過度に抽象化しすぎないことである。むしろ、
> できるだけ柔らかい言葉で、発言者のいわんとした要点の
> エッセンスを書きとめるのがよいのである。
> (川喜田二郎『発想法——創造性開発のために』
> 2007年82版、中公新書、p.70)

はじめに

　本研究は、欧米型の論理的思考とそれを表す言語表現の形式や技術を日本の教育に取り込もうとする、文科省をはじめとする近年のグローバル教育推進の動きを踏まえ、欧米型の思惟方法と日本型の思惟方法の相違を明らかにし、日本の教育が「目指すべき知とは何か」について考察する。考察にあたっては、現代の日本人は欧米型の思惟方法をすでに取り込んでいるのかどうか、先行文

58　第Ⅰ部 ●国内の事例

献と共に、筆者が協力者を得て実施した論理的思考を言語で表す実験における参加者の意見・感想から得られた結果から、論理的思考法を言語化することの意義と課題を論じる。最後に、欧米型の思考法と言語スタイルの取り込みが輸入型ではなく、内発的に起こるような方向性を持つことの可能性について提言する。

1.　背景

　本稿は、ひとつの疑問に基を発している。それは、近年日本語でエッセイや論文を書くときのモデルはアメリカ式の作文法であり、また、外国語としての日本語学習としてのアカデミック・ジャパニーズ（第二言語としての学習のための日本語）もまたしかりであるが、それはどうしてかという疑問である。日本の大学で教えられる英語の作文法は、最初に全体的な主張、結論を述べ、次の段落で、主張、結論について、具体例、理由などが複数述べられ、最後に最初の主張や、結論を繰り返す、という構成である。これは、特にアメリカでは一般に確立されたものとして存在する。しかし、日本式の論文形式はどうなっているのかというと、かつての「起承転結型」ではなく、アメリカ式の作文法を日本語に移し替えたものになってきている。これが意味するのは、日本語の文章においても、アメリカ式の思考法を基にした文章構成が良い文章であると思われているということである。それでは、それ以外の書き方はグローバル社会では通用しないということになるのだろうか。村越（2015）は、「段落とパラグラフの構造と方法について」の中で「今求められている日本語の段落（思考単位としての段落の内容の面）は、結局のところ、勿論文学的文章とは明確に区別される論理的文章（実用文）に限定されることであるが、英語のパラグラフであり、古代ギリシャ・ローマ時代からの古典レトリックの説得力」（p. 14）であると説明している。この説明は、日本の教育における知的目標が外来のものであることへの疑問へと発展する。筆者はこの問題について二つの論点を挙げたい。一つは、教育において、「論理的な言語表現」が、トップダウン的に形式だけが取り入れられているのではないか。「日本ではわかり切っていることを論理的にいいたてると角が立つ」（中村、1998: 378）とういう言説に表れているような社会

第3章 ● 世界の動向に連動する言語教育とは　　59

的環境において、子どもが成長する過程で「論理的な言語体験」を積み上げる
といった下地のないところで。そうだとすれば、それは学習者の真の言語発達
には結びつかないのではないか、という点。もう一つは、このような西洋型の
思考様式を身につけることが本当に日本の教育における知的形成の最終目標と
して良いのだろうか、言い換えれば、欧米型の思考様式を知的形成の最上位に
置くことで本当に良いのだろうかという点である。まずは、日本という国が目
指す知性とは何かを把握する手だてとして、文科省の教育指針と企業人の日本
における言語教育観を見てみることにする。

2.　日本の教育に求められる論理的思考

(1) 文科省の目指す教育指針

　文科省は、PISA[1] などの国際的な試験の結果に鑑み、主体的に課題を解決する
ために必要な思考力・判断力・表現力等の育成を教育指針に掲げている。これ
にあたっては、PISA のような欧米型の教育モデルを参考にしている。特に、言
語面に関しては、グローバル人材育成に必要な資質であるとして、全教科にお
ける言語活動の充実が強調されている。以下は、「現行学習指導要領・生きる
力」からの抜粋である（下線はすべて筆者による）。

　現行学習指導要領・生きる力（文部科学省ホームページより抜粋）
　第1章　言語活動の充実に関する基本的な考え方
　1）学習指導要領における言語活動の充実
　（中略）
　イ　思考力・判断力・表現力等の育成と言語活動の充実
　　このように、学力に関する各種の調査の結果により、我が国の子どもた
　ちの思考力・判断力・表現力等には依然課題がある。また、課題発見・解
　決能力、論理的思考力、コミュニケーション能力や多様な観点から考察す
　る能力（クリティカル・シンキング）などの育成・習得が求められていると
　ころである。

60　第Ⅰ部 ●国内の事例

（中略）さらに、これらの学習活動の基盤となるものは、数式などを含む広い意味での言語であり、言語を通した学習活動を充実することにより「思考力・判断力・表現力等」の育成が効果的に図られることから、いずれの各教科等においても、記録、要約、説明、論述などの言語活動を発達の段階に応じて行うことが重要である。

　以上をまとめると、我が国の子どもたちの思考と表現の能力には課題がある。それらの能力とは、問題解決能力、論理的思考力、コミュニケーション能力、批判的思考力などのことであり、これらの能力を育成するためには、すべての教科において、これらの能力を育成するために必要と思われる、記録、要約、説明、論述などの言語活動を発達の段階に応じて行うことが大事である、ということであろう。

（2）企業人からの進言

　日本語と外国語の言語差から生じる問題を感じているのは、おそらく海外との接触の多い仕事についている日本人であろう。その中でも英語を使う企業人の意見を聞くのは意味があるだろう。高田智子・松井順子（2010）らは『企業が求める英語力』第7章「ビジネスパーソンが要望する日本の英語教育」の中で、TOEIC スコア 800 点以上を取得した日本人の企業人へ自由記述式の質問を行っているが、その結果、これらの約3分の1の人々が国語力と英語教育を連携させて論理的思考力を育成する必要性があると考えていると報告している。自由記述の回答から本稿に関係する部分を簡単にまとめると、外国語学習の前に母語を正しく使えるようにすることが大切である。まず日本語で論理的に意見を述べる訓練が必要である、というものである。日本語で論理的思考を学ぶことの重要性を訴える理由として、「母国語である日本語においてすら、交渉でもっとも必要とされる論理的思考が弱いため英語での主張はさらに難しい。英語だけでなく、日本語も含めた教育を見直さないと、ビジネスの現場で充分耐えうる英語力を身に付けるのは容易ではないと思う」(p. 115) という意見が紹介されている。また、「実践的な英語教育をいくら高等機関で行おうとしても、それ以前の問題として、これらの意見が示唆しているのは、義務教育の時期に、

第3章 ● 世界の動向に連動する言語教育とは　　**61**

日本語ですら、考える能力、意見を言う能力、意見を書く能力等を学んでいないので、英語力の問題ではない」（p. 114）という回答が紹介されている。つまり、英語を使った対外的な交渉力には、日本語の論理的な思考力が必要であるが、その論理的思考に日本人は弱く、子どもの頃から学校で論理的思考と言語表現を学ぶべきだということである。そして、これに応じるように先の文科省の方針があると言えるだろう。

3.　アメリカ式作文法の源流

　先に述べたように、日本では、英語だけではなく日本語で論文を書くときにも、アメリカ式の作文法で書くようになってきている。ここで、米国式の作文法は、ギリシャ・ローマに発するヨーロッパ大陸型の伝統的作文法を引き継ぎつつも、「簡略化」され現在に至っている（渡辺雅子、2004；渡辺哲治、2013）ことは知っておく必要があるだろう。簡略化とは、ギリシャ・ローマの演説が序言・叙述・論証・反駁、結論の五つの要素から成るのに対して、アメリカのエッセイは、これから叙述と反駁を抜かした、主題・論証・結論の三要素で構成されている、という意味である。言い換えれば、アメリカ式の作文法は、西洋圏すべてに適用される文章術とは言えない。渡辺の説明によれば、「（アメリカの）作文の主な目的は、あらゆる形態の「説得する術」を身につけること」（p. 100）であり、特に演説の様式は、中世においては宗教問答の型として、「その後は学問的な議論の方法としてアメリカの大学に現在も残っている」（p. 100）という。評価の基準は「効果的な序文と結論があってまとまりがあること、考えが明確かつ論理的に展開されていること」（p. 109）であり、簡略化された作文法はこれを満たしている。渡辺は、この簡略化について、「もともと多民族国家であったアメリカの国語の目標がコミュニケーションの技術習得であったのに加えて、高等教育の大衆化と公民権運動による価値の多様化によって、共有できる型が必要とされた事情があったと考えられる」（p. 109）と説明している。しかしながら、筆者が注目したいのは、渡辺の「西洋という地理的にも言語的にも漠然とした存在を一つの文化として語ることを可能にするほど、演説は思

62 第Ⅰ部 ●国内の事例

考様式やコミュニケーションの型に影響を与えていると言われている」（p.100）
という説明である。つまり、アメリカで現在使われている作文法の中核をなす
のは簡略化されてもなお、やはりギリシャ・ローマを起源とする思考様式に基
づいているということである。アメリカと欧州をまとめて「欧米型の」という
言い方が通用する背景にはこの流れがあると言える。

4. 日本とアメリカの作文指導の比較に見られる思考法の違い──渡辺（2013）の研究から学ぶ

　渡辺（2013）は、日本と米国の初等教育での作文指導と歴史の授業の比較、
作文実験を行い、両者が大きく異なることを見て、その原因を指導法の違いに
起因すると分析している。渡辺が調査を行った日米小学校において、日本の小
学校の作文は、「生き生きとした気持ちの表現があるもの」（p. 70）が「良い」
とされる。具体的には、「心の動きが描かれているもの」（p. 70）である。アメ
リカの小学校では、「エッセイと呼ばれる小論文の基本を身に付け、さらにそれ
以外に様々な作文の様式を習得して、その中から選択して目的にあった文章を
書けるようになること」（p. 53）が目標である。これらの違いは、渡辺による日
米の小学校の児童（5年と6年）を対象にした四コマ漫画の作文実験[2]の結果にま
ざまざと表れている。「その日がどんな日だったか」をたずねる課題に対して、
日本の児童の97%が時系列で書いたのに対して、34%のアメリカの児童は因果
律で書いていた。日本の児童の時系列の作文は、「時の流れと因果関係の2つ
の意味を併せ持つ「～て」で出来事をつなげることにより、断定的になったり、
理屈っぽくなったりするのを避け……出来事相互の関係は読み手の解釈に委ね
られる」（p. 38）ものであった。それに対して、アメリカの児童の因果律を使っ
た作文は、「主人公にとってはこんな日であったと、一日の総括から書き始め」
（p. 22）る点で一致していた。因果律の作文例では、「最初に述べられた一日総
括が作文全体の枠組みとなり」（p. 23）次に総括（評価）の理由付けの根拠が結
果に与える影響の順番に並べられ、最後に再び一日の総括が繰り返される。こ
れらの日本とアメリカの作文の構造の違いは、日本の作文指導については直接

には関連付けることが難しいが、アメリカの児童の作文については、明らかに最初に主題を述べ次にその根拠となる証拠を述べ最後に主題を繰り返すエッセイタイプの作文指導の反映であると言えるのではないだろうか。また、同時に、渡辺が「どんな日だったか」の課題に対して日本とアメリカの児童の作文構造が異なった原因には、この課題＝質問に対する「答えの枠付け」の違いにあると分析していることは、本稿のテーマにも関わる点として特筆しておきたい。

　同じく渡辺によれば日本とアメリカの指導法の違いは、歴史叙述の方法にも表れ、日本では理解に重点が置かれ、アメリカでは分析力、つまり、因果律の理解と説明に重点が置かれる。アメリカの小学校の授業では「Why?」が連呼されるが、日本の小学校では「どのように？」と聞かれ、時にはその歴史上の人物の気持ちに寄り添うように促す指導がなされる。日本の小学校で「なぜ？」と問うと、児童からの返答は期待できないという。[3]

　本章の冒頭で述べたように、渡辺は日米の小学生の思考スタイルの違いをそれぞれの指導法に原因があると主張しているが、筆者の見解では、これらの差異は、教育方法や教育制度の歴史的な変遷に関連しているだけではなく、その母体となるそれぞれの文化の差異、もっと言えば世界観の差異にたどり着くのではないかと思われるのである。つまり、ギリシャ・ローマを起源とする西洋型の思考様式が世界の知のモデルとして存在しているということである。

5.　西洋型思考様式と日本型思考様式の違い

　「西洋」と呼ばれる文化形成の基本原理、ひいてはグローバル社会の基盤となる考え方は、ソクラテス以降のギリシャの哲学者達（BC 5～6世紀）の、自然を人間と切り離して考える二元論である。哲学者の木田元（2010）は、日本人は自然と人間を切り離して考えず、自分たちを自然の一部であると考えてきた、と言っている（p. 23）。木田の説明を筆者なりに解釈したのが図1である。これは日本人と西洋人の自然との関係を表している。

　そして、この考え方は、日本人のものの見方が論理的でないと言われていることと密接に関連している。東洋思想家の中村元（1989）は、「（日本人は）ひと

図1 日本型自然観と西洋型自然観（二つの円は「自然」を表す）

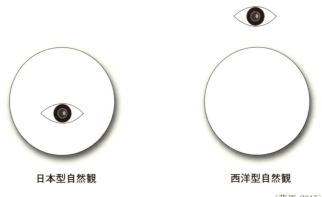

日本型自然観　　　　　西洋型自然観

（蒲原 2015）

つの概念を個別的な事象から切り離して理解することに拙劣であった」（下線は筆者による）(p. 380) と言っている。この考えは、前述の木田の主張と通底している。切り離して理解することにより、抽象化、概念化、論理の積み上げが可能になる。これが欧米型思考の源流であると言っても良いだろう。一方で、切り離すことが苦手とされる日本型思考は、言語にも反映されているはずである。興味深いことに、多くの学者や知識人が日本語が論理的でないという意見に反対しているが、彼らの著書の中で、日本語は西洋型の論理には当てはまらないことにおいては皆一致しているのである。そして、異口同音に欧米型の思考様式に近い日本語を使うよう「訓練」する必要があると主張している。外山茂比古（1987）は著書『日本語の論理』の中で、ヨーロッパ語は線的論理の上に成り立ち、日本語は点的論理で説明でき、それは論理的であると主張する。つまり、点と点の間は読み手や聞き手の推測に委ねられる「曖昧の論理」と言い換えられる。しかし、これはあくまでも欧米型の論理の枠組みの中には入らないことは確かであり、それを「論理」と言うためには、「論理」の定義から変える必要があるだろう。また、黒木（2011）は、日本の大学生の論文の論理構成が弱い例として、1960年代に日本人学生の論文指導に当たったイギリス人の物理学者レゲットによる講評を紹介しているが、それは、「日本語では、いくつもの考えを述べるとき、相互の関係、さらにはその一つの考えもはっきりしな

図2 レゲットの樹

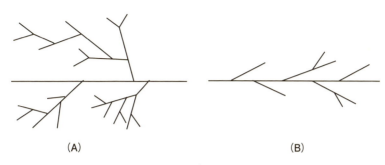

(Leggett, A., 1966, p.791 の図(A)(B)より転載)

くてよいらしい。パラグラフ全体、時には、論文全体を最後まで読まなければ、何を言いたいのか分からないことがある。」(p. 55) というものである。そして、「レゲットの樹」と言われるレゲットの考案による日本と西洋の思考の型を樹形を模した図を紹介している。二つの樹形はどちらも左から右へ向かった思考の流れを表しているが、日本型思考（A）では、右の方向へ向かうよりも脇道へそれ、またさらに脇道へそれるような思考の流れである。これとは逆に西洋型の思考（B）では右へ右へと目的に向かって突き進む型の思考である。

一方、日本人の思考様式を肯定的に捉える見方もある。会田雄次（1972）は、「言葉（ロゴス）の否定、という点、ないしは相互理解のためには、論理的な言葉は重要ではないし、むしろ邪魔だという気持ちこそ、実は日本人には生得的なものではないか」(p. 104) と言い、日本人が論理的なものを好まない傾向であることを肯定的に捉えている。そして、古くは、賀茂真淵や本居宣長も同様なことを言っていて興味深い。

6. 英語教育に関わる人々を中心とした「問答ゲーム」を使った体験活動から見えたもの

言語と思考は不可分であるので、西洋とは異なる世界観をもとにした思考様式を持つ日本人の言語を論理的にすることが可能だとしたら、思考もより西

洋型になるだろうという考えがある。三森ゆりか氏は、日本人は西洋型の論理性と言語技術を身につけないと、グローバル社会から取り残されてしまうと危惧し、小学校からの言語教育において西洋型の論理性を育成する必要性を訴えている。そこで筆者は、三森氏の勧める言語技術トレーニング法を参加者を対象にワークショップ形式で試し、彼らからの意見・感想を入手した。ワークショップは、協力者を得て筆者と2名で2部に分かれて実施したが、本稿では筆者が主体で行った「問答ゲーム」を実施した結果を紹介する。「問答ゲーム」は三森氏の考案した言語技術トレーニングの一つで、① 矢継ぎ早に畳み掛けられたときに即座に対応できる思考回路の育成、② 演繹型、論証型のものの言い方の習慣化（結論→根拠・理由）、③ 曖昧な表現の排除、④ 自分の意見に対する責任の認識（一人称の主語を入れることを習慣化）、⑤ 英語に「翻訳」できる日本語を身につける（三森、1996：59-60）ことが目標とされる。実施は2014年4月、参加者は21名で、英語教育に関わっている人々である（児童英語講師、小学校教諭5名、小学校英語支援、中学校教諭、大学生2名、高専講師（大学院生）、大学講師5名、通訳、元中高一貫校教諭）。方法は、参加者はペアになり、以下の例のように、予め用意された質問（何の季節が好きですか？　何の食べ物が好きですか？　などを日本語で）を使って問答をする。以下に例と指導のポイントを示す。

　　問答型レトリック：
　　問「あなたは○○が好き／嫌いですか。」
　　答「私は○○が好き／嫌いです。」
　　問「なぜですか。」

　　指導のポイント：
　　①矢継ぎ早に次々に畳み掛けるように質問する。
　　②主語、目的語をはっきり言わせる。

　結果として、問答ゲームを肯定的にとらえた人と否定的にとらえた人がほぼ半々で、その他に違いを意識したという感想や示唆的な意見もあった。以下は参加者の「問答ゲーム」の活動の中の意見交流の記録の中から、本稿の主旨と

第3章 ● 世界の動向に連動する言語教育とは　　67

関わるものを選んだものである。これらの意見は分類して（問答ゲームについ
て）「違いを意識した（中立）」「肯定的」「違和感を感じた（否定的）」「示唆的」
の4通りに分けた。なお、それぞれの意見・感想にはA、B、Cとラベルをつ
けているが、同じ人物の意見が混じっている可能性があることを断っておく
（21名の参加者はそれぞれ必ず1回は意見・感想を述べたが、意見・感想の数は24個
であった）。

〈違いを意識した〉
　このグループは、自分の日本語や思考が「問答ゲーム」タイプとは「違う」
ことを意識している。

　　A：「カレー好き？」と聞かれて「うん、よく食べるなあ」と言ったけど、
　　　　これも答えてない。「なぜ？」、「良く食べるから」というのも、理由に
　　　　なってない。
　　B：（前文略）いつも、感覚で何となく話しているということがよくわかっ
　　　　た。
　　C：自分が曖昧だと考えていなかったが、曖昧だったと改めて感じた。（中
　　　　略）日本人同士だと、はっきり言わないことで、適当に逃げられるとい
　　　　うこともある。

〈肯定的〉
　肯定的な意見の内容は、日本人の態度やコミュニケーションの仕方は曖昧で、
特に対外的にこのままではいけないという考えが多かった（D、E、F）。また、
英語の授業でトレーニングとして使えるという意見もあった（G、H）。

　　D：以前の勤務校では、沈黙は金なりという雰囲気。これからの時代、これ
　　　　ではいけない。もっと発言できる生徒を育てていこうとしていたので、
　　　　この方法は有効的だと感じた。
　　E：日本の言語文化というのは守っていかなくてはならないと思う。（中略）
　　　　しかし、外国人に対しても同様の曖昧さで対応していると、場合によっ

68　第Ⅰ部 ●国内の事例

てはバカにされたり誤解されかねない。これまでおろそかにしていた言
語技術を磨くということは、特に外国人と仕事をする人には必要だ。

F：日本に初めてきたときに、まさに同じ疑問をもち、最初は相手のこと
が理解できなかった。例）You can visit me anytime. と言っても You
cannot visit me anytime. ということ。長く住んでみて違いを理解した。
まだ学んでいる途中。こういう練習も必要だと感じた。（フィリピン人女
性英語講師）

G：曖昧表現になれていると、こちらも想像する。何で、何で？　と聞くの
は失礼だと感じてしまう。質問するのも、答えるにも難しい。でも英語
だとそれが必要であり、考え方を変えないといけないことに気付かされ
た。

H：答えを宣言してから説明するのは、英語のエッセイなど、文を書く練習
には良いと思った。

〈違和感を感じる〉

　違和感を覚えた人たちの意見・感想は、「問答ゲーム」タイプの思考法に対し
て、情意的にすんなり受け入れることに抵抗があることがうかがえる。このタ
イプのコミュニケーションは日本人にとって人間関係や人格にも影響を与える
のではないかという懸念も読み取れる。

I：矢継ぎ早に質問をすることが難しかった。好きな理由など、もともと大
して考えていないので、質問され、答えを用意している自分がいて、本
心とどんどん離れたように感じたし、人間関係がつまらなくなると感じ
た。

J：慣れていないので、互いに構えてしまって不自然な対話になると感じた。
もしこれが欧米の方たちの普通の思考回路だとしたら、そこが大きな違
いだと思う。

K：畳み掛けられると答えるのに焦って、気持ちが冷めていくものだと感じ
た。また質問する側としては、どこまで聞いていっていいのかわからな
い。どこが最終地点なのか難しいところだと思った。

第3章 ● 世界の動向に連動する言語教育とは　　69

L：問答型で畳み掛けていくと、聞く側になっても、答える側になっても居
　心地が悪いと感じた。ほんとうに私のことを知りたくて聞いてくれてい
　るのかなと……。相手との関係性も悪くなるような感じがした。

M：（前略）自分の生い立ちを考えると問答形は確かに厳しくて人格をかえ
　なくてはできないと思った。

〈示唆的〉

　示唆的な意見・感想では、問答型を取り入れるときのやり方に言及するもの
（O）、問答型がすでに教育現場で推進されその結果起こっていることに対する懸
念（P）、最後のQは、この研究会の主幹である町田淳子氏の言及である。町田
氏は本稿の主旨とほぼ同じことを述べており、論理的な思考を日本の教育に取
り込むことには注意が必要であることを示唆している。Pの「論理的であるこ
とが思うことも書く事も制約している」ということばは日本の教育に論理的な
思考を取り込むことについての一つの見方として示唆的である。

O：（前文略）子どものことばを一旦受け留めてやって、それでどうなの？
　と問うといようなテクニック的なことを考えていく必要があると思う。

P：最近の国語では、物語を読み込む時間は少なくて、物語ブックをつくる。
　その中にたくさん細かい項目があって、それについて説明文を書く。○
　と○比較してどうか、こういうことばを使って文を書きなさい。と
　いったものなので、無味乾燥な表現作品になる。気持ちのままの勢いで
　書いたものの方がお互いの交流ができるのだが。ただ、思いのままに書
　いたとしても、最後は道徳的に同じ様なまとめをしてしまう傾向にある。
　30年教えてきて、論理的にということが、思うことも書くことも制約
　してきていることを感じる。

Q：誤解を恐れずに言えば、問答型レトリックを身につけ世界に立ち後れな
　い様にという提言は、その進め方如何で、何か、世界のビジネス戦略に
　勝てる人材を育てることを目的として導入される英語教育に通低するも
　のがあるように感じます。全人教育が実現されるべき学校教育の中で行
　うときは、どの子も学びのプロセスで、伸び伸びと自分を自由に表現で

きることを保障してやらねばならないと思います。問答型レトリックで、素早く的確に聞く・答える力を育てるはずが、考えずに言う・似たような表現に留まる・行間や相手の感情を想像しない・相手を論破することが目的になるといった負の側面にも注意を傾けるべきでしょうか。変わりゆく世界に対応すべく多様で新しい手法を導入し、よりよい方策を模索することは必須ですが、普遍的に大切にしなければならないことを忘れず、バランスのよい取り組みへと発展させたいものだと思います。

　これらの意見・感想から見えるものは、日本的思考や言語表現だけではグローバル社会に連動できない、また、「問答ゲーム」式の思考法と言語技術は必要であると考える人がいる一方で、日本語でこの方式で話をすることには違和感を感じると思う人がいることである。ここで注目すべきは、英語に関わることで「論理的」な考えや表現に馴染んでいるはずの英語教育に携る人々であっても、問答ゲームに「違和感」を感じたことではないだろうか。つまり、日本人にとっては、三森氏の提唱するような演繹的で論理的とされる言語表現を、自分のことばとして自己の内部から表現することが難しいということではないだろうか。そして、この自然に湧き出る違和感に蓋をしては、日本人としての知性を深化することはできないと筆者は思うのである。もちろん、このことは、日本人が西洋の論理的思考に学ぶ必要がないということを訴えている訳ではない。

7.　まとめ

　これまでの知見や実験活動が示している通り、日本語は「西洋型論理」を物差しにすると論理的であるとは言えない。しかし、西洋型論理だけが「知性」と考えるのは問題である。河合隼雄（1999）は『中空構造の日本の深層』の中で、日本人の望ましい生き方は「意識化への努力」であると言う。これは、「言語によって事象を明確にし把握し意識化すること」であるが、「それを急ぎすぎることは、日本の良さを破壊することになるというジレンマをわれわれはよく

知っておく必要がある」（p. 71）という。そして、この「意識化への努力」とは「そのような西洋的父性の論理へとジャンプすることではなく、日本人としてのわれわれの全存在をかけた生き方から生み出されてきたものを、明確にしてゆこうとすることである」（p .74）と主張している。論理的思考法は、現代の科学的社会の基盤となる思考法であるが、このような自然と人間を対峙させる世界の捉え方をしてきた結果、現代の抱える経済的な格差や二極化の問題が生まれてきたという批判的な見方もできる。そうであれば、自然と人間を分断しない発想を原点とする思考法がこの傾向を和らげたり、方向付けの修正を行うことに関われるのではないだろうか。

　そのためには、形骸的な思考訓練や言語訓練ではなく、より詳細で段階的な自己の中から湧き上がるような思考訓練を行うこと、さらに、欧米型では切り捨てられてしまうものを残しつつ、論を進めていく方法を模索することなのではないだろうか。すなわち、日本人として西洋型ではない知のモデルを自ら構築し提示していくことである。ここに共通する概念はおそらく「切り捨てない」ことだろう。つまり、西洋的な論理では、論理を先に進めるために、枝葉を切り落とし、一本化して先へ進むのに対して、その枝葉も包摂しつつ先へ進むやり方である。その枝葉の中に（世界や宇宙の）真理や重要なことが潜んでいるかもしれないという考え方であり、世界（自然）を自分と切り離さないままで世界を見る視点を大事にするということである。それには、このような視点をどのように外的な説明力、説得力へと発展させていけるのかという課題が生じる。それは、当然ながら、言語教育の目標をどう定めていくのかということにも深く関わってくるが、筆者は、それが世界の動向に働きかけるような、そのような言語教育を目指すべきだと考える。

注

1　Programme for International Student Assessment の略。経済協力開発機構（OECD）が41カ国／地域（OECD加盟30カ国、非加盟11カ国／地域）を対象に、3年おきに実施する生徒の学習到達度調査。調査項目は、読解力、数学的リテラシー、科学的リテラシー、問題解決能力（2003年調査から）で、調査内容は、知識や技能等を実生活の様々な場面で直面する課題にどの程度活用できるかを評価（記述式が中心）、学校のカリキュラムで学んだ知識や技能等がどの程度習得さ

72 第Ⅰ部 ●国内の事例

　　　れているかを評価（選択肢が中心）する（文科省ホームページ）。

2　作文実験は4コマ漫画を使って自由課題と条件課題の二つの課題に対して作文を書くというものである。自由課題では、絵を見せて「その日がどんなだっか」という質問の回答を自由に書く、条件課題では、絵と質問は同じで「けんた君（ジョン）はしょんぼりしています」という文から書き始めるという条件がついている。(p. 19)

3　しかし、これは渡辺の説明によれば、因果律で答えを特定せずに、最後まで明確な答えを示さずに子どもが思考を続けられるようなアプローチであるという。

4　ここで簡単にもう一つの体験活動について触れておく。これは、一つの短歌（俵万智の短歌「「この味がいいね」と君が言ったから七月六日はサラダ記念日」）を自然な鑑賞と三森式の2通りの方法で鑑賞する活動である。まず、ファシリテーターは一つの短歌が書いてあるワークシートを配り、参加者はシートにある短歌を読んで各自感じたことを左側に書き、次にペアで感想を述べ合う。次に、ファシリテーターが三森氏の著書を参考にして、短歌についていくつか質問をする。参加者は、即座に答えを右側に書き、また、ペアで感想を述べ合うという活動である。質問は「ここはどこでしょう」、「ここに誰がいますか」、「二人は何歳くらいでしょう」など5問であった。ペアで話をした後、全体で左側に書いたものと右側に書いたものを比較したところ、右側に書いたものは様々であったが、左側に書いたものは情意的な感想が多く似たり寄ったりであった。この結果が、日本人に特有の反応なのか（参加者は一人を除いて日本人）、人種に関わらずこのような鑑賞の仕方になるのかは比較の対象がないため判断できない。しかし、自然な短歌鑑賞による表現と三森式質問に対する答えとは非常に異なっていたことが際立った結果である。

参考文献

会田雄二（1972）『日本人の意識構造──風土・歴史・社会』講談社

亀井勝一郎（1985）『古代知識階級の形成──日本人の精神史』講談社

河合隼雄（1999）『中空構造日本の深層』中公文庫

木田元（2000）『反哲学史』講談社学術文庫

木田元（2010）『反哲学入門』講談社学術文庫

木下是雄（1981）『理科系の作文技術』中公新書

黒木登志夫（2011）『知的文章とプレゼンテーション』中公新書

三森ゆりか（1996）『言語技術教育の体系と指導内容』明治図書出版

三森ゆりか（2002）『論理的に考える力を引き出す──親子でできるコミュニケーション・スキルのトレーニング』一声社

高田智子／松井順子（2010）『企業が求める英語力』朝日出版社

中村元（1989）『日本人の思惟方法──東洋人の思惟方法3』春秋社

村越行雄（2015）「段落とパラグラフの構造の方法について」跡見学園大学文学部コミュニケーション文化学科紀要『コミュニケーション文化』第9号、1〜27頁
http://ci.nii.ac.jp/els/110010051447.pdf?id=ART0010620603&type=pdf&lang=en&host=cinii&order_no=&ppv_type=0&lang_sw=&no=1490545895&cp=

渡辺雅子（2004）『納得の構造──日米初等教育に見る思考表現のスタイル』東洋館出版社

渡辺哲司（2013）『大学への文章学──コミュニケーション手段としてのレポート・小論文』学術出版会

文部科学省ホームページ「グローバル化に対応した英語教育改革実施計画」
http://www.mext.go.jp/a_menu/kokusai/gaikokugo/__icsFiles/
afieldfile2014/01/31/1343704_01.pdf

文部科学省ホームページ「現行学習指導要領・生きる力　第1章　言語活動の充実に関する基本的な考え方」
http://www.mext.go.jp/a_menu/shotou/new-cs/gengo/1300857.htm

Anthony J. LEGGETT (1966)「Notes on the Writing of Scientific English for Japanese Physicists」日本物理学会誌 第21巻　第11号：790-799.
http://wattandedison.com/Prof_Leggett_Notes_on_the_Writing_of_Scientific_English.pdf

第 II 部

海外の事例

第4章
カナダ・ヌナブト準州のイヌイットの社会変化と教育

長谷川瑞穂

> Make your charity increase as much your wealth.
> 富を増やすのと同じくらい、慈善のこころを広く持ちなさい。
> （イヌイットのことわざより）

はじめに

　カナダは、イギリス系、フランス系、世界各地からの移民、先住民からなる多民族国家であるが、カナダの先住民は「1982年憲法」35条で、インディアン、イヌイット、メティス（白人と先住民の混血）であると規定されている。イヌイットはエスキモーと呼ばれていたが、特にカナダでは「生肉を食べる人」を意味するエスキモーは差別語と考えられ、彼等の言語で「人々」を意味するイヌイットが使われる。かつては移動生活を送り、犬ぞりに乗り、夏季はテント、冬季はイグルー（雪の家）に住んでいたイヌイットも、現在は木造の家に定住し、時々狩猟、漁労などに出かけるという近代的な生活を送っている。特に、1955年以降の連邦政府の定住化政策と学校教育でイヌイット社会は大きな変貌を遂げた。

カナダに現在残っている主な先住民言語は、インディアンの10言語とイヌイット語であるが、インディアンの場合、約8割が日常語を英語、またはフランス語であると答えていて、自らの先住民言語を日常語とする者は20％と少ない（Statistics Canada, 2011）。一方、イヌイットは極北に住んでいたため長く放置されていたこともあり、現在家庭でイヌイット語を使用する割合は46％（Statistics Canada, 2013）であり、今のところ消滅の危機はないとされている。しかしながら、英語の方が流暢であるイヌイットが増加傾向にあり、イヌイット語は徐々に弱体化している。1960年代までの教会や連邦政府による学校教育は、イヌイットに英語、キリスト教、西欧文化を教え、完全に同化することがよいというヨーロッパ中心主義（Eurocentrism）に基づいていたため、イヌイット語は完全に無視され、現在の弱体化につながった。適切な言語および教育政策でイヌイットの言語、文化を守る必要がある。イヌイット語を保持することは、彼等の民族としての誇りとアイデンティティにつながることが筆者の現地でのアンケートでも明らかになっている。

西欧近代主義にはない学ぶべき点がイヌイットの伝統文化には多い。例えば、近代の資本主義経済では資源を乱獲したり、山林を伐採したりなど、自然のバランスを破壊し、人類が人災に苦しんでいる。イヌイットは彼等が必要とする分のみをとり、さらに、例えばアザラシの身、皮、骨など全て有効に活用してきた。また、移動生活を行っていた習慣で、余分な家財道具、衣服なども持たない。物に溢れ、多くの無駄を出している我々の生活とは大違いである。また、集団で移動生活をしていたので、和をとても大切にしてきた。寛容さ、我慢強さなども見習う点であろう。一方で、現代のイヌイット社会にも喫煙、麻薬中毒、自殺、高校中退率の高さ、格差の拡大など問題も多く指摘されている。

筆者は英語とイヌイット語での複雑な書類を提出し、半年がかりでヌナブト準州の調査許可書（license 02 049 16N-M）を取得し、2016年9月にヌナブト準州都イカルイト（Iqaluit）で参与観察、調査を行った。本稿では、先行研究、資料の分析、現地での参与観察、調査に基づき、イヌイットの社会変化と教育の歴史的概観とヌナブト準州成立後の同準州の社会と教育の実態およびその問題点を考察する。

1. イヌイットについて

（1）イヌイット社会の変化

　イヌイットとは極北ツンドラ地帯に住むエスキモーの中で、カナダに住んでいる人たちのことである。エスキモーと総称される人々は、現在、ロシア連邦、アメリカ合衆国、カナダ、デンマークに住んでいる。

　イヌイットはヌナ（nuna）と呼ばれる大地、ツンドラ地帯で獲物などを追って移動生活を営む狩猟・漁労・採集民であった。しかしながら、19世紀にヨーロッパ人と毛皮貿易による交流が始まり、イヌイット社会は次第に変化していく。欧米人との接触による伝染病の蔓延により、イヌイット社会は人口が急激に減少した。特に、1940年代から1950年代にかけての結核の蔓延は深刻で、イヌイットの5人に1人が罹患し、イヌイット社会は弱体化する（岸上、1998）。一方で毛皮（北極狐、アザラシなど）貿易により、ヨーロッパの物品や食べ物を入手するようになり、イヌイット社会は生業（狩猟や漁労）と貨幣の混交経済へと移行していった。カナダ政府はそのようなイヌイットを長く放置していたが、北方の資源に目を向け始め、1939年の最高裁の判決でイヌイットを法律上先住民とみなし、イヌイットは連邦政府の管轄下に置かれることとなった。1950年代後半から定住化を促進し、1960年代半ばまでに大多数のイヌイットは村落（community）に定住した。イヌイットは従来のイグルーやテントではなく、セントラル・ヒーティングの木造の家屋に住むようになった。犬ぞり、カヤック、弓矢などに代わり、電動のスノー・モービルや舟、自家用車（都市部）、四輪駆動車、ライフル銃が使われるようになり、それらの購入や維持のために現金収入が必要となった。このようにイヌイットはカナダ連邦政府のもと、近代の資本主義社会に組み込まれることとなった。こうした中、1970代後半に欧米の企業がアザラシの毛皮を乱獲したことに始まり、1983年にヨーロッパで全てのアザラシの毛皮の輸入を禁止するという事態が起こり、近代化の中で、機械の維持などのためにアザラシの毛皮販売に頼っていたイヌイットは危機感を募らせていく（岸上、1998）。毛皮貿易に代わる現金収入の道として、滑石彫刻に従事

第4章 ● カナダ・ヌナブト準州のイヌイットの社会変化と教育　79

図1　カナダの地図

図2　ヌナブト準州

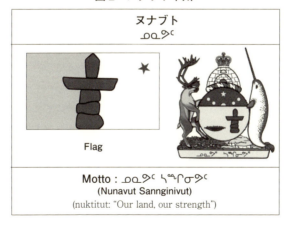

80　第Ⅱ部 ●海外の事例

する者や、定職、パートなどに就く者が増えてきた。

　1970年代からのイヌイットの先住民運動では土地権、生業権、自治権、教育権、言語権などの先住民権の回復が主張されたが、粘り強く連邦政府と話し合い、交渉が進められた。イヌイットのための「カナダ・イヌイット協会」が設立され、この協会組織が1993年のヌナブト協定（Nunavut Land Claims Agreement）締結、1999年のヌナブト準州成立への原動力となった。ヌナブト協定は同準州187万7787㎢の面積中35万5842㎢の土地所有権、1993年から14年間の総額110億ドルに及ぶ連邦政府からの補助金、国有地からの採掘による収益金の一部の分配、ヌナブト準州内での野生動物に関する権利、第23条ではイヌイットの政府機関での雇用などを規定している。先住民の自治権以外は限定的ではあるが認められたが、イヌイット側にとっては、妥協によって成り立った協定である。この協定に基づき、1999年4月に北西準州の一部を分割して、ヌナブト準州が成立した。カナダの憲法では、州に自治権、高度の独立性が与えられているのと対照的に、準州では連邦政府が立法、行政権などを持ち、ヌナブト準州はイヌイットが多数を占めているが、イヌイットの自治政府ではない。

（2）イヌイットの分布

　2011年の国勢調査では、カナダの先住民の人口は表1の通りであり、先住民全体はカナダの人口の約4.26％である。先住民のうちイヌイットの人口は多くはないが、2006年に比べて18％増加している。

表1　カナダの先住民の人口

カナダ全体	先住民全体	インディアン	メティス	イヌイット	他（複数所属）
32,852,320	1,400,685	851,560	451,795	59,440	37,890

(Statics Canada: National Household Survey, 2011)

　カナダのイヌイットの約4分の3は、ヌナブト準州（Nunavut）、ケッベク北部（Nunavik）、ラブラドール（Ninatsiavut）、北西準州の一部（Inuvialuit）で構成されているヌナンガット（Nunangat）に住み、残りの約4分の1は南部（北緯60度以南）に住んでいる。イヌイット全体の5万9440人の各地域の分布は表2

第4章 ● カナダ・ヌナブト準州のイヌイットの社会変化と教育　81

表2　地域別イヌイットの人口

カナダ全体	ラブラドール	ケッベク北部	ヌナブト準州	北西準州の一部	他
59,440	2,325	10,750	27,070	3,310	15,985

（Statistics Canada: 2012, Aboriginal Peoples Survey）

の通りである。

　表2でわかる通り、ヌナブト準州にはイヌイット全体の半数近くが住んでいる。

2. ヌナブト準州の現在

　前節で見たように、イヌイットは急激な変化を体験し、自らの生活習慣や文化の多くを失い、近代経済に組み入れられてきたが、その心の傷（トラウマ、trauma）は大きい。衛生状態が良くなり、生活が便利になるなどプラスの面も多いが、マイナス面も大きい。

　ヌナブト準州の実情は、2011年の国勢調査によれば、総人口は3万1695人であり、そのうちイヌイットは2万7070人で約85.4%を占める。ヌナブト準州のイヌイットのみを分析したカナダ政府の資料はないので、以下ヌナブト準州全体の国勢調査の資料（2011）から考察する。

（1）持家、職業、収入

　ヌナブト準州の持家状況であるが、対象となる8665世帯のうち家を所有しているのは1815世帯、借りているのは6845世帯で、圧倒的に借家住まいが多い。連邦政府の公的なアパート形式の家を借りている場合が多い。イヌイットの1家族の人数は約5人で、カナダ平均よりかなり多く、一人あたりの女性の産む子どもの数も平均3人と多い上、住居は狭く、不満を抱いているイヌイットが多い。定住化により衛生状態が良くなり、イヌイットの人口増加率はカナダ平均に比べてかなり高く、ヌナブト準州では20歳以下が約半分を占め、若い人が多いのが特徴である。

図3 イヌイットのアパートと個人住宅

(2016年9月、イカルイトで筆者撮影)

　イヌイット社会では賃金労働などの貨幣経済と狩猟、漁労などの生業経済の混交経済がうまく機能してきた。具体的には、例えばアザラシなどの毛皮や滑石彫刻品を売り、その現金で狩猟、漁労に必要な電動機具などを購入してきた。現在は、妻や子どもを含む家族の現金収入で車、四輪駆動車、電動の舟、スノー・モービルなどの購入やその維持のための費用をまかなっている。現在、ヌナブトの15歳以上の職業人口1万6000人のうち、雇用されている者は1万3900人で雇用されていない者は2200人であり、非雇用率は13.5％である（Nunavut Bureau of Statics, 2016）。準州設立当時の非雇用率が30％近くであっ

第4章 ●カナダ・ヌナブト準州のイヌイットの社会変化と教育　83

たので、かなり改善されてきている。

　ヌナブト準州の15歳以上の給与所得者の平均収入は男性2万8225ドル、女性は2万3603ドルで（Statistics Canada: Nunavut, 2011）、かなり低い。給与収入は男性よりやや少ないが、女性の社会進出が目立つ。男性より女性の方が急激な変化への適応も早く、職業についた後も継続する率が高い。また女性は、高校、カレッジ、大学の中退率も男性より低く、政府機関、教育関係への就職者も多い。準州政府機関に勤務する女性の数は男性の2倍である。しかしながら、筆者が面談した30代のイヌイット女性の話では、同じ仕事でも女性は男性の75％程度の給料で、男性優位であるとのことであった。一方、男性はカレッジ、大学、職業学校に進み定職に就く者、イヌイットの伝統的な滑石彫刻などに従事する者、季節的な土木、建築関係にパートで働く者など多様である。準州都イカルイトなどでは狩猟、漁労などに出かける回数が少なくなっている。

（2）宗教

　宗教に関してはイヌイット社会の信仰は精霊信仰、シャーマニズムであった。各共同体には一人以上のシャーマンがいて、助言者兼治療者の役割を果たしていたが、現在は、ほとんどがキリスト教徒である。1900年代初期の毛皮貿易が盛んな時代に、英国国教会、ローマ・カトリック教会などの宣教師がイヌイットのキャンプに入り込み、イヌイット語で布教した。イヌイット語の聖書が回し読みされ（Laugrant et al. 2009：21）、キリスト教が徐々に受け入れられていった。1950年頃にはほとんどのイヌイットがキリスト教に改宗した（岸上、2007：84）。キリスト教の教えはイヌイットの生活に深く浸透し、影響を与えている。現在のヌナブト準州の宗教は表3の通りである。

表3　ヌナブト準州の主な宗教

総人口	31,695	
キリスト教徒	27,255	
	英国国教	15,940
	カトリック	7,585
先住民の伝統信仰	135	

（Statistic Canada : Nunavut, 2011）

英国国教会が一番多いが、布教に熱心だったこともあり、カトリック信者も結構多い。急激な変化、自らの伝統・文化が奪われた状況の中で、キリスト教により、心の安らぎを見出そうとするイヌイットが多い。

（3）食料事情

イヌイットはかつての移動生活の時代はアザラシ、セイウチ、カリブー、北極イワナなどのタンパク資源やベリーなどを採集し、集団で分配する食生活であったが、現在は地域差はあるものの、60％以上は南部からの食べ物を現金で購入している。都市部ほど狩猟、漁労にはあまり出かけない傾向にあり、スーパーなどでの食料の購入に依存している。ツンドラ地帯で野菜などは育たず、南部やイヌイットの他の地域と結ぶ道路はないので、僻地運賃の高い航空貨物便で食料品が南部から届くが、当然物価は南部の2倍近くと高い。筆者はイカルイト唯一の大型スーパーに何度か足を運んだが、野菜などはやや古いものの品数は豊富であった。品物はすべて南部からの物であった。現金収入も少ない上、子どもの数も平均3人と多いので、各家庭での食料事情は悪く、次の図4が示すように、食料を十分買えない状況である。

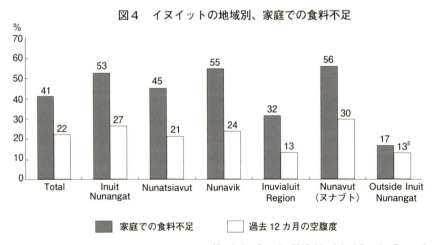

図4　イヌイットの地域別、家庭での食料不足

（Statistics Canada: 2012 Aboriginal Peoples Survey）

（4）タバコ中毒、麻薬中毒、自殺率

　筆者がイカルイトに着いてまず驚いたのは、男女を問わずほとんどのイヌイットがタバコを喫っている光景であった。毛皮貿易、キリスト教の伝道と共に、噛むタバコがイヌイット社会に入り、その後紙巻きタバコがやってきて、人々は完全にタバコ中毒になり、イヌイットにとってはなくてはならないものとなった。結核患者が増えた時期においても喫煙者は減らず、まるで食べ物の一部のようであった。大人がタバコを喫うのは当たり前であり、昨今ではタバコを喫い始める時期が早まっている。カナダ全体の平均寿命が80.6歳であるのに対し、イヌイットの平均寿命は70.8歳である。イヌイット社会の長老たちは、タバコは体に良くない上に値段が高いので禁煙を説いているが、一向に喫煙の傾向は変わらない。

　タバコほど多くないがイヌイット社会には麻薬中毒者が結構いる。特に青少年の間にヘロイン、マリファナ、コカイン、シンナーなどの麻薬中毒者が増え、高校中退の原因ともなっている。

　また、イヌイットの自殺率の高さが問題になっている。1999年から2013年の14年間のイヌイットの自殺者は745人で、自殺率はカナダ全体の20倍以上である。以前の狩猟、漁労の集団生活の時代には自殺は皆無であった。急激な変化、学校教育にも対応できず、就職もできない若い男性の自殺者が多い。

　変化にうまく対応し、強く、賢く生きているイヌイットも見受けられるが、心の病を抱えているイヌイットが多い。　筆者が訪ねた準州都イカルイトは、イヌイットが60％であり、白人も多く、収入が良いとのことで、南部から白人以外に移民や黒人も移ってきている。後述するように、イヌイットの高校卒業率は低いので、なかなか良いポストに就けない。例えば、ホテルの所有者は白人、フロントはフィリピン人などの移民、清掃婦はイヌイットという縦社会の構造ができているように見受けられた。準州政府の主要ポスト、警官、教育関係の主要ポスト、スーパーやホテルの経営者はほとんど白人であった。イヌイットにとっては厳しい競争社会である。

3. イヌイットの教育

(1) イヌイットの教育の歴史

1940年代に連邦政府がイヌイットの教育に関与する以前は、彼等が移動生活であったこともあり、学校教育ではなく集団の中で長老、年配者、両親などから、イヌイット社会で1000年も培われてきたイヌイットの知識、信念、技術などが子どもたちに伝えられた。

イヌイット社会では赤ん坊に命名された名前には「イヌア（名霊）」が宿るとされ（岸上、1998）、それにより、その子の人格や性向が決まると考えられていた。まわりの大人はその人格を見抜き、その子に相応しい生き方に仕向けることが重要だと考えられていたので、子どもは叱られることが少なく、静かに見守られて育っていった（スチュアート、2005）。

第二次大戦後、北部に駐留していたアメリカ軍から、カナダ政府のイヌイットに対する教育などの放置が指摘された。1944年当時、イヌイットの多い北西準州の東部には平日学校が1校あるのみであった（Duffy, 1988）。1947年より連邦政府がイヌイットの教育を行うことになったが、人口の分散により、十分な学校建設が難しいことなどの理由で、1951年頃から小学校の寄宿学校が人口の多い5地域に作られ、ローマ・カトリック教会、イギリス国教会などにより運営された。イヌイットの子弟には悪しき慣習と迷信などの影響を除去し、キリスト教、英語により文明化するという建前で、英語による教育が行われた。親元から離され、イヌイット語使用に体罰が科せられるなど、肉体的、精神的、性的な虐待を受けていた（スチュアート、2005）。

寄宿学校では南部の食べ物、衣類が与えられたが、予算不足もあり、貧しいものであった。筆者の現地での面談では、多くのイヌイットが寄宿学校に言及していた。寄宿学校での体験はイヌイットの間で語りつがれ、大きな心の傷、トラウマとなっていることが窺えた。2008年には当時のハーパー首相が議会に先住民のリーダーや寄宿学校の卒業生を招いて、「カナダ政府は、先住民を深く傷つけてきたことを心から謝罪する」と公式に述べた。2008年には寄宿学校での実態調査のための「真実と和解の委員会（Truth and Reconciliation

Commission)」が先住民の住む各地域に設けられ、ヌナブト準州の準州都イカルイトにも存在した。「真実と和解の委員会」を中心に 7000 人の寄宿学校の先住民の元生徒に行った聞き取り調査の結果をまとめた「報告書」が 2015 年に出された。また、カナダ政府は 44 億ドル（約 4400 億円）の補償金を先住民に支払った。

　定住化が進む中、1955 年のイカルイトの小学校建設を皮切りに、1960 年代前半までに人口の多い地域に次々と多額の予算を投入し、連邦政府の平日学校が作られた。南部のカリキュラムが導入され、英語による授業が行われた。定住化後の連邦政府の平日学校では、前述の寄宿学校での虐待などは見られなかったが、学ぶ内容はイヌイットにとって、あまりにも彼等の日常と離れていた。例えば、当時のイヌイットが見たこともない traffic light（信号、現在でも例えばイカルイトのような都市にも信号はない）や oven（オーブン）などの語は全く理解できなかった。徐々に、カリキュラムにイヌイットの文化や価値を導入する必要が認識され始めた。1960 年代は定住化が進んだこと、衛生状態が良くなり結核などが減り、特に若い人が増えたことなどで、急速に各村落（community）に学校が建設され、1960 年代の終わりにはかなりのイヌイットが学校教育を受けた。1955 年には 6 〜 15 歳のイヌイットの就学率は 15％以下であったが、1964年には 75％となり、イヌイットの英語識字力も伸びた。こうした中、高等教育の必要性も高まり、1964 年に北西準州に職業学校が作られ、高等教育機関は徐々に増えていく。

　カナダでは 1971 年に当時のトルードー首相が多文化主義の声明を出したが、イヌイットの教育にもその影響があり（岸上、1994）、連邦政府は英語、西欧文化への同化的な教育政策から、教育にイヌイットの言語や伝統文化を導入する考え方に変わっていった。

　1969 年に北部の教育が北西準州に委譲されて以来、イヌイットの文化を教育に反映させる声が高まり、イヌイット主体の教育政策が展開されるようになる。初期においては（幼稚園から小学校 3、4 年まで）イヌイット語を教育言語とし、カリキュラムにイヌイットの文化、歴史、遺産などを反映させることが検討され、実行された。筆者は 30 代のイヌイット数人と面談したが、北西準州時代は小学校の 3 年、あるいは 4 年まで完全にイヌイット語が教育言語であったので、

イヌイット語の保持に困らなかったとのことである。筆者の行ったアンケートによれば、この年代はイヌイット語を家庭で使用している率が高く、英語とイヌイット語のバイリンガルが多い。

　以前のイヌイットへの英語による南部式の教育は、彼等にアイデンティティや自信の喪失をもたらしたことが指摘されており、北西準州では1992年にイヌイット科目に関する諮問委員会（Inuit Subject Advisory Committee）を設け、検討が進められた（下村、2001a）。諮問委員会のメンバーはほとんどイヌイットであり、教育関係者、父兄以外に多くの長老も加わり、イヌイットの伝統や価値観が反映されるように検討が重ねられ、1997年にイヌカティギート（Inuuqatigiit）という科目が開発された（下村、2001b）。現在も北西準州、ヌナブト準州の学校では、この科目が取り入れられている。

（2）ヌナブト準州の教育

　1999年にヌナブト準州が成立し、2008年の同準州の公用語法（Official Languages Act）で、イヌイット語、英語、フランス語がヌナブト準州の公用語であることが規定されている。また、同年のイヌイット語保護法（Inuit Language Protection Act）では、ヌナブトの学校でイヌイット語で授業を受ける権利、準州政府機関においてイヌイット語で働く権利を保証している。同じく2008年に定められた教育法（Nunavut Education Act）では、ヌナブトの学校教育はイヌイットの伝統知識（Inuit Qaujimajatuqangit, 以下IQと省略）に基づくこと、英語とイヌイット語のバイリンガル教育を導入することが述べられている。イヌイットの伝統知識（IQ）は、他人を思いやること、いつも他人を歓迎すること、家族や仲間を大切にすること、協議で決定すること、練習・努力で技術を磨くこと、みんなの利益を考えて働くこと、いつも前向きであること、土地、動物、環境を大切にすることの8項目である。筆者は60人あまりのイヌイットと話したが、IQが浸透していて、とても礼儀正しい、誇り高き人達であった。また、イヌイット語と英語のバイリンガル教育に関して、現在は三つのモデルから各地域が選択できる。イヌイット語のバイリンガルモデル、イヌイット語のイマージョンモデル、英語による教育とイヌイット語バイリンガルの教育のどちらかを選べる二重モデルの三つである。ヌナブト準州には28の

コミュニティがあり、イヌイット語のバイリンガルモデルを選んでいる地域が多いが、イカルイトは英語化が進んでいるので、二重モデルを選んでいる。イカルイトの二つの小学校の校長と面談できたが、一つの小学校では、イヌイット語コースを取っている生徒が 60％、英語コースが 40％、別の小学校ではイヌイット語コースが 15％、英語コースが 85％であった。また、筆者の行ったアンケートでは、20 代の若者の半数以上がイヌイット語の新聞を読めないと回答していたことは驚きであった。十分なイヌイット語の教育が行われていない、特に読み書きの教育が行われていないためであると考えられる。

　ヌナブト準州は、前述したように英語とイヌイット語のバイリンガル社会を目指しているが、理想と現実の乖離が見受けられる。また、アンケートではほとんどのイヌイットがイヌイット語の保持を望んでいたが、いざ子どもの教育となると英語コースを選ぶ場合が多い。英語コースの方が将来の進学のためになるし、学力もつくと考える親が多い。イカルイトでは、小学校の高学年（5 年生）以降は完全に英語による教育になり、中学校では週に 1 時間程度イヌイット語の授業がある程度で、その中でイヌイットの文化なども教えられているが、イヌイット語保持の観点から見ると不十分である。筆者の参観した中学校のイヌイット語のクラスではイヌイット語で草花やその利用方法などが教え

図5　中学校でのイヌイット語の授業風景

（2016 年 9 月、イカルイトの中学校で筆者撮影）

90 第Ⅱ部 ● 海外の事例

られており、イヌイット以外の生徒も必修として受講していた。

　また、イカルイトの高校の校長との面談では、週に1時間程度のイヌイット語の授業があり、それ以外にキャリア科目はイヌイットの文化に基づいているとのことである。イカルイトの高校はエリート校で、卒業生の約半数がカナダ南部の大学に行くとのことであった。

　イヌイットの教育のいま一つの問題点は高校卒業率の低さである。2015年現在のヌナブト準州の17～18歳の高校卒業率は36％であり、この卒業率の低さの原因として居住条件の悪さ、食料不足、10代の妊娠、麻薬の服用などを挙げている。イカルイトの高校長への面談では、"貧困と自らの文化の喪失"が主な原因であるとのことである。連邦政府による学校制度が開始されて60年以上も経過しているのに、いまだに高校中退率が高いのは、イヌイット社会に問題があると考えざるを得ない。高校の校長の話では、ヌナブトでは、高校まで授業料はただであるとのことである。

　高校を無事卒業して、カレッジ（2年制）、職業学校、南部の大学に進むイヌイットもいる。ヌナブト準州には高卒後の教育機関（post-secondary education）として、準州都のイカルイトにヌナブト北極カレッジ（Nunavut Arctic College）があり、1300名余りが学んでいる。1968年に北西準州に設立された成人職業訓練センター（Adult Vocational Training Center）を母体とし、カレッジとして発足した。本部のあるアーヴィアト（Arviat）の他にイカルイトを含め、三つのキャンパスがある。ヌナブト北極カレッジの卒業生はヌナブト準州のいたるところで活躍している。例えば、筆者の面談したイカルイトの二つの小学校のうちの1校の校長は、ヌナブト北極カレッジ教員養成課程卒業生のイヌイットの女性であり、イヌイット協会で管理職として働く30代の女性もまたヌナブト北極カレッジの卒業生であった。ヌナブト北極カレッジは職業に関するコースの他、学士号（bachelor degree）が取れるコースとしてレジナ（Regina）大学と提携している教師養成課程（Teacher Education）と、ダルハウジー（Dalhousie）大学と提携している看護学（Nursing）の課程がある。また、ヌナブト内の28のコミュニティの学習センター（Community Learning Center）とも連携し、サポートしている。筆者の滞在中に得た情報では、2017年から新たにサスカチュワン（Saskatchewan）大学と提携した法学の学士号が取れるコースが発足するとのこ

第4章 ●カナダ・ヌナブト準州のイヌイットの社会変化と教育　　91

とであった。

おわりに

　以上見てきたように、イヌイットはここ 60 ～ 70 年で急速な変化を経験した
が、変化に上手に対応し、賢く、強く生きているイヌイットがいる一方で、心
の傷、トラウマに苦しんでいるイヌイットも多い。社会、メンタル・ヘルスの
問題が解決されないと教育レベルは上がらないと指摘されている。イヌイット
社会はいまだに貧しいが、格差が広がっている。より良い生活を得るには高学
歴が必要で、英語の習得は不可欠である。しかしながら、イヌイットとしての
誇りとアイデンティティ保持のためにイヌイット語は大切である。家庭や地域
でイヌイット語を使い、2 言語に堪能になることがイヌイットのこれからの道
ではないだろうか。

　また、ヌナブト準州では、ヌナブト協定の締結で、限定的ではあるが、様々
な権利が保障された。一方で、カナダ連邦政府の準州として従来のイヌイット
語や伝統文化を守ることは徐々に難しくなってきている。しかしながら、西欧
的な考え方が絶対であるという一元的ではなく、イヌイットは自らの言語や文
化と英語、西欧文化の両方を身につけ、二元的になることができる。そのよう
な特性を認識し、両方の言語、文化を身につけることができれば、グローバル
化の時代に相応しい地球市民となれるであろう。

　現実には、経済状況の悪さ、高校卒業率の低さ、食料不足、住居環境の悪さ
など課題が多く、理想通りにはいかない。しかしながら、ヌナブト準州の経済、
イヌイットの生活は改善しつつある。社会、経済、教育の問題を改善し、イヌ
イットは他にあまり例を見ない 2 言語、2 文化の民族として誇りを持って歩ん
でいってほしいものである。そして、その道こそが、世界の他の多くの少数民
族の歩む道ではないだろうか。

注

1　イヌカティギート (Innuquatigiit)：1997 年に北西準州で開発されたイヌイットを対
　　象とした科目であり、五つの目標が掲げられている。それは、①コミュニティや
　　学校におけるイヌイットの言語や文化の維持と強化、②イヌイット集団間の団結

の強化、③過去と現在の連続性創造、④イヌイットの価値や信仰の継承、⑤イヌイットとしての誇りとアイデンティティの形成、である（下村、2001b：1）。

参考文献

大村敬一（2013）『カナダ・イヌイットの民族誌——日常的実践のダイナミクス』大阪大学出版会

岸上伸啓（1998）『極北の民、カナダ・イヌイット』弘文堂

―――（1994）「カナダ北極地域における先住民教育についての文化人類学的研究」『僻地教育研究』第48号、北海道教育大学、25〜39頁

―――（2007）『カナダ・イヌイットの食文化と社会変化』世界思想社

下村智子（2001a）「カナダにおけるイヌイットの教育政策の変遷」『広島大学大学院教育研究科紀要』第3部第50号、175〜183頁

―――（2001b）「カナダにおける「イヌカティギート」に関する研究（Ⅰ）」『教育学研究紀要』47—1、中国四国教育学会

―――（2006）「ヌナブト準州における公用語教育」関口礼子／浪田克之介編著『多様社会カナダの「国語」教育』東信堂、273〜278頁

新保満（1999）『変貌する先住民社会と学校教育——カナダ北西準州デネーの事例』御茶の水書房

日本カナダ学会（1997）『史料が語るカナダ——ジャック・カルチエから冷戦後の外交まで：1535-1995』有斐閣

ネトル、ダニエル／ロメイン、スザンヌ（島村宣男訳）（2001）『消えゆく言語たち——失われることば、失われる世界』新曜社

長谷川瑞穂（2012）「カナダの先住民の教育と貧困」松原好次／山本忠行編『言語と貧困——負の連鎖の中で生きる世界の言語的マイノリティ』明石書店、58〜72頁

―――（2015）「カナダの少数派」杉野俊子他編著『言語と格差——差別・偏見と向き合う世界の言語的マイノリティ』明石書店、137〜154頁

ヘンリー、スチュアート（2005）「イヌイットの若者——伝統時代」「イヌイットの若者——現状」宮本みち子編著『比較文化研究』放送大学出版会、55〜80頁

―――（2008）「マイノリティ言語と日本——イヌイットそしてアイヌ」『言語政策』第4号、日本言語政策学会、25〜41頁

Berger P. (2009) Eurocentric Roadblocks to School Change in Nunavut, *Etudes Inuit Studies* 33, (1-2) 55-76.

Dorais L. J. and Searls E. (2001) Inuit Identities, *Etudes Inuit Studies* 25 (1-2), 17 -35.

Duffy, R.Q. (1988) *The Road to Nunavut*, McGill-Queen's University Press, Kingston and Montreal.

Language Rights in Canada's North: Nunavut's New Official Languages Act, Standing Senate Committee on Legal and Constitutional Affairs, (2009).

第4章 ● カナダ・ヌナブト準州のイヌイットの社会変化と教育　　**93**

Laugrand, F. and Oosten J. (2009) Education and Transmission of Inuit Knowledge in Canada, *Etudes Inuit Studies* 33 (1-2) 21-34.

Levesque, F. (2014) Revisiting Inuit Qaujimajatuqangit: Inuit Knowledge, Culture, Language, and Values in Nunavut Institutions since 1999, *Etudes Inuit Studies* 38 (1-2) 115-136.

McGregor H. E. (2012) Nunavut Education Act: Education, Legislation, and Change in Arctic, in *The Northern Review* 36、27-52.

Miller, J. R. (1996) *Shingwauk's Vision- A History of Native Residential Schools*, University of Toronto Press.

Norris M. J. (2004) *The Diversity of Aboriginal Languages in Canada: Patterns and Trends*, Presented at the Departmental Policy Research Conference.

Nunavut Arctic College: *Calendar of Programs* 2012-2014.

Nunavut Approved Curriculum and Teaching Resource 2012-2015, Department of Education, Government of Nunavut.

Nunavut Education Act 2008, Department of Education, Government of Nunavut.

O'Gorman and Pandey, M. (2015) *Explaining Low High School Attainment in Northern Aboriginal Communities: An analysis of the Aboriginal Peoples' Surveys.* http://ideas.repec.org//s//win//winwop.html

Pandy, M. (2013) *Language Policy in Nunavut*: Panel at International Conference in Public Policy.

Rasmussen, D. (2011) Forty Years of Struggle and Still no Right to Inuit Education in Nunavut, *Interlanguage* 42—2, 137-155.

Reports to Legislative Assembly of Nunavut: Education in Nunavut (2013) Office of the Auditor General of Canada.

Shearwood, P. (2001) Inuit Identity and Literacy in a Nunavut Community, *Etudes Inuit Studies* 25 (1-2) 295-307.

Statistics Canada: *2011 National Household survey*, http//www12.statcan.gc.ca/nhs-enm/2011（2015/09/07/ 採取）.

Statistics Canada: *NHS Profile, Nunavut, 2011*, http// www12.statcan.gc.ca/nhf-enm/2011（2015/09/03 採取）.

Stern Pamela & Stevenson Lisa (2007) *Critical Inuit Studies: An Anthology of Contemporary Ethnography*, University of Nebraska Press, London.

Tulloch S. Quluaq P. et al. (2009) Inuit Perspectives on Sustaining Bilingualism in Nunavut, *Etudes Inuit Studies* 33 (1-2) 133-152 .

コラム ④

オーストラリアにおける少数民族言語教育の成功と不成功

濱嶋　聡

　オーストラリア全土の先住民人口は、2011年度の国勢調査では、総人口2150万人（2006年度に比べて8.3%の増加）中、2.5%（54万人）にあたり、そのうちの90%がアボリジニ、6%がトレス海峡諸島民で、残りの4%が両方の血筋である（Australian Bureau of Statistics, 2012）。アボリジニ人口の多い州であるニュー・サウス・ウェールズ州とクィーンズランド州にそのうちの60%が住み、反対に人口の少ない州である首都特別区には0.9%、タスマニア州には3.6%、南オーストラリア州には5.6%のアボリジニが住む。州全体の人口と比較してアボリジニ人口率が高い北部準州では、全人口の30%をアボリジニが占める（Australian Bureau of Statistics, 2008）。

　また、居住地としては、75%が都市に住み、遠隔地、さらに奥地に住むのはそれぞれ9%と15%である（Australian Institute of Health and Welfare, Canberra, 2013）。このような人口比率の差が、各州のアボリジニ政策に少なからず影響を与えているが、南オーストラリア州もその例外ではない。

　南オーストラリア州内の学校では、植民地時代の初期よりアボリジニ諸語が教えられてきたが、2009年の統計では州内の公立学校の6%の学校でアボリジニ諸語プログラムが提供され、それらは、AwarenessプログラムとしてのWirangu語、ReclamationプログラムとしてのKaurna語とNarungga語、RenewalプログラムとしてのNgarrindjeri語、RevitalisationプログラムとしてのAntikirinya語、Arabana語、Adnyamathanha語、そ

してピッチャンチャチャラ語（Pitjantjatjara）とヤンクンチャチャラ語（Yankunytjatjara）による第一言語プログラム、第二言語プログラムをも含む範囲に及ぶものである。そしてこれらのアボリジニ諸語は、54地区の52校の公立学校と2校の就学前学校で教えられ、その学習者は、4064人であった。2009年度の学習者数を表すこの数字は、素晴らしい印象を与えるかもしれないが、それに至るまでの現場の教育に携わるものたちの毎日は、これらのプログラムを継続していく困難との苦しい戦いの連続であった。最も大きな原因の一つは教員不足であり、この問題を軽減するために様々な学校での非公式な教師養成プログラムが実施されたが、いずれもが認定されたワークショップによるものではなかった。徐々に成人アボリジニ生徒の自らの言語を学習したり教えたりすることへの興味が増していき、彼らはワークショップ・トレーニングでの公的な承認を求めるようになった。そして2007年には、アデレード大学が16名の熱心なNgarrindjeriを学ぶアボリジニ成人生徒に公的なトレーングを行う認可を得て、Murray Bridge TAFEにおいてトレーニングが開始された。アデレード大学のスタッフは、学生が履修するためのTAFEにおける単位を見つけるのに苦労したが、入門職業教育（Introductory Vocational Education: IVEC）での南オーストラリア州認可証I内の選択科目（100時間）としての「アボリジニ語（Aboriginal Language）」を設定し、同年2007年には、16名の学生が、Ngarrindjeri語におけるIVEC Iの認可証を取得している。 コミュニティ内の自らの言語への関心が増すにつれて、特にNgarrindjeri部族の人たちの公式なトレーニングへの要求も強くなったが、これは長老や若者たちの個人的、専門的な必要性から、純粋に自らの言語についてさらに学びたいという興味関心を満たすためという広範囲に及ぶものであった。Adnyamathanha語は、筆者が2015年9月に訪問したPort Adelaideの独立したアボリジニ教育組織であるTauondi College（TAFE）で教えられているが、これは正式な単位にはならない。現在、正式な成人への唯一の言語教育は、語学学校の夜間に開講されているYear11、Year12（後期中等学校の最終学年、日本の高校2、3年生にあたる、濱嶋2015）に受講登録することであるが、現在、提供されている言語は、ガーナ語とピッチャンチャチャラ語のみである。しかしながら、

96　第Ⅱ部 ●海外の事例

教授免除取得を目的としたコースに関しては、2010年には、「死滅の危機に
あるアボリジニ言語学習修了」を国家が認定する Certificate Ⅲ、同言語教授
を同じく国家が認定する Certificate Ⅳが、National Training Information
Service（NTIS）のウェブサイト上で公表され、さらに新しい Certificate
Ⅲ、Ⅳコースは、死滅の危機にある言語と同様に「強く維持されている言
語」にも適応されている（Gale Mary-Anne, 2011）。そのようなコースを
提供する TAFE の一つ、Tauondi Aboriginal College の文化指導員、Jack
Buckskin 氏によると、現在、Certificate Ⅲのコースを受講している学生
は8名いて、やがて彼らはⅣに進む予定であるが、ガーナ（Kaurna）語教
授免状を取得するためのその課程を修了するには、学校での100時間の教育
実習が必要とされている。最近は、特に若者の間でガーナ語学習熱が高まっ
てきているが、それは必ずしも自身のアイデンティティのためだけではなく、
生活手段としての職業になりうるからである。現在アデレード市内にはガー
ナ語のクラス開設を望む学校が多く存在するのに対して、ガーナ語の教師が
絶対的に不足しているのが現状である。さらに、これは1993年8月、他
のアボリジニ TAFE（現在はアボリジニだけではなく一般学生を対象とした
カレッジとなっている）にて、アボリジニ講師にインタビューを行った時に
も確認されたことであるが、当時の彼や、現在の Buckskin 氏のような模
範となるアボリジニがこのような教育を受けた人たちの中から、一人でも多
く輩出することが早急に必要とされている。23年前にインタビューに答え
てくれた彼は、自分がアボリジニであることに誇りをもつようになるまでに
は長い年月がかかったこと、多くのアボリジニが貧困、犯罪、アルコール中
毒といった負のサイクルから抜け出せずにいるのを目の当たりにしてきたこ
と、自分の子供たちがアボリジニであるがゆえに身の回りに起こった不条理
なことについては、自分の経験から相談にのってやれることなどを述べてく
れた。また、実際に教壇に立つ身として、自分も小学校時代に問題を解くの
に時間がかかった経験から、相談にやって来る学生たちに、劣っているので
はなく人より少し遅いだけだと説明してやれることなどを挙げ、白人と一緒
に学習するアボリジニが子供の時から植え付けられ、ドロップ・アウトする
原因にもなっている劣等感を持つことから救ってやれることなどを説明して

くれた。当時と比べ、状態は格段に改善されているとは言え、2015年のインタビューに、Buckskin氏は、識字力、計算力の低さから非アボリジニと一緒に学ぶアボリジニが劣等感を持つ傾向があり、これを克服させるために様々な努力をしていること、その説得力ある説明には模範としてのアボリジニの存在が必要であるということを強調している。母語であるアボリジニ言語を教えることが職業につながり、アボリジニがかかえる様々な問題改善の一つにもなるということからも、単に生徒の学習補助だけでなく、教授技術の発展援助やこのようなアボリジニ教師養成の維持、さらなる充実が不可欠であろう。

参考文献

濱嶋聡（2016）「南オーストラリアにおけるガーナ（Kaurna）語復興・維持の意義」『名古屋外国語大学現代国際学部紀要』第12号

―― (2015)「第17章　オーストラリア」大谷泰照編『国際的に見た外国語教員養成』東信堂

―― (2013a, b, c, 2014a, b, c)「アボリジニの学校で」（連載）、『英語教育』2013年10月号～2014年3月号、大修館書店

Amery, R. (2014) "Reclaiming the Kaurna language: a long and lasting collaboration in an urban setting." *Language Documentation & Conservation* Vol. 8: 409-429. Hawaii: University of Hawaii Press.

―― (2010) "Monitoring the use of Kaurna." *RE-AWEKENING LANGUAGES: Theory and practice in the revitalization of Australia's Indigenous languages*, edited by J. Hobson, K. Lowe, S. Poetsh and M. Walsh, 56-67. Sydney: Sydney University Press.

Gale M-A. (2011) "Rekindling warn embers: Teaching aboriginal languages in the tertiary sector." *Australian Review of Applied Linguistics*, 34 (3) : 280-296.

コラム ⑤

パラオにおける言語の状況

岡山陽子

　パラオ共和国は、日本とは時差がなく、成田空港から直行便で 4 時間余り
で着く。人口は約 2 万人で、そのうちパラオ人は 1 万 5000 人程度という。
筆者は 2001 ～ 2017 年までに 20 回以上訪問し、言語政策・言語政策実践
状況・言語の使用状況などをテーマとして、文献調査、インタビュー、幼稚
園・小学校などでの観察、アンケート、などのフィールドワークを行ってきた。
本稿では、そのパラオにおける言語の状況について、調査から見えてきたこ
となどを綴りたい。

　パラオは、第二次世界大戦前にはスペイン・ドイツ・日本に占領され、戦
後は国連信託統治領となり、1994 年の独立までアメリカによる統治がなさ
れていた。戦前の日本占領時、日本は公用語は日本語のみという政策をとっ
ていた。パラオ人子弟に対する義務教育を導入し、パラオ人子弟は公学校に
おいて日本語で授業を受けた。公学校での義務教育は 3 年間で、その後、優
秀な生徒は補修科で 2 年間勉強ができた。それ以降、男子は木工徒弟学校に
2 ～ 3 年通うことができた。女子に関しては補修科以降の勉学の機会はなかっ
た。高齢のパラオ人には日本語を今でも話せる方たちが多く、高齢者とのイ
ンタビューは日本語で行うことが多かった。そのようなインタビュー時によ
く聞いたのは、戦後のアメリカ統治により、若い人たちがパラオ語ではなく
英語を使いたがる、という点だ。確かに、若者が話しているのを聞いていて
も英語だけのこともあるし、パラオ語に英語が混じっていることも多い。テ
レビをつければ、24 時間、子供向けのものを含めてアメリカの番組が英語で
放映されている。パラオ語放送を流しているローカル局もあるが、筆者が垣
間見たところでは、国会の様子や踊りのコンテストの様子などが流されてい
て子供や若者が楽しめるような番組はないようだった。2001 年、最初のパ

ラオ訪問で見学した幼稚園では、先生がパラオ語と英語を使用していた。その際には、パラオ語がわからない外国人の子供がいるので英語を話しているのかと思ったが、それもあるが、パラオ人の子供で英語しか話さない子供がいるので、パラオ語と英語を話している、とのことで衝撃を受けた。その子供の親が英語でしか子供に話しかけない、という。他の家族も一緒に住んでいるので、その子供はパラオ語を聞いても理解しているようだけど話さない、という。少しでもパラオ語を話してほしい、という思いから、先生はパラオ語と英語の両方を使用しているとのことだった。その親に話を聞くことはできなかったが、先生によると、パラオでは英語で話すことが一種のステータスシンボルになっていること、また、子供に英語を身につけさせたい、という親の思いもあるのではないか、とのことだった。

　パラオは 1994 年に独立は果たしたが、アメリカが安全保障（主に軍事権と外交権）を統括している自由連合盟約国としてのもので、アメリカの経済援助を受けている。流通通貨は米ドルである。また、政府組織、教育制度もアメリカのものと似通っている。

　パラオ共和国憲法で制定されている公用語は、パラオ語と英語で、憲法もパラオ語版と英語版がある。1970 年代後半にパラオ共和国憲法制定のために委員会が設けられ、その委員が憲法の草案を書いて持ち寄った際には、たった 1 名の委員しかパラオ語で書いてこなかった。他の委員は英語で書いてきたそうである。そのパラオ語で書いた方は、パラオ語の文字体系制定委員会でも中心的役割を果たされた方で、お話を伺うことができた。パラオ語はもともと口承言語で文字がなく、憲法制定当時はまだ標準化された書きことばがなかった。それに、この憲法制定のための委員会委員は、アメリカ圏で高等教育を受けていたため、英語で書くことが自然だったそうである。結果、パラオ共和国憲法では、パラオ語と英語が公用語と制定されて、パラオ語版と英語版が書かれた。公用語を定めている第XIII条には第2項目として、諍いがあった際にはパラオ語版が優先されるとされている。ただし、これは 2008 年の国民投票でパラオ語版が優先と改訂されたもので、もともとの憲法では英語版が優先だった。

　戦後、アメリカはパラオで小学校は設立したものの、高等学校は 1962 年

になるまで設立しなかった。戦後すぐの小学校では英語を話せるパラオ人教師がまだ少なかったのでパラオ語で授業を行っていたが、教科書はアメリカで発行されたもので英語で書かれていた。また、高等教育を受けたいと願う生徒は、グアム、ハワイ、米国本土に留学した。アメリカは奨学金を気前よく豊富に出したので、前述した憲法制定委員のように多くのパラオ人が高等教育を英語で受けたとのことだ。

　憲法は両国語版で書かれているが、パラオ国内でパラオ語で書かれたものや看板などを見つけることは、英語で書かれたものを見つけるよりはるかに難しい。学校でも、パラオ語の教科書や物語本を除けば、全ての教科書は英語で書かれている。

　1997 年には RPPL 4-57 という法律が制定されたが、そのカリキュラムに関する項目では、「教育大臣は全ての学校でパラオ語と英語の教育を実施し」、また、「パラオ語での指示やパラオの慣習・文化を小中学校レベルに積極的に導入する」とされている。この法律制定により Palauan Studies Course が学校での主要 5 科目の一つとなった。ただし、教科書はなく、2012 年に初めて小学校 1 年生用の教科書ができて、公立小学校の 1 年生にのみ配付された。他の学年では、教員それぞれが工夫してパラオ語読本を探したり、様々な資料を集めてブックレットのようなものを作って教材としてきたようだ。また、2009 年には新しいカリキュラム要綱が定められ、小学校では言語のみ教えることになった。現場の教師によれば、パラオ語読本を使って教えていると子供たちにはなじみがない昔の文化や慣習がでてくるが、新カリキュラムでは、そのような文化・慣習を説明できないので困る、とのことだった。

　また、2012 年には RPPL 8-55 という法律が制定され、「標準化された新文字体系」の学校教育への正式な導入が決定された。ただし、1997 年に Palauan Studies Course が導入された時に、この文字体系は教育現場へ導入されていた。多くの教員はワークショップなどでこの文字体系を学んだ、という。教師以外のパラオ人でこの文字体系で書ける、という社会人には出会わなかった。ただし、アンケート結果では、小学 1 年生からこの文字体系で学んだと考えられるグループのパラオ人（当時学生）は、全員がこの書き方についてよく知っているし、なじみもあると答えている。

コラム⑤ ● パラオにおける言語の状況　　101

　家庭での使用言語については、英語の割合がこのグループも含めて若い世代では増えてきている。英語に堪能になれば留学もたやすくなり、給料の高い職につくことができる、と考えている親が多い、ということも調査を通してわかった。一方で、アメリカ留学から帰国したという若者たちと話したが、全員パラオ語の大切さを力説していた。アメリカでは「パラオ語でこれを何ていうの？」とよく聞かれた。自分はおばあちゃん子でパラオ語を普段から使っていたから答えることができた。何だか誇らしかった、という若者もいた。

　また、パラオでは、パラオ語の他に、ユネスコの消滅危機言語に含まれているトビ語とソンソロール語という言語が使用されている。各々、ハトホベイ島とソンソロール島で話されている言語で、現在それぞれの島の住民は10～20人足らずだが、一番賑やかなコロールにほど近い場所に、エイワンという村があり、両島出身者を先祖にもつパラオ人が約700人住んでいる。この村では言語を残すため、伝統的な漁や料理を子供たちに教えるというようなイベントを実施し、その場では自分たちの言語を使用するという試みを行っている。が、これらの言語はパラオの教育現場では教えられていない。これらの言語の将来が非常に気になる。

　今後もパラオでの調査を続け言語維持などで協力していければ、と考えている。

第5章
グローバル時代における マカオの言語教育
グローバル社会での生き残りを賭けた政策

原　隆幸

> （前略）Plurilingualism is currently the rule throughout the world and will become increasingly so in the future. 複言語主義は、世界の趨勢である。
>
> (Bhatia and Ritchie, *The Handbook of Bilingualism and Multilingualism (2nd ed.).* 2013: xxi)

はじめに

　これまでカジノのイメージが強かったマカオは、2005年に登録された世界遺産などを中心にアジアで最先端の国際観光都市を目指そうとしている。

　もともと中国の一部であったマカオは、400年以上ポルトガルの植民地であり、1999年に中華人民共和国（以下、中国）に返還された。現在、この地域は中華人民共和国マカオ特別行政区（以下、マカオ）となっている。マカオではポルトガル語が通じると思われていたが、実際にマカオを訪問してみると状況は異なっていた。マカオでは人々は広東語を話し、返還後は普通話（Putonghua：標準中国語）を話す人も増えている。現在、マカオでポルトガル語を話す人はわ

ずかであり、英語のほうが通じる印象を持つ。また、街中にある観光客向けの案内板には、日本語での表記も見られる。

マカオの教育制度は、返還前から現在に至るまで多様である。中国式、ポルトガル式、イギリス式、ポルトガル・中国式など複雑であり、各教育制度により、教育言語や教えられる外国語も異なる。

本稿では、マカオの言語教育政策とグローバル化に向けた様々な言語教育に関する政策を検証し、考察する。まず、植民地時代から返還後におけるマカオの人々の言語使用、教育制度、言語教育、特に返還後の三文四語政策などを考察する。そして職業などに焦点を当て、マカオの言語環境から、グローバル化する社会でどのような政策をとることで生き残っていくのかを考察してみたい。

1. マカオの概観

(1) 地理的・歴史的背景

マカオは、マカオ半島、タイパ島、コロアン島から成るが、近年タイパ島とコロアン島の間が埋め立てられ、コタイ地区と成り現在に至る。総面積は約30.3km²（2014年時点）[1]であり、年々の埋め立てにより総面積は増加しつつあ

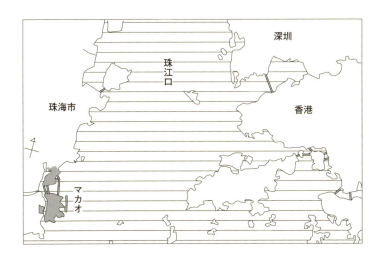

104　第Ⅱ部 ● 海外の事例

る。人口は約 63 万人であり、その約 92.3％が中国系住民であり、フィリピン人
2.7％、ポルトガル人 0.9％と続く（2011 年人口統計）[2]。

　マカオに最初の中国人が定住し始めたのが、中国の宗朝末期（13 世紀）の頃
だと言われている。ポルトガル人が大航海時代に中国とマカオに上陸し、その
後、中国明朝とポルトガル王国が正式にマカオのポルトガル自治権を認めた。
それ以降、18 世紀後半から 19 世紀にかけて、西洋と東洋交易拡大の拠点とし
て発展していく。1841 年のアヘン戦争の結果としてイギリスが香港を統治し始
めると、貿易の拠点は徐々にマカオから香港へと移っていった。一方で、ポル
トガルはマカオの植民地的支配を強めていった。1887 年に調印された「中葡和
好通商条約」により、中国はポルトガルがマカオを永久統治する権利を認めた。

　1974 年のポルトガル 4・25 革命の後、新ポルトガル政府は反植民地政主義を
宣言し、海外植民地を放棄することを明確にした。1979 年に中国とポルトガル
の国交が樹立され、マカオを植民地ではなく中国領土でありポルトガルが管理
している地域であるとの立場を示した。1987 年 4 月に、「マカオ問題に関する
連合声明」が調印された。その中で、ポルトガルは 1999 年の返還後 50 年間は
中国とマカオの社会経済制度を明確に区別し、マカオの現状維持を謳う「一国
二制度」（one country, two systems）を取ることが約束された。1999 年 12 月 20
日にポルトガルより中国に返還され、中華人民共和国マカオ特別行政区となり、
現在に至る。2014 年 12 月 20 日には、返還 15 周年を祝う式典が行われた。

（2）公用語

　もともと中国の一部であったマカオでは、中国語が政府の公用語であっ
た。マカオが開港し、ポルトガル人が大航海時代に中国とマカオに上陸した後
も唯一の公用語は中国語であった。しかし、アヘン戦争が清朝とポルトガル政
府との関係にも緊張関係を生じさせた。その後、清朝はマカオにおけるポルト
ガルの統治権を認め、マカオは 100 年以上にわたりポルトガル政府の管理下に
置かれ、ポルトガル語が唯一の公用語になった。しかし、1987 年 4 月に、「マ
カオ問題に関する連合声明」で、返還後のマカオにおける公用語は中国語以外
にポルトガル語も公用語として使用できるように定めた。こうした流れを受け、
1991 年に中国語にも公用語の地位を与えた。

第5章 ● グローバル時代におけるマカオの言語教育　　**105**

　返還後のマカオの公用語は、返還後のマカオの憲法にあたる中華人民共和国マカオ特別行政区基本法[3]によると、中国語とポルトガル語に定められている。

（3）日常の言語使用
　日常言語の詳細を見る前に、国籍別の比率を見てみたい。マカオの Statistics and Census Service によると、1991 年、2001 年、2011 年の国籍比率の変化は表 1 の通りである。

表1　マカオ国籍別の比率（%）（1991-2011 年）

国籍	1991 年	2001 年	2011 年
中国籍	67.6	95.1	92.3
ポルトガル籍	28.5	2.0	0.9
その他	3.9	2.8	6.8

（Statistics and Census Service（1993、2002、2012 年）をもとに筆者が作成）

　1991 年の中国返還前から 2001 年の返還後を比べると、中国籍の比率が27.5％増えている。それに対し、ポルトガル籍は 26.5％も減っていることがわかる。2011 年にはついに 1％を切っている。また、その他に関して Statistics and Census Service によると、特に多いのがフィリピン籍であるとのことである。次に、マカオの家庭における日常言語を見ていきたい。1991 年、2001 年、2011年の日常の話しことばの比率は表 2 の通りである。

表2　マカオの家庭における日常話しことばの比率（%）（1991-2011 年）

言語	1991 年	2001 年	2011 年
広東語	85.8	87.9	83.3
普通話（中国語）	1.2	1.6	5.0
他の中国語方言	9.6	7.5	5.7
ポルトガル語	1.8	0.7	0.7
英語	0.5	0.7	2.3
その他の言語	1.1	1.7	3.0

（Statistics and Census Service（1993、2002、2012 年）をもとに筆者が作成）

106　第Ⅱ部 ● 海外の事例

　中国籍の人々は、広東語、普通話（中国語）、その他の中国語方言と様々な中国語方言を話している。具体的に見ていくと、2001年から2011年にかけて、広東語の使用者が4.6％減少している。普通話の使用者が増えており、2001年から2011年にかけては、かなり使用者の増加が見られる。広東語の使用者が減った分、普通話の使用者が増えているのがわかる。これは中国からの移民や留学生の増加のためであることが推測できる。一方、ポルトガル語の使用者は国籍別人口の減少と同様に、返還を機に減りつつある。これは、返還後にマカオのエリート層であったポルトガル人が帰国したためと考えられる。返還後は、街中でポルトガル語を耳にする機会はさらに減ってきている。また、英語の使用者は10年間で3倍近くに増えている。これはマカオに英語を話す人々が移住してきていることが推測される。英語は観光やカジノが収入の一部であるマカオにとって切り離せない言語であり、海外からの旅行者とコミュニケーションをとる際にも重要な言語である。実際の場面別言語使用は表3の通りである。

表3　場面別言語（方言を含む）使用の比率（％）（N=675）

	家庭	マーケット	レストラン	銀行	政府部門	仕事	平均
普通話	15.1	11.1	10.5	8.7	7.9	34.7	14.7
ポルトガル語	0.7	0.6	0.6	0.4	1.3	0.9	0.8
広東語	90.1	96.3	95.4	95.1	95.3	95.7	94.6
英　語	3.0	1.5	3.7	1.5	1.2	12.0	3.8
閩　語	3.3	0.3	0.1	0.0	0.0	0.1	0.6
客家語	1.0	0.0	0.0	0.0	0.0	0.0	0.2
潮州語	0.1	0.0	0.0	0.0	0.0	0.0	0.0
その他外国語	0.6	0.1	0.3	0.0	0.0	0.3	0.2
その他中国語方言	1.0	0.1	0.0	0.0	0.0	0.0	0.2
該当状況なし	0.0	0.0	3.0	0.4	0.9	0.1	0.3

（『中国語言生活状況報告2013』p.307.）

この表を見るに当たり、簡単に中国語と中国語の方言について見ていく。中国語は普通話と方言に分けられる。普通話は中国の共通語であり、教育言語でもある。一方、中国語の方言は大きく七つあり、北方方言（官話方言）、呉語（上海方言）、湘語（長沙方言）、贛（カン）語（南昌方言）、客家（ハッカ）語（梅県方言）、閩（ビン）語（建陽方言、福州方言、厦門方言など）、粤（エツ）語（広州方言）に分けられる（袁等、1989；李、1988）。表の「広東語」は、粤語であり、広東省、広西壮族自治区、香港、マカオなどで話されている。「閩語」は福建省、広東省の一部、海南島などで話されている。「客家語」は広東省北東部の梅県を中心とする地区に集中し、広く広東、広西、福建、江西、湖南、四川および台湾の各地に散在する。「潮州（チョウシュウ）語」は広東省の閩方言を指す。「その他中国語方言」には「広東語」、「閩語」、「客家語」、「潮州語」以外のものを指す。

　上記6場面の中では、広東語の使用が最も多く、続いて普通話が2番目、英語が3番目、ポルトガル語が4番目である。今後マカオが世界で生き残っていくためには英語は必要であると考えられているため、使用率はますます増えていくと考えられる。

2．教育制度と言語教育

（1）戦後から返還前まで

　植民地マカオにおいてポルトガル人が重要な役職に就き、中国人はそれより下の職位に就いたり、商売や経営を行ったりして活躍していた。マカオの教育は、他国にあまり見られない複雑な面を持っている。まず教育制度であるが、統一の学校制度が存在しないことが挙げられる。大きく四つの制度が存在する。中国式では中国大陸の教育制度が採用され、小学校6年、初級中学（中学校）3年、高級中学（高校）3年の学制である。ポルトガル式ではポルトガル本国の教育制度が採用され、小学基礎教育4年、初級中学5年、高級中学3年の学制である。イギリス式ではイギリス本国および香港の教育制度が採用され、小学校6年、初級中学2年、高級中学2年、大学予科1〜2年の学制である。ポルト

ガル・中国（Luso-Chinese）式では、小学校6年、中学5年の学制である。これは政府が建てた学校で、中国人をポルトガル語と中国語で教育するタイプの学校である。しかし多くの親たちは、子どもたちを中国式の私立学校に通わせることを望んだ。これに加え、マカオの学校には無償教育と有償教育の区別があり、マカオの無償教育は、政府立学校と政府の資金援助と引き換えに無償教育を行う私立学校で実施されている。しかし、政府の資金援助を受ける事で様々な制約・義務の履行を要求される為に、資金援助を受けない私立学校もあるのが現状である。私立学校が多くなった原因としては、マカオ政府立の学校が少ないこと、政府立学校ではポルトガル語による教育が行われていること、90年代には中国からの流入者がマカオ総人口の半分以上を占めるようになったことなどが挙げられる。

　また、教育言語も多様化している。中国式では中国語（広東語が中心）を、イギリス式では英語を、ポルトガル式ではポルトガル語を教育言語としている。ポルトガル・中国式では、ポルトガル語と中国語を教育言語としている。

（2）返還後から現在まで

　返還後のマカオでは、三文四語政策が実施されている。つまり、書きことばとしてのポルトガル語、中国語、英語を、話しことばとしてのポルトガル語、広東語、普通話、英語を身につけることを教育目標にした政策である。これらをバランスよく学ぶ理想的な政策であるが、実際には言語間で差があり、ポルトガル語より英語の教育に力が注がれているのが現状である。また、学制に関して中国式、ポルトガル式、イギリス式、ポルトガル・中国式の並存は変わらないが、小学校6年、初級中学（中学校）3年、高級中学（高校）3年に統一する動きがある。これは学校間の移動をしやすくするためである。

　公用語にポルトガル語を残し、教育にも反映させる理由として、中国政府の考えが反映されている。中国はマカオにポルトガル語を通してポルトガル語圏との関係を維持し、貿易などを行うことを考えた。そのため、ポルトガル語の出版物を作り続け、ポルトガル語により国際会議を実施し、学校教育でも一部の学校で教育言語や外国語として学ばせているのである。また、大学ではポルトガル語を母語とする国の学生を受け入れており、一部の授業はポルトガル語

第5章 ● グローバル時代におけるマカオの言語教育　　**109**

で提供されている。

3．三文四語政策の現実

　先ほども述べたが、マカオでは三文四語政策（書きことばとしてのポルトガル語、中国語、英語を、話しことばとしてのポルトガル語、広東語、普通話、英語を身につけることを教育目標にした政策）が実施されている。つまり多くの中国系住民の母語である広東語、中国の共通語である普通話（最近では普通話を母語とする住民も増えてきている）、公用語の一つであるポルトガル語、国際的に通用度の高い英語を学ぶ政策である。では、マカオにおいて各言語はどのような状況であるのかを見ていきたい。

　まず広東語であるが、マカオの人口の大多数を占める広東系中国人の母語である。日常生活のあらゆる場面で広東語は使用されている。広東語は中国語の方言の一つであるため、正書法がないのである。そのため、学校教育で教育言語として広東語を用いるときは、普通話（中国語）で書かれた教科書を用い、音読の時には漢字を広東語発音で読む。また、文章を書く際には、広東語ではなく普通話（中国語）の語順を用いて書くことになる。実際には、広東語の方言文字を用いたりアルファベットの一部を用いたりして、話しことばを書き表すこともある。この書き方は、親しい友人にカードなどを書いて渡したり、SNSで発信したりするときなどに見られる。

　次に普通話（中国語）であるが、中国の共通語であり、教育言語でもある。また、中国のみならず、中国語圏（台湾、香港、シンガポール、クアラルンプール、マレーシアなど）でも使われている。近年では、中国が様々な分野で世界進出をしてきているのに伴い、普通話（中国語）学習者も増加しているため、中国語圏以外でも普及し始めている。きちんとした正書法が確立されており、返還後のマカオの公用語の一つであるので、公文書もこの普通話（中国語）で書かれている。公用語の観点からも普通話の教育は重要視されている。

　ポルトガル語に関しては、何世紀にもわたって、マカオの唯一の公用語であり、行政、立法、司法、ヨーロッパ式教育における主要な言語でもあった。ポ

110 第Ⅱ部 ● 海外の事例

ルトガル本土だけでなく、旧植民地であったブラジル、アフリカのポルトガル語圏であるアンゴラ、サントメ・プリンシペ、赤道ギニア、ギニアビサウなど、アジアでは東ティモールなどで話されている。マカオの公務員はポルトガル語が話せることが条件の一つでもあった。返還後のマカオの公用語の一つでもある。マカオの道案内は中国語とポルトガル語で書かれている。書店にはポルトガル語で書かれた書籍も並んでいる。

　英語は、マカオの外国語教育において重要な地位を占めている。返還前も英語は学校教育において、重要な科目であった。また就職や海外進出の機会を得るなどの役割も果たしていた。返還後も英語は重要な科目と位置づけられている。ポルトガル語と比べても、英語の方が重要度が高い言語と位置づけている。グローバル化が進む社会で、国際言語（国際共通語）として非英語話者同士がコミュニケーションをとる際に使用されている。さらにマカオが国際的な観光都市作りを進めていく上でも重要な言語となっている。また、大学では国際的な都市として多くの留学生を受け入れており、その教育言語はほとんどが英語である。

　また、街中に目を向けると、通りの名称は中国語とポルトガル語で書かれている。バスの行き先案内は、中国語とポルトガル語で、バス内の案内は広東語、ポルトガル語、普通話、英語でアナウンスされている。

4．言語能力と職業

　マカオでは、1981 年に最初の大学となる私立の澳門（マカオ）東亜大学が設立された。当時はイギリスの教育システムを採用し、3 年制の学部教育で、教育言語は英語であった。その後、1988 年に公立大学に改組され、4 年制大学に拡張された。1991 年に澳門大学に改称、現在に至っている。2001 年からは、大陸出身者の入学生の受け入れを始めており、マカオの急激な経済成長とともに大学の規模も拡大を続けている。また世界一流の大学を目指し、世界中から学生を受け入れるだけでなく、世界中から優秀な教員を採用している。タイパ島にあるキャンパスが手狭になったため、2014 年にはマカオの対岸にある中国広

第5章 ● グローバル時代におけるマカオの言語教育　　**111**

東省珠海市横琴島を切り開き、新たなキャンパスを建設した。地理的には中国本土のキャンパスであるが、マカオの一部と位置づけ、マカオとは海底トンネルでつながっている。それほど力を入れている大学であることが窺える。

　現在マカオには10の高等教育機関があり、澳門大学、澳門理工学院、旅遊学院、澳門保安部隊高等学校、澳門城市大学、聖若瑟大学、澳門鏡湖護理学院、澳門科技大学、澳門管理学院、中西創新学院がある。特に旅遊学院は観光産業に力を入れているマカオらしい教育機関である。大学では専攻にもよるが、基本的に英語を教育言語としている。そのため英語ができないと大学教育が受けられないと言えるであろう。多くの授業を英語で提供しているマカオ大学では、大学内に英語センターがあり、学生の英語力強化をサポートしている。

　このため、大学を卒業した学生は、広東語や普通話に加え、英語も堪能である。また、法律を専攻している学生はポルトガル語もできる。また、コンピューターを使いこなす能力も身につける。観光が収入源のマカオでは、街中

表4　2001年と2011年の産業別雇用分布（%）

産業	2001年	2011年
娯楽・文化・賭博・その他サービス	11.6	25.6
ホテル・レストラン・同様の活動	11.4	14.0
卸売・レンタル商業	15.1	12.5
建築業	7.2	8.2
行政・社会保障	8.3	7.9
不動産業・事業活動	5.6	7.6
教育・健康・社会福祉	6.6	6.9
交通・倉庫保存・コミュニケーション	7.4	5.2
家事	2.2	5.0
製造業	19.8	3.4
金融仲介業	3.1	2.9
その他	1.7	0.9

（Statistics and Census Service (2012) をもとに筆者が作成）

112 第Ⅱ部 ● 海外の事例

の人々でも、広東語、普通話、英語の全てを話せる人が多い。黄（2007）によれば、求人広告では、広東語、普通話、英語を話し、理解できる能力を求める職種もあるという。

　また、返還後のマカオでは、ポルトガル人の去った後に、中国大陸から普通話（中国語）を話す公務員を大量に雇ったため、普通話（中国語）のできる公務員が急増したようである。このようにマカオにおいて普通話（中国語）の地位は高まっている。

　次に産業の変化と雇用の関係を見ていきたい。産業別の雇用分布を示したのが表4である。

　このように10年間で、製造業が減少し、観光業と賭博業が急成長を示しており、「娯楽・文化・賭博・その他サービス」「ホテル・レストラン・同様の活動」「卸売・レンタル商業」で全体の52.1％を占めている。さらに職業別の雇用の変化を示したのが表5である。

　この10年間で店員は9.1％まで増えている。ここでの店員はカジノでのディーラー、フロアマネジャー、レジ係を含んでいる。表4にもあるように、観光業と賭博業に関連する職業に増加の傾向が見られる。高等教育を受けた人

表5　2001年と2011年の職業別雇用分布（％）

産業	2001年	2011年
店員	18.6	27.7
サービス業者・販売員	19.8	21.3
未熟練労働者	16.4	15.4
技術者・関連の専門家	9.6	10.8
職人・同様の労働者	12.2	7.7
国会議員・国家公務員・関連の指導者、会社取締役・マネージャー	6.5	7.5
プラント・機械の作業者、ドライバー、組立工	12.5	4.6
専門家	3.3	4.5
熟練の農業・漁業労働者	1.2	0.4

（Statistics and Census Service (2012) をもとに筆者が作成）

第5章 ● グローバル時代におけるマカオの言語教育　　**113**

口と経済発展の関係を見ると、雇用された人口の22.8%はマネージャー、専門
家、関連の専門家で2001年と比べると3.4%増加していることがわかる。これ
らの職業では、人をまとめる、つまりコミュニケーションをとる、または専門
性の観点から、その分野で主要な言語ができることが求められる。
　さらに、公務員の言語使用と言語知識の変化を示したのが表6である。

表6　2006年、2009年、2015年の公務員の言語知識の変化（人）

言語		言語知識	年度		
			2006年	2009年	2015年
中国語	広東語	口語	18,538	21,561	28,943
	普通話	口語	12,918	15,547	22,182
	中国語	書面語	18,535	21,549	29,181
ポルトガル語		口語	8,308	9,264	16,717
		書面語	8,229	9,197	16,681
英語		口語	11,175	13,416	21,996
		書面語	10,981	13,265	21,941
中国語とポルトガル語		口語	8,058	9,013	16,301
		書面語	7,896	8,858	16,134

（二〇一五年澳門特別行政區公共行政人力資源報告(2016)のp.179をもとに筆者が作成）

　言語別に2006年と2015年を比べると、中国語では、口語広東語（+56.1%）
と口語普通話（+71.7%）、書面語中国語（+57.4%）の能力を備えた職員が増えた
ことがわかる。ポルトガル語では、口語ポルトガル語（+101.2%）と書面語ポル
トガル語（+102.7%）の能力を備えた職員が増加したことがわかる。英語では、
口語英語（+96.8%）と書面語英語（+99.8%）の能力を備えた職員が増えたこと
がわかる。最後に公用語の中国語とポルトガル語の両言語では、両言語の口語
（+102.3%）と両言語の書面語（+104.3%）の能力を備えた職員が増加したことが
わかる。このように見てみると、公務員は公用語の運用に加え、英語もできる
人材が増加していることがわかる。

114 第Ⅱ部 ●海外の事例

　マカオ全体としては、製造業をしているときは広東語、または普通話だけで
よかったかもしれないが、娯楽、賭博行、サービス業、観光業などが増えて
くると、口語だけでなく、書面語も重要になってくる。そのため口語の広東語、
普通話、ポルトガル語、英語、書面語の中国語、ポルトガル語、英語の能力が
ますます重要になっており、多言語ができる人材の重要性が増している。

5．グローバル社会に向けた政策と言語

　マカオが中国へ返還されると同時に、世界はグローバル化する社会に向かっ
ていった。「1国2制度」のもと、50年間は中国とマカオの社会経済制度を明確
に区別しマカオの現状維持を謳っている。そのため、マカオは中国を意識しつ
つも、独自のグローバル社会での生き残りを賭けた政策を打ち出していく必要
に迫られている。

　返還前のマカオの学校教育は、中国式、ポルトガル式、イギリス式、ポルト
ガル・中国（Luso-Chinese）式の並存で行われてきた。教育改革が議論されて
きたが、目に見える形での改革は示されなかった。ポルトガル式では、ポルト
ガルの教育システムをそのまま使用し、ポルトガルから教科書を輸入して使用
してきた。イギリス式では、イギリスや香港の教育システムをそのまま使用し、
イギリスや香港から教科書を輸入して使用してきた。この状況は返還後もしば
らく変わらなかったので、どのタイプの学校に進むかでどの言語を教育言語と
するのか、どの言語を学ぶのかが分かれていた。

　しかし、これまでの議論が実を結び、2005年あたりから徐々に研究組織を立
ち上げ、組織ごとにカリキュラム改革が行われてきている。まず、科目配置に
おける構想の中で、言語に関するものを見ていく。①公立学校では二つの公用
語のうちどちらかで教育をすることが示された。私立学校は二つの公用語のう
ちどちらかを生徒が学ぶ機会を与えることが示された。②中国語を教育言語と
する場合、高校卒業時には規範的な中国語で流暢に書けること、広東語と普通
話の両方を流暢に話せること、繁体字の運用に熟達していること、並びに、簡
体字が認識できること。③マカオの学校制度の学校では、すべての生徒は第二

第5章 ● グローバル時代におけるマカオの言語教育 **115**

言語を必ず学ばなければならない。正規の教育段階を終える時点で、その言語でコミュニケーションを行うための基本的能力を身につける。④公立学校とマカオの学制を使用する私立学校でも生徒の普通話の学習を重視する、などを挙げている。

　また、「基本的な学力要求」の検討も始めた。これは中国のカリキュラムを参考にしたものと思われる。具体的に言語教育に目を向けると、中国語、ポルトガル語、英語の中で、最初に発表されたのは、英語に関するものであった。まず、2011年に「英語を教育言語とする小学校に対する英語の基本学力要求」（草稿）と「英語を教育言語としない小学校に対する英語の基本学力要求」（草稿）が出された。これは、リスニング、スピーキング、リーディング、ライティングと技能ごとに何ができるようになるのかを示している。2016年9月までには英語、中国語、ポルトガル語の全てが出揃った。ここからも英語の重要性は明らかである。

　さらに言語だけでなく、これらの言語教育を通して、マカオ、香港、中国、ポルトガルなどの文化や思考などにも理解のある生徒を育てようとしている。つまり複言語・複文化を身につけた人材の育成を行っている。これらはマカオの祝日にも反映されており、マカオではマカオ、中国、ポルトガルの祝日に合わせたイベントなども開催している。このような催しを通して、様々な文化に触れることができる環境がある。

　教育以外に目を向けると、タイパ島とコロアン島の間が埋め立てられ、コタイ地区となった。2000年には蓮花大橋が完成し、コタイと広東省珠海市の横琴島が陸路でつながり、入出境業務も開始された。これにより、マカオと中国の間の陸路は従来のボーダーゲートに加えて2カ所に増えた。返還後に中国人はマカオに来やすくなったが、このことがさらに中国人をマカオに迎え入れることにつながった。コタイは巨大な複合リゾートが建ち並ぶ一大エンターテイメントエリアと発展している。複合リゾートでは、異なるスタイルのホテルだけではなく、ショッピング、ショー、カジノなどのエンターテイメント、世界各国の味が楽しめるグルメ、スパやプールなどのリラクゼーションなど旅行者がリゾートライフに求めるすべてが1カ所で完結できる場所となっている。今では多くの観光客がコタイを訪れている。

116　第Ⅱ部 ●海外の事例

　2005年になると、「マカオ歴史市街地区」がユネスコにより世界文化遺産として登録された。これはマカオ半島の中心にあり、22の歴史的建築物と8カ所の広場を含む。このことは、マカオに旅行客を増やす一つの契機になった。

　2016年9月にマカオ政府の5カ年計画が発表された。ここでの重要項目は七つある。①マカオ経済の健全な発展、②経済構造の改善、③国際観光都市としての確立、④市民生活の質的向上、⑤市民の文化と教育の向上、⑥環境保護、⑦行政の効率化に向けた法改正。特に③の国際観光都市としての確立では、これまでのカジノ都市としてのイメージを払拭し、世界遺産、シティホテル、エンターテイメントなどを融合した国際観光都市の開発促進を掲げている。

　これらのマカオの発展と5カ年計画、そして学校教育における言語教育の強化は、国際観光都市を目指すマカオの政策の表れであると言える。

おわりに

　マカオは400年以上ポルトガルの植民地であったが、中国に返還された。マカオではポルトガル語が通じると思われていたが、実際は異なっていた。人々は広東語を話し、返還後は普通話（Putonghua：標準中国語）を話す人も増えている。公用語の一つであるポルトガル語はあまり話されておらず、英語の方が通じる。政府の言語教育政策としては三文四語政策を謳っている。

　教育面を見ていくと、マカオでは中国式、ポルトガル式、イギリス式、ポルトガル・中国式と複雑であり、各教育制度により教育言語や教えられる言語も異なる。しかし、教育改革により言語教育が重要な領域の一つとして示された。その結果、言語教育のカリキュラムや到達目標が提示されている。

　また、返還を機にグローバル化が進む中で、コタイ地区の開発、世界遺産の登録、2016年に発表された5カ年計画は、先の言語教育と合わさり、国際観光都市を目指すマカオの形成に結びついている。そのため、今後のマカオでは口語広東語と書面語の中国語に加え、普通話、英語、そしてポルトガル語ができること、さらにそれぞれの文化に理解があることが、マカオに住んでいる人々にとって、教育と就職の選択肢を広げる鍵となると思われる。

　グローバル化が進む中、複言語・複文化主義の考え方に注目が集まってきている。言語学習を通して、その背景にある文化を理解することが求められてい

る。文部科学省も日本人が語学力に加え、異文化間理解力を身につけることの重要性を説いている。複数の言語と複数の文化に触れる環境が整っているマカオを参考に、日本でも語学学習と複数の文化に触れることを通して、異文化間理解力を身につけられるような教育を試みてはどうであろうか。

注

1　Macao Yearbook 2015 より。

2　Macao Yearbook 2015 より。

3　The People's Republic of China (1993). *The Basic Law of The Macau Special Administrative Region of the People's Republic of China* の第 1 章 総則 第 9 条。

参考文献

奥田英樹（2002）「マカオ［特別行政区］」本名信行編著『事典　アジアの最新英語事情』大修館書店

金丸芙美（2007）「ポストコロニアル・マカオの言語と教育」『国際教育』第 13 号

楠山研（2012）「マカオの学校制度——香港、台湾、中国本土との比較を通じて」『長崎大学教育学部紀要：教育科学』第 76 号

東光博英（1998）『マカオの歴史——南蛮の光と影』大修館書店

原隆幸（2015）「香港とマカオにおける言語教育——旧宗主国の違いは言語格差をもたらすのか」杉野俊子／原隆幸編著『言語と格差——差別・偏見と向き合う世界の言語的マイノリティ』明石書店

澳大日本研究中心（1999）『澳門物語』マカオ大学出版センター

Bray, M. & R. Koo. (Eds.) (2004) *Education and Society in Hong Kong and Macao: Comparative Perspectives on Continuity and Change, 2nd.* Hong Kong: Comparative Education Research Centre, The University of Hong Kong.

Ieong, S. L. (2002) Teaching and Learning English in Macao, *Asian Englishes*, Vol. 5, No. 1, pp.76-83.

—— (2003) English Language Teaching in Macau: Sharing, Reflecting and Innovating. *Journal of Macau Studies*, Vol.16, pp.212-228.

Lee, G. O. M. (2011) Labour Policy: Resolving the Mismatch between Demand and Supply. In Lam, N. M. K. & Scott, I (Eds.) *Gaming, Governance and Public Policy in Macao.* Hong Kong: Hong Kong University Press, pp.129-144.

Leung, J. Y. H. (2011) Education Governance and Reform: Bringing the State Back In. In Lam, N. M. K. & Scott, I (Eds.) *Gaming, Governance and Public Policy in Macao.* Hong Kong: Hong Kong University Press, pp.163-181.

118 第Ⅱ部 ●海外の事例

Statics and Census Service (1993) *Results of Population Census 1991*. Macau: Statics and Census Service.

―― (2002) *Results of Population Census 2001*. Macau: Statics and Census Service.

―― (2012) *Results of Population Census 2011*. Macau: Statics and Census Service.

Tang, F. H. (2003) Improving English Language Teaching and learning in Macau's Schools, In *International Seminar on English Language Teaching and Translation for the 21st Century Proceedings*, pp.209-224.

The People's Republic of China. (1993) *The Basic Law of The Macau Special Administrative Region of the People's Republic of China*.

Young, M. Y. (2006) Macao students' attitudes toward English: a post-1999 survey. *World Englishes*, Vol.25, No. 3/4, pp.479-490.

―― (2007) English in Postcolonial Macau: Functions and Attitudes. *Asian Englishes*, Vol. 10, No. 1, pp.104-117.

―― (2009) Multilingual education in Macao. *International Journal of Multilingualism*, Vol. 6, No.4, pp.412-425.

澳門基金會（1997）『中華人民共和國澳門特別行政區基本法』澳門：澳門基金會

澳門特別行政區新聞局（2012）『2012 年 澳門年鑑』澳門：澳門特別行政區新聞局

澳門特別行政區政府（2016）『澳門特別行政區五年發展規劃（2016-2020 年）』澳門：澳門特別行政區

程祥徽（1999）「1999 與澳門的語言文規劃」吳志良／楊允中／馮少榮編『澳門 1999』澳門：澳門基金出版

程祥徽（2005）『中文變遷在澳門』香港：三聯書店

古鼎儀（2009）「未来主義与 21 世紀澳門教育的發展模式」單文経／林発欽主編『澳門人文社会科学研究文選・教育巻』北京・社会科学文献出版社

古鼎儀／馬慶堂編（1994）『澳門教育――抉擇與自由』澳門：澳門基金會出版

黃翊（2007）『澳門語言研究』北京：商務印書館

黃翊／龍裕琛／邵朝陽等（1998）『澳門：語言博物館』香港：和平圖書・海峰出版社

教育部語言文字信息管理司組編（2013）『中国語言生活状況報告（2013）』北京：商務印書館

教育暨青年局（2009）『教育数字概覧 08/09 教育数字 07/08 教育概要』澳門：澳門特別行政區

黎義明（2009）「对澳門地区教育立法的歴史分析」單文経／林発欽主編『澳門人文社会科学研究文選・教育巻』北京：社会科学文献出版社

李新魁（1988）『香港方言與普通話』香港：中華書局

劉羨冰（2007）『澳門教育史』澳門：澳門出版協會

盛炎（2004）『澳門語言歴史・現状・發展趨勢與未來的語言政策』澳門：澳門理工大学出版

袁家驊等（1989）『漢語方言概要』北京：文字改革出版社

王培光（2008）「語言規劃與澳門的社會語言調査」程祥徽 主編『語言翻譯卷』澳門：
　澳門基金會出版

行政暨公職局（2016）『2015 年澳門特別行政區公共行政人力資源報告』澳門：澳門特
　別行政區

```
╭─────────────────────────────────────╮
│     コ ラ ム  ⑥                      │
╰─────────────────────────────────────╯
```

アフリカにおける言語使用と教育
―公用語普及と国民教育の観点から―

山本忠行

普通教育の質と普及のカギを握る言語

　教育の普及が、健全かつ強固な社会基盤の形成にとって不可欠であることはだれもが認めるところである。そのカギを握るのは、わかりやすく使いやすい共通言語の存在である。

　西欧列強における近代国家建設は、ラテン語に代わってそれまで俗語扱いされていた各地の言語を整備し、教育言語としたことによって実現したと言ってよい。国民が一つの言語を共有し、それによって教育や行政が行われたからこそ、経済も社会も大いに発展したのである。

　明治維新を迎えた日本は、西欧の言語政策に学び、伝統的な漢文調日本語を廃し、言文一致の標準語を創成して方言を統一し、全国民の間に広めることにした。これが、その後の教育普及を促し、日本の発展を支えたことは明らかである。東南アジア諸国の多くも、独立後は自国の言語振興に取り組み、それが教育水準の向上に大きく貢献した。

　一方、目をアフリカに転じると、今なお英語やフランス語などの旧宗主国言語を公用語として使い続けている国ばかりである。学校教育において現地語が使われるのは、小学校低学年に限られる場合がほとんどであり、アラビア語を除いて、アフリカ大陸固有の言語が中等・高等教育で教育言語として使用されることはない。そのため、高度な公用語運用能力を持つ少数の人々が経済的・社会的な力を独占している。植民地時代と変わらず、英語やフランス語が幅を利かしたままであり、アフリカ諸語には公的空間がほとんど与えられていない。たしかにスワヒリ語のように、広域で使用され、アフリカ連合の公用語となるほど影響力のある言語もあるにはあるが、それでも司法

や国家行政などの高度な使用域では英語が圧倒的な力を有しており、スワヒ
リ語の威信は限定的なものに過ぎない。このコラムでは、アフリカ諸語の地
位が向上しない理由を探りつつ、国民教育と言語の問題について考えてみた
い。

複雑な言語事情

　アフリカ諸国が独立後に期待されたほどの発展が遂げられなかった理由の
一つに、複雑な民族事情がある。現在の国境は、列強によるアフリカ大陸の
分割の結果であり、民族の分布と一致しない。これが国民国家建設にとって
大きな負担となっている。言語や習慣の異なる人々に同じ「国民」であると
いう意識を持たせることは容易ではなく、政党を結成しても、ほとんどは
それぞれの民族の代表となってしまう。しかも、民族の構成比率がそのまま国
会議員の比率となり、争いが絶えない原因となる。

　異なる言語とされる中には、差異が微妙で、意思疎通がほぼ可能な言語、
方言と呼んでもいいような関係の言語も少なくないので、共通語が作れそう
なものであるが、植民地時代に一度固定化された表記法や語法を改めて、そ
こに共通の言語様式を新たに構築するのは、きわめて困難である。それぞれ
のグループが慣れ親しんだ語法や正書法にこだわり、言語統一の主導権を握
ろうとするために、新たな火種になってしまう。

　また、自分たちの言語よりも公用語である英語やフランス語を重視する姿
勢があることも、アフリカ諸語の地位向上を妨げる一因となっている。現地
語による出版物は小学校用の教科書を除くとほとんどなく、読み書きの必要
性も乏しい。数千万人の話者を有する言語でさえ、せいぜい市場の言語とし
ての機能しか有していない。現地語で新たな知識や情報が入手できるわけで
もなく、それが仕事に役立つわけでもない。保護者も子どもがすでに話せる
言語を学校で習うのは無駄だと思っている。優秀な学生は、社会的評価が低
いがゆえに現地語教師になろうとはしない。現地語で新聞を作ったとしても、
あまり売れないために長続きせずに、廃刊になってしまう。現地語9言語を
含む11言語を公用語と憲法で定めた南アフリカではPanSALBという委員
会を作り、アフリカ諸語の地位向上に努めているが、それでもなかなか出版

物は増えない。

西欧語の社会的機能

アフリカの学校において西欧語を使用する理由についてさまざまな議論があるが、それを整理すると次のようにまとめられる。

①民族対立を防ぐ中立の言語
②異なる民族を結ぶ共通の言語
③新たな知識や技術を学ぶための言語
④社会的な上昇を図るための言語
⑤外の世界とつながるための言語

①②を裏返して考えれば、国民が共有できる中立の言語があれば対立を防ぎ、平和な国家が建設できることになりそうである。しかしながら、アフリカでは数少ない単一言語国家と言ってよいソマリアやルワンダの内戦を見ると、言語を共有しているだけでは平和の実現は難しいと言わざるを得ない。

アフリカの国々の安定的な発展のためには、やはり貧困と格差を解消し、生活を向上させていくことが重要である。それが③④ということになるが、本当に英語やフランス語に頼らなければできないことなのか、あるいはそれが最適と言えるのかどうかを考えていく必要がある。なぜなら、英語やフランス語などの公用語を使いこなせるかどうかによって社会が分断されていることが明らかだからである。この西欧語能力による社会の分断と社会的・経済的な格差は、民族語間の溝よりもはるかに大きいと言える。

多くのアフリカ人は現地語では何も学べないと思い込んでいるが、情報や考え方を伝達することは、どんな言語でも可能なはずである。外国語に依存した教育では、人的資源の開発にも限界がある。

実際、アフリカ諸国の子どもたちの学力の低さは大きな問題となっている。たとえば、TIMSS2011（国際数学・理科教育動向調査）における中学2年生の数学の結果を見ると、ガーナは参加45カ国中最下位であり、最上位層の生徒であっても国際平均に遠く及ばない。ガーナ政府もこの状況について問題

視し、大統領も数学教育の質の向上を叫ぶほどである。この問題の背景には、母語ではない言語で学ばざるを得ないことが、大きな障壁として横たわっている。政府は、英語力を高めれば問題は解決できるはずだとして、2002年から2007年にかけて、幼稚園からすべて英語で教育するという政策を実行に移したものの、教育現場が混乱しただけで、英語力も向上せず、学力向上も実現できなかった。ここにアフリカにおける言語と教育の関係を考える上で根深い問題がある。

教育の質向上のために

　以前は貧困と開発の遅れが識字普及を妨げていると考えられていたが、国連のMDGs（ミレニアム開発目標）においても初等教育の完全普及の達成が重要項目として掲げられたように、近年は開発と貧困撲滅のためには教育の普及が重要であると認識されるようになった。

　その時に重要になるのが、子どもたちにとって理解しやすい言語、使い慣れた言語が初等教育でどれだけ使えるかである。数多くの言語が話されるアフリカ諸国では、現地語が教育言語として使われない状況が学力向上を阻んでいるだけでなく、貧困層の再生産につながっている。現地語 (vernacular language) が教育の普及にとって重要なことがUNESCOで報告されたのは1953年のことであるが、長い間ほとんど実現されなかった。やっとそれが見直されるようになったのは21世紀に入ってからのことである。完全に英語による教育が失敗したガーナでもUSAIDの支援を受けてNALAP（国民識字加速計画）が導入され、初等教育における現地語使用の意義が再認識されるようになった。

　しかし、事が簡単に運ぶわけではない。現地語で教えられる教師の養成・確保、教材の作成・印刷などと共に、現地語の語彙整備・近代化も不可欠である。語法や表現、あるいは正書法の規範化などが不十分な点も指摘される。質の良い辞書を持つ言語も少ない。先進国による教育支援というと、すぐに英語普及と英語による教育支援になりがちであるが、社会基盤としての現地語を整え、使用域を拡大することが、長い目で見たときに基本的なリテラシーの普及に貢献することは間違いない。

アメリカでは移民の子どもたちの教育をめぐって、家庭語の重要性に対する認識が広がり、就学前教育（Head Start Program）で２言語併用による(Dual Language)指導法や教材の開発が進められている。これは第一言語の重要性を示すものである。アフリカの人的資源開発は、思考や学習の基盤を第一言語で行える環境を整備できるかどうかにかかっている。英語やフランス語の早期教育に走りがちだが、その試みはこれまで何度も失敗を繰り返している。第一言語の基盤がない状態で第二言語を学習言語能力のレベルにまで伸ばすのは難しい。実際、都市部で最初から英語で教育を受けた子どもの英語力が後になって伸び悩み、逆に英語能力で劣っていた農漁村の子どもが中等教育段階になって急速に成績が上昇することがあると指摘する学者もいる。

　現実には西欧語を頂点とする言語の序列があり、アフリカ諸語が実質的な公用語の地位を確立するまでの道のりは遠いが、現地語による基礎教育の普及が、知識や技術の普及につながり、貧困撲滅への一歩となるであろう。

参考文献

UNESCO. 1953. The Use of Vernacular Languages in Education.
　http://unesdoc.unesco.org/images/0000/000028/002897EB.pdf
USAID. 2009. National Literacy Acceleration Program (NALAP)Baseline
　Assessment.
　http://pdf.usaid.gov/pdf_docs/Pnadw581.pdf

第6章
英語教育と先住民族言語復興
マオリ語・アイヌ語を中心に

岡崎享恭

> "kanto or wa yaku sak no a=ranke p sinep ka isam"
> 「カントオロワ　ヤクサクノ　アランケプ　シネプカ　イサム」
> （天から役目なしに降ろされたものは一つもない）
>
> （萱野茂『アイヌ歳時記』2000年、平凡社、p. 228）

はじめに

　近年の日本では、グローバル社会での生き残りのために早期英語教育の是非が議論されてきた。また英語が導入されることに関して、「美しい」日本語や日本文化の劣化を危惧し、正しい「国語」教育の必要性を主張する声も頻繁に聞かれる。一方で、世界では多くの先住民族言語が危機言語である。多くが今世紀の終わりには絶滅するという危機に瀕している。そこには過去百年余りの間に、多くの先住民族が多数派の言語を強制され、自身の先祖から伝わることばを教育されてこなかったという歴史があり、日本もアイヌ語等を話す先住民族に日本語を強制してきた。しかし「美しい」アイヌ語や琉球諸語の劣化や教育の欠如を心配する声は、多数派日本人からはほとんど聞かれない。世界を席巻する英語や日本語のような多数派の支配言語に対し、少数派である先住民族言

語話者はどのように抗えばよいのであろうか。また英語などの言語教育に関わる者は、何ができるのであろうか。この章では植民地政策から同様の言語衰退を経験し、言語復興の過程にあるマオリ語とアイヌ語を取り上げ、教育の関わりを検討するだけでなく、マオリ語とアイヌ語、そして英語の教育における第三の道について、一つの考察を提案したい。

1. 英語教育の広がりと日本語衰退の憂慮

英語の日本国内での地位は上がり続けている。増え続ける海外からの観光客の増加や、楽天やユニクロなどの英語を社内公用語にする企業の増加、また教育言語を英語とする大学の増加など、かつては話されていなかった様々な場面で英語が話されるようになり、使用範囲は広がりを見せている。さらに言語教育政策を考えると、2011年から小学校5、6年生への外国語活動が必修となり、その外国語とは原則として英語である。さらに2020年度から小学校3年生からの授業が本格導入されるのに先駆け、2016年度から、英語教育の研究開発校、約120校においてすでに新教材が試みられている（文科省 2016）。

英語の国内的な、また世界的な広がりの中で、日本語の行く末を憂慮する声は少なくない。例えば、水村美苗（2008）の『日本語が亡びるとき——英語の世紀の中で』は、明治期の「国語」としての日本語の発展を讃え、地球語としての英語が普遍語化していく中で、「国語」としての日本語を教育し、守る必要性を説いている。「無批判にグローバル化やアメリカナイゼーションを受け入れていたら、現地語化する一方に」（水村、2008：44）なると言う。さらに英語の浸透に警鐘を鳴らす論考は後を絶たず（例えば、施、2015）、先に挙げた早期英語教育の導入にも批判的な声も多い（例えば、渡部、2014）。英語が広がれば広がる程、日本語や日本文化が衰退していくと言うのだ。

英語の地位が上がれば上がる程、日本語への憂慮が広がる。しかし実際に憂慮すべきは、そのような英語と日本語の二者択一的思考ではないだろうか。Kubota（2015）は、英語が全世界のリンガ・フランカ（共通語）であるという

第 6 章 ● 英語教育と先住民族言語復興　　**127**

言説が、日本国内の様々な機関の方針や慣習を変容させており、英語以外の外国語を周縁化してしまっていると指摘する。確かに世界に 7000 以上ある言語のうち、英語しか教育、学習、使用しないという方針では、英語帝国主義であるという批判を免れない。加えて言語や教育に関わる者は、外国語が英語だけでないのと同様に、日本の言語が日本語だけではないことを念頭に置かねばなるまい。UNESCO（2009）は、世界の言語のうち 2500 言語が、また日本の言語のうち 8 言語が危機言語であると発表している。「極めて深刻な危機にある言語」としてアイヌ語、「重大な危機にある言語」として八重山語と与那国語、「危機にある言語」として、奄美語、国頭語、沖縄語、宮古語、八丈語を挙げている。日本語は「安泰」であるとされる。実際、日本語母語話者は 1 億 2000 万人を超え、日本語学習者も 400 万人に近い（国際交流基金、2013）。Washington Post（2015）によると、世界で 7 番目に学ばれている言語である。

　「安泰」の英語や日本語とは対照的に、今世紀の終わりには少なくとも 3000 語が絶滅すると考えられている（Krauss, 1992 ; Simon & Lewis, 2013）が、そのほとんどが先住民族の言語である。次章からは、英語と関わりの深いマオリ語、日本語との関わりが深いアイヌ語を取り上げ、その衰退と教育の現状を詳述する。

2．英語支配から衰退し復興したマオリ語

　英語の広がりによって存続の危機に陥った一つの例は、アオテアロア（Aotearoa ニュージーランド）のマオリ語である。マオリ語は、ハワイやその他のポリネシアの人々と同様に、カヌーによって海を渡りアオテアロアにたどり着いたマオリによって話されてきた。18 世紀の終わりに約 10 万人のマオリがいたが、パーケハ（pākeha）の到来とともに、インフルエンザや麻疹といった疫病がもたらされ、土地や資源が奪われ、飢餓や栄養失調に陥るマオリが増え、乳幼児死亡率が 40% 以上にまで及び、1896 年には、マオリ人口は 4 万 2000 人に落ち込んだ（I. Pool & T. Kukutai, 2016）。入植したパーケハは 1850 年代後半には、ニュージーランド北島でマオリの数を上回り（山本、2007）、20 世紀の始

まりには、マオリ人口はニュージーランド全体の 5% に減少した（Benton, 1997）。
1923 年におけるパーケハとマオリの比率は、100 対 4.2 となっていた（I. Pool &
T. Kukutai, 2016）。

マオリ語は少なくとも 11 世紀から、アオテアロアで 1000 年間話され、発展
してきた（King, 2001）。1800 年代前半までは、アオテアロアのどこでも話され
ており、パーケハ入植当初も聖書がマオリ語に訳されるなど、社会の様々な場
面でマオリ語使用が続いた（Spolsky, 2009）。しかしパーケハの人口が増えると
マオリ語と英語を話すバイリンガル話者の必要性が増えただけでなく、1847 年
制定の教育条例や 1867 年制定の原住民学校法では、マオリ学校の教育言語は
英語に制限され、教育内容もヨーロッパ文化に限定された（松原、1994；Hond,
2013）。政府はマオリ語を禁止しなかったが、マオリ語を話すことで体罰や心理
的苦痛を受けたマオリがたくさんいたことが報告されている（Winitana, 2011）。
このような状況に置かれた世界の先住民族の先祖のほとんどがそうであるよう
に、英語とマオリ語を話すバイリンガルのマオリの多くは、マオリの子どもた
ちが暮らしていくために英語を重視し、子どもたちにマオリ語を話さなかった
（Winitana, 2011）。

1970 年代に 6915 の家族、3 万 3338 名のマオリからデータを収集した Benton
（1997）によると、このような言語の同化は、第一次世界大戦以前から強ま
り、一部の地域の 1920 年代生まれの人々は、家庭での第一言語が英語であった
し、自身も英語しか話せないと報告している。他の地域では、1930 年代生まれ
の人々が同様の報告をし始め、多くの地域で 1950 年代以降に生まれた人の 50%
程度が英語しか話せないと報告している（Benton, 1997：15-23）。

これには大いに地域差が見られるが、経済的な理由で伝統的なコミュニティ
を離れ都市に移住せざるを得なくなったマオリの数が見逃せない。都市に住む
マオリの数は、1945 年には 26% であったのに対し、1971 年には 71% となって
いる（I. Pool & T. Kukutai, 2016）。30 年足らずで二人に一人のマオリが都市に移
り、各々の部族とのつながりを失い、各地域の方言はおろか、マオリ語に触れ
る機会も失ったのである。1970 年代になると、60 歳以上の人しかマオリ語を
流暢に話せず、マオリ人口全体の数%となってしまったという（ホンド & ブル
ワートン、2014）。

第6章 ● 英語教育と先住民族言語復興 **129**

　このような状況に大きな変化を与えたのは、1970年代のマオリの学生を中心にした教育の要求である。1972年9月14日、オークランドのマオリ学生運動団体、ンガ・タマトア[4]（Nga Tamatoa 若き戦士）は、「マオリ語やマオリ文化の学習を希望する学生に、その機会を保障せよ」という趣旨の署名3万人分を、ウェリントンのテ・レオ・マオリ・ソサエティ（Te Reo Maori Society マオリ語の会）と共に国会に提出している（Te Rito, 2008；松原、1994）。マオリ語教育を要求するこの運動は、1970年代のワイタンギ条約不履行に関わる様々なマオリ[5]の運動と呼応し、大きなうねりとなり、ニュージーランド社会に変革をもたらした。

　上記の署名などの教育を求める運動は、まず1973年からの、政府によるマオリ語話者への特別な教員訓練研修として実を結ぶ（Winitana, 2011）。この研修で、教員資格のないマオリ語母語話者48人が1年間の訓練を受け、中等教育機関等でマオリ語を教えることとなった。さらに1977年にはマオリが多数を占める地域であるルーアートキ（Rūātoki）で、ニュージーランドで最初のバイリンガル小学校が認可され、マオリ語が読み書きのことばとして再び子どもたちに教えられることとなった（King, 2001）。

　1978年には、どの地域のマオリ語も絶滅に向かっているという上記のBentonの全国調査結果の報告があり、マオリ社会をさらに目覚めさせることとなる（Winitana, 2011）。マオリ語は安泰であると思っていた多くのマオリが、上記のような政府の認可を受ける形でのマオリ語教育を待っていては遅いと気づかされたのである。マオリ自らが自分たちでマオリ語話者を増やさなければならないと草の根のレベルでマオリ語を教え始め、多くのマオリが学び始めた。

　まずマオリ語が話せない大人の世代に大きな影響を与えたのが、テ・アタアランギである（岡崎、2015）。ワイカト大学でマオリ語を教えていたカテリナ・テ・ヘイコーコー・マタイラは、マオリ語喪失への危機感を募らせており、自身がフィジーで目の当たりにしたサイレント・ウェイ[6]をマオリ語教育で生かすことに取り組んだ。サイレント・ウェイとは10色のクイズネア棒と呼ばれるブロックを使い、聴解や発話に重きを置いた教授法である。マタイラは、コミュニティ指導者であるンゴインゴイ・テ・クメロア・ペファイランギと共に、1979年からの3年間アオテアロア中を周り、各地の年長者やマオリ語話者と協議を

130　第Ⅱ部 ● 海外の事例

くり返し、サイレント・ウェイをマオリの文化や価値観に適合させた。ワイアタと呼ばれる歌やチャント、体の動きを使った学びや、マオリ社会でのロールプレイなどを取り入れたマオリ語教授法、テ・アタアランギを確立したのである。誰もが流暢にマオリ語で日常会話ができるようになることを目指すテ・アタアランギは、サポートし合う話者コミュニティを形成し、マオリ語イマージョン環境を作り上げ、1979年からこれまで5万人のマオリ語話者を輩出してきている（ホンド＆ブルワートン、2014）。

　さらに、生まれてきた子どもたちがマオリ語を流暢に話せるようにと、保育園でのマオリ語イマージョン教育が行われた。1981年にマオリ教育者や指導者たちが一堂に会した話し合いで、母語話者である年長者が、言語を最も簡単に習得できる子どもたちにマオリ語のみで話し、流暢なマオリ語話者を作るための保育園を設立する案が提案され、テ・コーハンガ・レオ（言語の巣）と命名された（King, 2001）。1982年にウェリントンで始まったが、1年後の1983年には100のコーハンガ・レオが誕生し、1994年には800以上のコーハンガ・レオがあり、1万4000人が学んでいた（Spolsky, 2009）。現在は470程度だが、政府からの資金とともに様々な規制を受けるため、コーハンガ・レオから独立してイマージョン保育園を作っている施設もある。

　コーハンガ・レオを卒園した子どもたちに、マオリ語イマージョン教育を行ってくれる小学校を探したが、どこも取り合ってくれず、コーハンガ・レオ関係者自らがクラ・カウパパ・マオリ（マオリの世界観で教える学校）を設立した。1985年にオークランドのホアニ・ワイティティ・マラエにできたその小学校は、校内での英語を禁止し、全ての科目をマオリ語で教えている。当時は政府からの助成を受けない完全な私立学校で、自分たちで資金集めを行っていたが、1989年の教育改正法により、公立学校としての地位を得、英語で教育がされる学校と同じように、政府の予算を受けて運営されている（Winitana, 2011）。現在ニュージーランド内に73のクラ・カウパパ・マオリがあり、6000人以上が学んでいる。

　1987年にはマオリ語が公用語化される。英語と同等の公用語としての地位を得て、裁判所や様々な政府機関でマオリ語を使用できることが認められたのである。これは上述のワイタンギ条約不履行の運動を受けて1975年に制定された

ワイタンギ条約法にそって設立されたワイタンギ審判所の勧告がもととなっている。さらにマオリの運動は、マオリ語ラジオのための周波数の獲得やテレビ局の設立にまで及び、23 のラジオ局と、二つのテレビ局を設立するに至っている。

さらにマオリ語での中等教育を求める学生のために、ファレクラと呼ばれる高校や、高等教育を求める人のためにワーナンガと呼ばれる大学があり、政府の予算を受けているため、いわゆる公立学校であると言える。このように保育園から大学院まで、公的機関においてマオリ語で学ぶことが可能である。

3. 日本語支配から衰退し復興を目指すアイヌ語

アイヌはヤウンモシリ[9]（Yaunmosir 北海道）をはじめ、樺太南部、千島列島、本州の東北地方北部の先住民族である。アイヌ語は縄文語の流れを汲んでいると考えられ（瀬川、2016）、数千年にわたり継承され、話されてきた。しかしながら、15 世紀頃から本州からヤウンモシリ南西部に移住するようになった和人との関係において、アイヌ語は制限を受けることとなる。和人の移住当初から大小の武力抗争があり、1600 年代以降、日本の江戸時代に入り、江戸幕府からの命を受けた松前藩は、それまで東西南北の様々な民族と交易を重ねていたアイヌとの交易を独占する。さらに商人に各地での交易や漁業生産を請け負わせると、交易というよりはむしろ事実上の収奪が行われるようになり、多くのアイヌ男性を漁場に強制移住させ、過酷な労働を強制した。さらにコタン[10]に残った家族は飢餓に陥り、和人の番人による女性への暴行[11]や、和人が持ち込んだ天然痘や梅毒などの疾病の流行があり、北海道西部のアイヌ人口は 1822 年から 1854 年でほぼ半減し、北海道全体でも 2 万 919 人から、1 万 5321 人と落ち込んだ（小川、1991）。

さらにまた明治時代の植民地支配により、言語の衰退は急激に進んだ。政府は「蝦夷地」から「北海道」と改称し日本国の一部とすると、北海道を無主の地とし日本式土地制度を導入し、耳輪や入れ墨、主食の鮭漁や鹿猟など、様々な文化慣習を禁止した。また本州以南からの植民を推進し、アイヌの同化を

132　第Ⅱ部 ● 海外の事例

図った。和人の数は毎年増え、数万人しかいなかった和人の数は 1883 年には約 23 万人、1903 年には約 106 万人にまで上昇している。一方、その間のアイヌ人口はほとんど増減がなく約 1 万 7000 人と報告されており（小川、1991）、アイヌは自らの土地で 35 年間のうちに全体の 2% 未満と、急激に少数派とされた。

当時アイヌへの学校教育は、1877 年に樺太アイヌを強制移住させた対雁を皮切りに各地で始まり、1899 年に旧土人保護法、1901 年に旧土人児童教育規定により制度化された（小川、1991）。教科目は、修身、国語、算術、体操、裁縫（女子）、農業（男子）があり、アイヌの和風化が徹底されたが、授業の半分以上は国語という教科で日本語が教えられ、また全ての授業が日本語で行われたため、アイヌ語は排除された。

マオリ同様、社会では少数派として多数派から蔑視され、土地や主食などの生活基盤を奪われ窮乏化し、学校では自文化や母語を排除されたアイヌは、子どもたちにアイヌ語でなく日本語で話すようになる。とりわけ言語衰退は、1900 年代生まれの人々から如実に見られ、貝澤は 1931 年の「アイヌの叫び」で以下のように報告している。

　　現在三十代以下の若いアイヌにアイヌ語で話しかけても満足に之を解する者が少ないのであります。今日アイヌ語を使って居る者は老人同志だけであって、其老人達も若い者に話す時は八九分通り日本語を使っております（貝澤、1998：382）。

小笠原（2011）は社会の中で禁止されていなかったアイヌ語をアイヌ自らが捨てざるを得ない程アイヌが追い込まれた理由として、政府の同化政策、それによって進んだ貧困、加えて和人社会の差別意識を挙げている。さらに中世まで和人とアイヌの関係を振り返り、アイヌ語は和人社会に「奪われた」としている。

しかしながらこのようなアイヌ語の状況を何とかしようと、アイヌ語の記録や教育の努力が見られる。長年口承伝統で語り継がれてきたカムイユカラ（Kamuy Yukar 神謡）をローマ字で筆録したのは、当時 10 代であった知里幸恵である。彼女は叔母の金成マツらに習った 13 の神謡を、筆録するだけでなく、

第6章 ● 英語教育と先住民族言語復興　　**133**

日本語に翻訳し、1922年に『アイヌ神謡集』として完成させたが、翌年の出版を待たずに19歳の若さで亡くなっている。彼女はその『アイヌ神謡集』の序で、以下のようにアイヌ語について語っている。

> 愛する私たちの先祖が起伏す日頃互いに意を通ずる為に用いた多くの言語、言い古し、残し伝えた多くの美しいことば、それらのものもみんな果敢なく、亡びゆく弱きものと共に消失せてしまうのでしょうか。おおそれはあまりにいたましい名残惜しい事で御座います。アイヌに生れアイヌ語の中に生いたった私は、雨の宵、雪の夜、暇ある毎に打集って私たちの先祖が語り興じたいろいろな物語の中極く小さな話の一つ二つを拙ない筆に書連ねました（知里、1978：4）。

　1913年に山辺安之助によって書かれた『あいぬ物語』は、アイヌの自著としては一番古いものであるが、アイヌ語がカタカナで書かれており、金田一京介が日本語訳を書き足している（石原、2004）。この他にも知里幸恵の叔母である金成マツも口承伝統を筆録したもの[12]や、アイヌの神事に用いる祈り詞を筆録したもの、アイヌ語での自伝や書簡、また詩や短歌といった日本文学を取り入れたものもある（北原、2011）。
　上記のような記録に向けた取り組みを経て、積極的にアイヌ語教育が行われるようになったのは、1980年代からである。平取町二風谷の萱野茂は、自費で子どもたちにアイヌ語を教える活動を始めている。当初、萱野はマオリのテ・コーハンガ・レオのような「言語の巣」保育園の設立を試みた。しかしながら、当時の厚生省が言語教育を目的とする保育園は認められないと、認可がおりなかったのである（萱野、2010）。それでも萱野の子どもたちのためのアイヌ語教室は、大人への教室と拡大し、この二風谷をモデルに北海道ウタリ協会[13]が旭川や阿寒など全道に拡大し、一時は14教室に広がりを見せた（岡崎、2011）。現在は1997年のアイヌ文化振興法成立後に設立されたアイヌ文化振興・研究推進機構の事業となり、7地区でアイヌ語入門講座、6地区で親と子のアイヌ語教室がそれぞれ月2回程度行われている。さらに5地区で週末の集中講座として、アイヌ語上級講座が年間4回、また指導者育成事業、アイヌ語弁論大会が実施さ

れ、STV ラジオで全道に週 15 分間放送される初心者向けアイヌ語ラジオ講座もある（アイヌ文化振興・研究推進機構、2016）。

　学校教育に目を向けると、アイヌ語に特化して授業を行っている学校はほぼ皆無である。但し平取町の二風谷小学校では総合的な学習の時間で、年間 10 時間のアイヌ語の授業を行っている。また千歳市の末広小学校では、歌や踊り、アイヌ料理や鮭漁等のアイヌ文化を 6 年間にわたり体系的に学ぶ（上野、2013）中で、アイヌ語に触れる機会もあるであろう。大学においては、アイヌ語の授業を提供する大学機関は少なくないが、ほとんどが一科目のみで[14]、英語や第二外国語に比べると提供数はかなり少ない。

　このように教室や教育機関において、アイヌ語に触れる機会は増えてきている。しかしながら言語習得の観点から考えると、上記の教育環境ではアイヌ語を理解し、実際に使えるようになるのに十分な時間は取られていないと言える。言語習得の大部分が個々人の努力に委ねられていると言っても過言ではない。それでも既存の辞書や録音データ、教材から、アイヌ語を学び、習得している人も少なくなく、彼らの多くが話者コミュニティを形成している。

4．第三の道——アイヌとマオリの交流が生む言語復興と教育効果

　多数派言語を話すことで繁栄がもたらされるとして、マオリ語が英語に、アイヌ語が日本語に取って代わるべきであると語られ、実際に教育現場でもマオリ語やアイヌ語が周縁化されてきた。しかしながら言語を失うことは、同時に先祖から伝わる知識体系や世界観、自分たちのアイデンティティを失うことでもあり、それに抗う人々が復興の努力を続けてきた。その多くは、自ら言語を学ぶだけでなく、教育者となっている。彼らの長年の取り組みは上述したが、近年になって盛んになってきているのが先住民族教育者たちの交流である。世界の先住民族教育者が一堂に会して開かれる世界先住民族教育会議（WIPCE）や、先住民族の高等教育機関がその取り組みを共有する世界先住民族高等教育協会（WINHEC）など、先住民族教育関係者の交流が益々盛んになってきてい

る。また最近のマオリとアイヌの交流は毎年のように継続的に行われるように
なっている。[15]

2016 年 6 月、ニュージーランドのマオリ開発省テ・ウルロア・フラヴェル大
臣は来日の機会にヤウンモシリに向い、アイヌ民族との交流を図った。長年マオ
リ語教育に関わってきたフラヴェル大臣は、2012 年にアイヌと出会い、アイヌ
を再訪することは切実な願いであった。アイヌとの会合で以下のように述べて
いる。

> 私の個人的な意見では、言語をなんとかしたいという思いが私たち二つの
> 民族を繋げてくれたと思います。（中略）マオリも同じ経験をしてきました。
> 自分たちの言語のための戦いや、自分たちのアイデンティティが何である
> かの苦しみも、私たちも経験してきました。そして私の立場から何かしら
> のサポートがしたいと思いコミットしました。

フラヴェル大臣の招待を受けたアイヌ教育者は、自分たちで募金を募るなど
の努力で、アイヌ語や文化の復興を目指す若者 7 名をアオテアロアに、2013 年
1 月に派遣し、5 週間にわたる研修を行っている。その研修の中で、アイヌ語復
興を目指す言語教育者がマオリのテ・アタアランギやイマージョン教育の方法
論に感銘を受け、アイヌ語教育に生かす努力をしている。その後もマオリ語教
育現場を訪ねたりマオリ教育者を招待して、東京や北海道でワークショップや
講演を行っている。アイヌ側はアイヌ語教育に生かせる方法論を知るだけでな
く、同じように先住民族として抑圧されてきたマオリとの対話から刺激やエン
パワーメントを受ける。しかしアイヌだけが恩恵を受けているのではない。

Hond（2016）は、マオリの若者の課題は多くのマオリが現状に甘んじ、無頓
着になってしまっていることだと指摘する。1970 年代にはマオリ語イマージョ
ン教育機関やマオリテレビなど何もなく、マオリ語や自分たちのアイデンティ
ティを何とかしなければという危機感がそこにあった。アイヌ語復興やアイデ
ンティティのための草の根の努力を続けるアイヌとの交流は、それをマオリの
若者に気づかせることができるというのだ。

言語復興運動は容易ではない。マオリ語復興とアイヌ語復興を目指す者との

間で交流がくり返され、教授法や言語復興計画の共有、またお互いのアイデンティティのエンパワーメント（強化、鼓舞）などが行われ、第三の道を見出しつつある。

結びに代えて

　筆者は2016年夏、教員免許状更新講習の中で、「グローバリズム、ローカリズムと言語保持、英語教育に関する視点」という講座を担当した。小中学校、高校の現役英語教員の皆さんに、世界の「安泰」な言語としての英語や日本語と、日本や世界の危機言語の状況に触れた。「国語」として教えられてきた日本語以外に学校で教えられる言語はほとんど英語しかないという現状では、生徒に送るメッセージは外国語と言えば英語、日本の言語と言えば日本語となり、他の言語を周縁化しているのではないか、またマオリ語やアイヌ語の言語教育の歴史と現状について考え、内なる多様性が教育されてこなかった現状を知る必要性があるのではないかと論じた。さらに、英語教育の実践として、言語意識教育（太田、2003；黒川、2012）を提案した。

　言語意識教育とは、世界の言語や話者を知り、ことばの普遍性や文化、民族の多様性を知ることで、言語を通して、他者の目や「他者性」への気づきを促すことを目的としている（太田、2003）。これに重要なことは、多様性に気づき、ことばに関する思い込みを排除するだけでなく、自らが内面化している言語イデオロギーを問い直し、自分がどのような立場に立っているか気づかせることである（黒川、2012）。

　講座後に受けたフィードバックでは、学校教育の現場で言語意識教育を実践することの重要性を挙げたものが多かった。さらに英語が世界に7000ある言語のうちの一つでしかないことや、世界での英語の浸透と消滅の危機に陥る言語との関係など、英語教育者として自身の言語意識が低かったといった振り返りも多く見られた。危機言語を含めた世界の言語や文化の状況を知らせること、さらに他者を認め、人権の意識を持たせることも英語教育の担う所だという意見もあった。現在、アイヌ語やウェールズ語等の危機言語を題材にした英語教科書もあり、知識としては生徒に理解させられるといった報告もあった。ただし黒川（2012）の言うように、そのような多様性に気づくだけでなく、自らの

観点や言語イデオロギーを問い直させるような授業をどのように展開するのか、またこのような言語意識を高めた上で、なぜ自身が英語を学ぶのかを考えさせることが重要なのではないだろうか。

少数民族の言語や文化を守るために我々に何ができるのかを考えていくべきといった振り返りもあった。自身アイヌであり、北海道大学アイヌ・先住民研究センター准教授の北原次郎太は、以下のように語っている。

> アイヌ語復興の課題は、（中略）多くの危機言語と同じく、社会の中でそれを使う場所がないことだが、それ以上に大きな問題は、アイヌ語を話すことが日本社会で異端視されてきたことである。しかし、日本国内の言語状況が多様化し、日本社会全体がかつて以上に他言語の使用に積極的になっている現代の社会傾向は、アイヌ語の使用にも明るい展望をもたらすと考えられる（北原、2011）。

アイヌ語復興に関して、多数派が簡単にできることなどない。しかしまず言語意識教育などを通して、これまでの英語とマオリ語、日本語とアイヌ語の関係のような言語にまつわる歴史を学ぶこと、現在の取り組みを知ること、さらに自身の言語イデオロギーを問い直すことが必要ではないだろうか。それができれば、北原の言うような、「アイヌ語を話すことが異端視されない社会状況」を作り上げることができるはずである。多様な社会に対応するというグローバル化を内側から始めなければならないのは自明ではないだろうか。

注

1 世界の言語を数える際、言語と方言の違いを形作る社会政治的要素を無視できない。例えばクロアチア語やセルビア語、ボスニア語の３言語は、それぞれの国で公用語であるが、旧ユーゴスラビア崩壊以前はセルビア・クロアチア語として同一言語と見なされていた。言語学では、Mutual Intelligibility（お互いのことばが通じるかどうか）という基準で、話して通じなければ別の言語であり、通じれば方言であるとされることが多い（木部 2011）ものの、実際には社会政治的要因で、言語か方言かが決められることも多い。

2 「白く長くたなびく雲」の意。

138 第Ⅱ部 ● 海外の事例

3 Pākeha は非マオリを指すが、イギリスからの入植者とその子孫を指すことが多い。

4 マオリ語には、Nga のように鼻濁音（ng）で始まる語彙が多い。本稿では半角カタカナを用いて「ンガ」とした。

5 1840 年にマオリの首長達と英国政府とによって結ばれたワイタンギ条約は、土地を含むマオリの財産保有を全面的に保証したが、この条約は事実上無視され、入植者の都合で土地や資源が収奪されるなど、マオリは植民地支配を受けた。1970 年代には土地回復のためのランドマーチなど、多くの抵抗運動が見られた。

6 サイレント・ウェイとは、数学者カレブ・ガテーニョが、算数教育のために開発した教授法であったが、言語教育にも適応され、英語教育はもちろん、日本語教育や中国語教育にも応用されている（サイレントウェイランゲージセンター 2014）。

7 イマージョン（immersion）とは、動詞（immerse「浸す」や「つける」の意）の名詞形であるが、100％その言語に浸かるという意味であり、この場合、マオリ語のみで英語は一切入れないということである。さらにここで言うイマージョンとは、マオリ語のみという意味だけでなく、マオリ語でマオリの文化、慣習、精神世界にどっぷり「浸らせる」という意味である。

8 ただし、教科としての英語だけは、英語で教えている。多くのクラ・カウパパ・マオリは、教科としての英語を教える教室を用意し、その教室内だけで英語の使用を認めている。

9 「陸の国」や「陸の大地」の意で、アイヌ語で北海道を指す。語尾 sir は子音で終わる閉音節であり、母音で終わる日本語のシリとは異なる。本稿では半角カタカナを用いて「シリ」とした。

10 「集落」の意。

11 妊娠させたアイヌ女性に堕胎を迫ったり、母を奪われたアイヌの子どもの餓死があったと報告されている（小川、2011）。

12 金田一京介によって『ユーカラ集 1 ～ 7』として出版されている。

13 現在の北海道アイヌ協会のこと。

14 高等教育機関等のアイヌ語やアイヌ文化に関する授業について、上野（2013）を参照されたい。

15 筆者も、通訳や活動資金確保等で関わりを続けている。

参考文献

石原誠（2004）「アイヌ民族自身による著作について」『平成 16 年度アイヌ文化普及啓発セミナー報告集』アイヌ文化振興・研究推進機構

上野昌之（2013）「アイヌ学習と民族教育機関設立に向けて」『日本大学大学院総合社会情報研究科紀要』No.14、167 ～ 177 頁

太田智加子（2003）「グローバル化と言語の多様性」山梨正明／有馬道子編『現代言語

学の潮流』勁草書房

岡崎享恭（2011）「ハワイ先住民族の言語・文化教育システム構築過程――先住民族教育権の回復と言語編制の変化」『ことばと社会』第13号、三元社、30～59頁

──（2015）「テ・アタアランギとマオリ語復興」『渾沌』第12号、48～65頁

小笠原信行（2011）「危機言語・アイヌ語復興への道」松永澄夫編『言葉の歓び・哀しみ』東信堂

小川正人（1991）「「アイヌ学校」の設置と「北海道旧土人保護法」・「旧土人児童教育規程」の成立」『北海道大學教育學部紀要』(55) 257～325頁

貝沢藤蔵（1998）「アイヌの叫び」小川正人／山田伸一編『アイヌ民族 近代の記録』草風館

萱野志朗（2010）「二風谷における取り組み――萱野茂二風谷アイヌ資料館を中心に」第57回日本社会教育学会研究大会ラウンドテーブル①、於神戸大学発達科学部

北原次郎太（2011）「アイヌ語継承の現状」『危機的な状況にある言語・方言の実態に関する調査研究事業報告書』91～97頁

木部暢子（2011）「危機的な状況にある言語・方言の実態に関する調査研究」『国立国語研究所第3回国際学術フォーラム報告書――日本の方言の多様性を守るために』46～52頁

黒川悠輔（2012）「ことばをめぐる問題の解決に向けた言語意識教育の可能性と課題――言語的不公正の視点から」『早稲田大学大学院文学研究科紀要第1分冊』57巻、85～95頁

国際交流基金（2013）『2012年度日本語教育機関調査結果概要抜粋』くろしお出版

施光恒（2015）『英語化は愚民化――日本の国力が地に落ちる』集英社

瀬川拓郎（2016）『アイヌと縄文――もうひとつの日本の歴史』（ちくま新書）筑摩書房

知里幸恵（1978）『アイヌ神謡集』（岩波文庫）岩波書店

ホンド、R／ブルワートン、E（2014）「テ・アタアランギとアイヌ語復興」北海道大学アイヌ・先住民研究センター

松原好次（1994）「ニュージーランドにおけるマオリ語復権運動：Te Kohanga Reo と Kura Kaupapa Maori を中心に」『湘南国際女子短期大学紀要』2号、101～155頁

水村美苗（2008）『日本語が亡びるとき』筑摩書房

山本徤二（2007）『日本語―マオリ語マオリ語―日本語辞典』国際語学社

渡部昇一（2014）『英語の早期教育・社内公用語は百害あって一利なし』李白社

Benton, R. A. (1997) *The Maori Language Dying or Reviving*. Wellington: New Zealand Council for Education Research.

Hond, R. (2013) "Matua te Reo, Matua te Tangata Speake Community: visions, approaches, outcomes." Unpublished doctoral thesis, Massey University.

── (2016) Personal Communication on June 12, 2016.

King, J. (2001) "Te Kōhanga Reo Māori Language Revitalization." In *The Green Book of Langauge Revitalization in Practice*. Editted by L. Hinton and K. Hale, 119-128. New York: Academic Press.

Krauss, M. E. (1992) "The World's Languages in Crisis." *Language* 68 (1): 4-10.

Kubota, R. (2015) "Forward." In *Foreign Language Education in Japan Exploring Qualitative Approaches*. Edited by S. Horiguchi, Y. Imoto and G. S. Poole, vii-x. Rotterdam: Sense Publishers.

Simons, G. F. & Lewis, P. M. (2013) "The world's languages in crisis: A 20-year update." *Studies in Language Companion Series* 142: 3-19. Amsterdam: John Benjamins.

Spolsky, P. (2009) "Rescuing Maori: the last 40 years." In *Language Documentation and Description vol 6*, Edited by P. K. Austin. 11-36 London: SOAS.

Te Rito, J. S. (2008). *Struggles for the Māori language: He whawhai mo te reo Māori*. MAIReview, 2(6).

Winitana, C. (2011) *My Language, my inspiration: the struggle continues = Toku reo, toku ohooho : ka whawhai tonu matou*. Wellington, N.Z. : Huia Publishers .

〈オンライン文献〉

アイヌ文化振興・研究推進機構（2016）
http://www.frpac.or.jp/about/files/H28%20 事業計画書 .pdf（最終アクセス 2016 年 9 月 15 日）

サイレントウェイランゲージセンター「最新情報」
http://www7a.biglobe.ne.jp/~SW_LANGUAGE_CENTER/index.html （最終アクセス 2014 年 12 月 5 日）

文部科学省（2016）「小学校の新たな外国語教育における補助教材（Hi, friends! Story Books）作成について（第 3・4 学年用）」
http://www.mext.go.jp/a_menu/kokusai/gaikokugo/1370103.htm

Pool, Ian and Tahu Kukutai. 2016. "Taupori Māori – Māori population change", Te Ara - the Encyclopedia of New Zealand
http://www.TeAra.govt.nz/en/taupori-maori-maori-population-change

United Nations Educational, Scientific, and Cultural Organization. 2009. "UNESCO Interactive Atlas of the World's Languages in Danger"
http://www.unesco.org/culture/ich/index.php?pg=00206

Washington Post. 2015. "The world's languages, in 7 maps and charts"
https://www.washingtonpost.com/news/worldviews/wp/2015/04/23/the-worlds-languages-in-7-maps-and-charts/world

コラム ⑦

ベトナムと日本の架け橋になれるか、新設のある大学の役割
—その光と影—

近藤　功

　最近の中国の経済は景気低迷の兆しがあり、中国国内の人件費の高騰もある。そこでチャイナプラスワンの意味を考えると、危険分散の意味もあり、ベトナムの存在感が増してくる。人口の面でも若い人が多く、日本の経済成長の頃を彷彿とさせるようなところもある。経済の面でも今後の日本にはベトナムとの経済協力が欠かせなくなってきた。

　そのようなベトナムの国内に 2015 年、新しい大学が誕生した。それが H 大学である。日系企業や日本政府、日本の大学などの支援を受け、学生全員に日本語教育を施し、ベトナムにある日系企業や日本の企業で働いてもらおうと設立された大学である。その大学を卒業すれば、ベトナム国内では日本国内の本社とベトナム支社などとの橋渡し役、日本国内では労働力不足を補う役割も期待されている。

　その H 大学は工業系の大学で、学部としては IT、機械工学、自動車工学、土木工学など 18 〜 20 学部からなっているが、工業関係だけではなく、レストラン管理や経営の学科もある。日系の工業系企業が期待するメーカーだけではなく、レストランやホテルなど工業系以外でも、ベトナムに進出している企業やこれから進出しようとしている日系企業にとって、そのような専門科目を修めていて、日本語もできる学生はとても貴重な人材になると思われる。

　「光」の部分としては、人材確保の目的などで次から次へと日本から H 大学にいろいろな人が視察に訪れている。H 大学で何が行われているかを視察するために、日本からは経済産業大臣、S 県からは副知事、経団連など、次か

ら次へとH大学に視察に訪れているのである。ある日本の地方自治体の幹部からは、「一人でも多く、優秀な人材を大学から送ってください」と言ってくる。優秀で日本語が流暢であれば、すぐにでも欲しいのである。

2019年には初めてそのH大学から卒業生が生まれる。その頃の経済状況は読めないが、日本の経済状況は極端には変わらないのではないか。そしてベトナムの経済も。リーマンショックのようなことがなければではあるが。専門知識があり、日本語ができれば鬼に金棒のように見える。日系企業がH大学に期待しているのがよくわかる。

更に、「光」の部分としては、周りの方々のバックアップがある。全ての学生が1年次、日系企業の工場見学をしている。整然とした工場。工場内ではベトナム語と並んで日本語の表記もある。ベトナム人スタッフの中には日本語が流暢な人もいる。その人たちが懇切丁寧に会社の概要などを説明してくれている。大学側としてはお金を支払うこともなく、その行為に感謝するのみである。

しかし、「影」の部分としては、その親切な行為に報いることができない学生もいる。何のために工場見学に来たのかわからない学生もいる。見学中にふざけあったりして、遠足気分の学生もいる。またとない貴重な機会であるが、その機会の重要さがわからないのである。その協力的な工場が新卒の学生を募集するにあたり、どんな人材を必要としているのであろうか。

H大学の学生に対して、一番期待されている部分としては、専門知識はもちろんであるが、やはり日本語力である。しかし工業系の学生に、高度の日本語を覚えろと言うのは少し酷な面もある。ベトナム人の多くは漢字やひらがな、カタカナはあまり馴染みがない。特に、漢字が最大のネックとなっている。学生たちに聞いても、一番苦労することは漢字だと答える人が圧倒的に多い。4年次終了時点で、最低でもN3、できればN2というかなり高いレベルの日本語力が求められている。工場側が学生たちを受け入れている理由の一つは、学生たちが卒業するころ、通訳ができるレベルの日本語に達して、自分の会社に入ってくれることである。しかしながら、その期待に応えられる学生は残念ながら非常に少ないと思われる。

そのような高度な日本語のレベルに達する前に、一番の心配ごとはH大学

コラム⑦ ●ベトナムと日本の架け橋になれるか、新設のある大学の役割　　143

の学生のどのくらいの人数が卒業できるかという問題である。例えば、一学年に 1000 人の学生がいたとすると、最終的に卒業できるのはどのくらいになるのだろうか。1 年から 2 年に進級する段階で、1 割以上の学生が姿を消したのである。その点で問題になっているのは、やはり日本語を覚えることである。そのため、今後も学生に厳しい日本語教育を課せば、今後も他の大学などに転校する学生が続出することが懸念される。

　その H 大学の授業風景を見ていると、日本語を学び続けようとする、その気持ちを継続することの難しさを痛感する。学生の多くは、そんなに苦労をしてまで、なぜ日本語を学ばなくてはいけないのかを自問自答しているのではないかと思われる。そんなことより、日本語教育のない他の大学に転校して、もっと楽で楽しい学生生活を歩もうと考えても不思議ではない。卒業後に日系企業に入って、高収入を得ている先輩を見ようと思っても、まだ卒業生もいないため成功例を見ることができないのである。

　その H 大学の日本語の学習内容などを紹介すると、会話、文型練習、文法、聴解、漢字、N4、N5 などの試験対策など多岐にわたる。彼らにとって、英語の学習とは比べものにならないほど負担が大きい。それ以外にも専門の科目やプロジェクトデザインという科目もある。そのプロジェクトデザインとは、社会での多くの問題に対して、チームでその問題解決に取り組むというものである。このカリキュラムも日本の大学からノウハウを教えてもらい、学習をしている。

　そして次の問題点としては、3 年次に数カ月の企業研修を予定している。数百人の学生を日系企業に送り込んで、日本式の経営のノウハウなどを学ぼうというのであるが、果たしてそれだけの大人数を受け入れてくれる日系企業が本当にあるのだろうか。例えば、1 学年に 1000 人いるとすれば、一つの企業が 10 人受け入れてくれても、単純計算で 100 社が必要である。非常に頭の痛い問題である。それほど数多くの企業がベトナムや日本にあるのであろうか。そして、その企業の協力を得る努力をしているのが日本語教師である。日本語教師をしながら片手間でできるような仕事ではない筈である。

　このように多くの期待を担いながら船出をした H 大学ではあるが、その行きつくところはまだ明確ではない。ベトナムというこれからも期待される国

で、日本語を学んで、専門知識を生かしてベトナムにある日系企業や日本国内で活躍をする卒業生が将来的にどのくらいいるのか、そしてこのプログラムが長期間にわたり続けることができるのか、期待と不安が入り混じっている。私としては今後も学生と大学の活躍に期待したいところである。

第7章
インドの部族言語の教育
サンタル語教育に関する現地調査より

野沢恵美子

> nobody can deny that the loss of languages will mean a permanent loss of precious traditional knowledge and practices accumulated over thousands of years by indigenous people
> 言語が失われることは、その言語を話す先住民が数千年の時をかけて創り上げてきた貴重な知や慣習を、永遠に失ってしまうに等しいということを、誰も否定することはできない
> (Gomati Bodra Hembrom, 2016: 7［筆者訳］)

はじめに

　言語と文化は日々の暮らしやアイデンティティと深く結びついており、人々の生活の重要な側面である。今日の世界では近代化、都市化、グローバル化、情報化など、社会経済、文化的な変化の影響によって、多くの少数言語の話者が減少し、周縁に追いやられ、危機に瀕している（Fishman, 2001；May, 2012；Crystal, 2014）。また別の言語圏から移住してきた人々の多くは、ことばの違いが障壁となり、情報や行政サービスへのアクセスが限られ、市民生活や経済・公共活動への参加が妨げられがちである。公用語に代表される優勢な言語と少

146　第Ⅱ部 ● 海外の事例

数者言語との間には、法的、制度的、社会的地位に違いがあり、この地位の違いはそれぞれのことばを母語とする人々の間の、不均等な力の配分が色濃く反映されたものでもある（Phillipson, Rannut, and Skutnabb-Kangas, 1994; Churchill, 1996; Fishman, 2001; Mohanty, Panda and Pal, 2010; May, 2012; Crystal, 2014; Hamid, Nguyen, and Baldaulf, 2014; Devy, Davis, and Chakravarty, 2016）。

　少数言語の位置づけについては、1980 年代から国際的に広く議論され、1996 年には「世界言語権宣言」が UNESCO に提出された。本宣言は、社会的に優位な言語と少数言語の格差を縮小し、様々な言語話者が平等で調和のとれた関係性を維持し、共存することを目指している（World conference on Linguistic Rights, 1996）。本宣言をきっかけとして少数言語話者の権利が認識され、各国政府も少なくとも公式には、多文化、多言語を尊重しようという態度に変化していった。例えばペルーでは 1990 年代半ばに、それまでのスペイン語モノリンガル教育を改め、国内の多様性に富んだ言語状況を反映したバイリンガル教育を導入し、先住民のケチュア語や、移民言語である英語、イタリア語、日本語などが学校教育で使用されることとなった（Valdiviezo, 2010）。しかし多くの国や地域では、多文化・多言語を尊重しようとする政府の「態度」と具体的な施策の間には、なお大きな隔たりがある。公式には多文化・多言語主義が表明される一方で、少数言語のほとんどは、今も制度上実質的な地位がなく、公用語などの優勢な言語との格差は残ったままである。加えて、少数言語に関する政策や施策は多くの場合、政府や行政機関によって決められており、当事者である少数言語の話者たちは、自己決定権を行使する機会を奪われていることが多い（Mohanty et al., 2010；May, 2012）。

　母語を通じた学校教育は、子どもの認知発達を促し、平等な学習の権利を保障し、また現代社会を生きていく力を効果的に身につける意味で、「言語権」（Linguistic Rights）の中でも、重要項目の一つに数えられている（Phillipson, Rannut, and Skutnabb-Kangas, 1994；Mishra, 2010；Mohanry et al., 2010；May, 2012）。国連の「先住民族の権利に関する国連宣言」の第 14 条第 1 項では、先住民族の子どもの母語教育の権利について、先住民族はそれぞれの文化にふさわしい教授法を用いて母語教育を行うこと、またそのために、教育制度や施設などを自分たちで運営する権利があるとしている（United Nations, 2008：7）。

第7章 ● インドの部族言語の教育　　147

　学校での教授用語として少数民族の言語を採用することは、その言語文化の現在のみならず、未来にも多大な影響を与える。言語を次の世代に伝えることで、言語と深く結びついた文化を守り、民族集団の社会的地位を保障し、ひいては社会全体の言語的・文化的多様性を守ることにつながっていくからである（Fishman, 2001）。また学校教育で使用することは、その言語の現代的な発展にもつながっていく。学校教育で使うためには、文字や表記法を人々が共有し、近代的・科学的知識や複雑な概念などを表現できるように、語彙や表現の幅を広げる必要があるからだ。それにより言語が発展し、過去の遺物や限定的な機能しか持たない言語としてではなく、現代社会での有効なコミュニケーション手段として活用され、地位を確立することができるのである（May, 2012）。

　しかし実際には、学校教育で使用されている少数言語は少なく、多くの子どもが母語ではなく、第二、第三言語にあたる公用語や地域の優勢な言語などで教育を受けている（Phillipson, Rannut, and Skutnabb-Kangas, 1994；Mishra, 2010；May, 2012）。Mohanty et al.（2010）は、少数言語話者の子どもたちが第二、第三言語で教育を受けていることが、低い就学率、学習到達度や進学率の要因と考察している。初等教育入学直後から、母語よりも理解力の落ちる第二、第三言語で授業を行うことが、子どもたちの学習を妨げ、成績不振や中途退学に追いやっていると考察している。初等教育段階で十分な学習環境が与えられていないことは、成人後の民主的な社会・経済活動への参加機会を実質的に奪われることでもある。

　本章で論ずるインドも、数百の言語が話されている多言語国家である。憲法第350条Aでは、少数言語を話す児童が母語を通じて初等教育を受けられる環境を整えるため、州や地方自治体が適切な設備や施設の提供に努めることとしている（The Constitution of India Article 350A）。さらに、6歳から14歳までの初等教育カリキュラムの枠組み、National Curriculum Framework-2005（NCF-2005）では、インドの多言語状況を「価値ある文化資源」とした上で、多言語教育の推進と母語を教授用語とした学校教育の必要性について明記している。中等教育以降での母語教育の必要性も示唆した上で、もしもそれが実現できない場合でも、少なくとも初等教育段階では子どもの母語を尊重し、教授用語とすべきであると述べているのである（Government of India, 2005：37）。さらに2016

年に発表された教育政策の概要、National Policy on Education 2016 でも、少数言語話者の母語教育への権利を明記し、国家として、州政府に少数言語話者の母語教育を行うことを求めるとしている（Government of India, 2016b）。加えて中等教育では「三言語定則」と呼ばれる教育言語政策が 1957 年に導入され、生徒は全員母語に加え、インドの他の近代言語一つと外国語一つの計三言語を学習することになっている。多言語社会であるインドの子どもが、母語以外のほかの諸地域言語を学びあうことで、お互いの理解を深めること、また公用語と少数言語母語話者の間の格差を縮小することを目的としている。

　しかし国レベルで多文化・多言語主義、および全ての子どもの母語教育を提唱しているものの、実際には、先住民の子どもをはじめとした多くの児童の母語教育を受ける環境整備はなかなか整わず、地域によっても格差がある。インドでは連邦政府と、州政府の両者が教育制度に関わり、行政組織が複雑で、それぞれの方針や施策が矛盾を見せることもしばしばである。オリッサ州では、2006 年に多言語教育プログラムが導入され、1 〜 3 学年は子どもが母語で教育が受けられるよう、これまで 20 の言語が取り入れられてきた（The Hindu, 2017）。しかし国全体の傾向としては、2010 年現在、数百ある言語のうち、41 言語のみが学校教育での教授用語、または教科として教えられており、さらに国の政策理念とは逆行して、学校で教えられている言語の数は、1970 年の 67 言語と比較して減少傾向にある（Mohanty et al., 2010）。この状態について Mohanty et al. は、「レトリックとしては、少数言語は民族の象徴とされている」一方で、実際には少数言語は「階層化された言語の中で、最下層に置かれ、政策と実際の施策の間には大きな裂け目がある」と述べている（Mohanty et al., 2010：211　筆者訳）。国レベルでの政策では多言語・多文化主義を標榜しているものの、実質的には少数者言語には政治的、社会的な地位がなく、少数者の教育への権利が保護されていない場合も多い。中等教育での三言語定則も形骸化し、「生徒の学習負担を軽減するため」との理由で、目的通りの言語学習はほとんど行われていないと批判されて久しい。例えばヒンディー語話者の多い地域では、第三言語として他の地方の言語や少数言語を学ぶ代わりに、宗教儀礼言語であるサンスクリット語や、ヒンディー語と音声・文法がほぼ同じでアラビア・ペルシア文字表記のウルドゥー語をカリキュラムに入れている学校も多い（Krishnamurti,

1998；Mohanty et al., 2010）。

　本稿では、少数部族が多く住むジャールカンド州において、少数部族の言語であるサンタル語が実際の学校教育でどのような地位にあるのか、文献と東スィンブーム県での調査をもとに考察する。そして政府の表明する多文化・多言語主義に、学校教育の場での実践がなかなか追いつかず、それが少数者の子どもたちの言語権・教育権を侵害し、少数者と主流派との間の不均等の縮小を妨げているのではないかと論ずる。本研究は、インドの一地域の一部族の学校教育に関する考察ではあるが、同様の問題はインドのみならず、世界中の少数者・少数言語に共通しており、重要な示唆を与えるものである。

1. ジャールカンド州におけるサンタル語

（1）インドの少数部族

　少数言語集団の周縁化に関連しては、アンダーソン（1997）の「近代的国民国家」概念を引き合いに出し、少数民族に対し同化圧力がかけられているとの考察が近年なされている（Churchill, 1996；Mohanty et al., 2010；May, 2012；Hembrom, 2016）。「近代的国民国家」は「一つの民族・一つの国家」を前提とし、それが独自の文化・言語を持つ少数者集団を排除、抑圧する装置となり得る。第二次世界大戦後に独立を果たした多くのアジア、アフリカの国々は、もともと多民族、多言語だった地域に、文化的に異質な西洋的「国民国家」概念を「移植」して近代的な国家が建設された。インドもまたそのような国の一つで、「近代的国民国家」成立を志向した段階から、少数者を抑圧する要因を必然的に内包していると言える（Churchill, 1996）[1]。

　インドの連邦公用語はヒンディー語と英語だが[2]、その他に22の「主要な」言語がインド憲法第344条1項と351条に関連して第8附則に付されており、保護と発展が図られることになっている（The Constitution of India；藤井、1999a；1999b；鈴木、2001）。各州は「言語州」と呼ばれるように、優勢言語の使用地域によって州境が引かれているが、1956年の州編成以降も、政治経済、文化、言語など様々な要因によって、既存の州から一部が分離する形で、数回に渡って

150　第Ⅱ部 ● 海外の事例

州編成が変更されてきた (Mawdsley, 2002；Sonntag, 2002)。

　各州では地域の優勢言語を公用語とし、行政や公教育などで使用しているが、州内各地では州公用語の他にも多くの言語が話されてる。山間の地方などでは独自の言語を持つ少数部族が居住し、Mohan (2004) は、304 の少数部族言語がインド国内で話されていると推測している。他方、人の移動が活発な都市では、様々な言語を母語とする人々が共存し、家庭内などの親密圏では母語を話し、学校や仕事場では公用語や土地の共通言語を話すというようなバイリンガルやトライリンガルも広く見られる (鈴木、2001)。

　調査を行ったジャールカンドは、2000 年に北隣のビハール州から分離して成立した新しい州である。なだらかな山や丘陵、森林に覆われ、豊かな自然と鉱産物に恵まれ、人口は約 3300 万人である。2011 年の識字率 (7 歳以上) は67.63％で、2001 年の 53.56％ からは約 14 ポイント改善している。インドの 35の州と直轄領中、2001 年、2011 年はそれぞれ 34、32 番目で、教育や識字の普及の点では最も遅い州の一つだが、インド全体の識字率との差は縮小傾向にある (Government of India, 2011)。州の公用語はヒンディー語とウルドゥー語で、ヒンディー語母語話者が約半数を占めるが、「指定部族」と呼ばれる 32 の少数部族が人口の約 26％ を占め、様々な少数部族言語が話されている (Government of India, 2011；Government of Jharkhand, n. d.)。

　「指定部族」とは固有の文化を保持すると認定され、憲法で保護の対象と規定された少数民族集団のことである。インド全体では人口の約 8％ が指定部族で(Mohan, 2004)、「先住民」を意味するアーディーワーシーとも呼ばれる。政治経済的には周縁的な立場にあり、貧困状態にある部族の人々の割合は村落地域で47.1％ (2009 ～ 10 年) にのぼり、インドの村落地域居住の人々の平均 33.8％ や「指定カースト」(以前は不可触民とも呼ばれたカースト集団) の 43.5％ よりも高い(Government of India, 2013)。ジャールカンドは豊かな森林に囲まれており、樹木崇拝を特徴とするサルナと呼ばれる独自の先住民宗教を信仰する人々が多い(長田、2001)[3]。州内指定部族の識字率は 40.7％ (2001 年) で、州全体の 53.6％ よりも約 12 ポイント低く、主な理由は就学率の低さと母語教育の機会が奪われていることにあると言われる (Pattanayak, 2013)。多数集団との教育格差を縮める目的で就学率の改善が図られており、1999 年に設立された Ministry of Tribal

Affairs などが奨学金の提供を含め、様々な施策を行っている。しかし 2013 ～ 14 年の 1 ～ 5 年生の中退率は 31.7%、1 ～ 10 年生では 62.4% と、依然高い状態が続いている（Goverment oh India, 2016a）。また指定部族の国立大学への進学優先枠は 7.5% だが、1980 年代から 2005 年まで、この枠がいっぱいになったことがほぼなく、家族から経済的、教育的な支援がなかなか得られないことが影響しているのではないかと推察されている（Higham and Shah, 2013）。

　部族の人々による政治的な活動は活発で、18 世紀末から 10 数回にわたりイギリスの植民地支配や、現地の土地支配層であるザミンダールへの抵抗運動が起こった。インド独立後は北に隣接するビハール州の一部となったが、政治行政の中心であり、部族人口の少ない旧ビハール州北部に対し、鉱物資源に恵まれた旧ビハール州南部（現ジャールカンド州）では、政治経済、文化の面で十分に自分たちの利益が反映されていないとの不満が常にあった（長田、1994）。そのため部族の人々は引き続き分離を求めて運動を展開し、2000 年 11 月にジャールカンド州の成立に至ったのである。

　現在ジャールカンド州政府は、森林が州面積の約 30% を占め豊かな自然に恵まれていることや、多くの部族の人々が居住し、多様な文化が数千年にもわたって息づいていることを州の特徴として挙げている。さらに部族言語とインダス文明を創り上げた古代人の言語との共通性を示唆し、部族言語や芸術の研究が古代インダス文明の文字解読にも寄与するのではないかとの見解まで示している（Government of Jharkhand, n. d.）。一方で州内では鉄鉱石、石炭、銅、雲母、ウラン等の鉱産物が豊富に採掘され、製鉄などの重工業が盛んである。調査を実施した東スィンブーム県の中心都市、ジャムシェードプールは、インドの巨大財閥の一つであるジャムシェドジー・タタが、インド最大の製鉄会社である TATA Steel を 1907 年に創立した、インドでも産業化が最も早く始まった町の一つでもある。

（2）サンタル語の位置づけ

　本研究では、ジャールカンド州の東部に住む「指定部族」の一つサンタル族の言語に焦点を当て、部族語と学校教育について調査を行った。2001 年の国勢調査によると、サンタル語話者は全インドで約 647 万人、人口の 0.63% である。

居住地域はジャールカンド州、西ベンガル州、オリッサ州、ビハール州、アッサム州、さらに国境を越えてバングラデシュやネパールにも及んでいる。約650万人の話者を持つサンタル語は数字の上では決して「少数言語」とは言えず、インドでも14番目に話者の多い言語とされる（Government of India, 2001a）。約241万人がジャールカンド州に居住し、州内指定部族人口の34％を占める最も大きい少数部族である（Government of India, 2001b）。しかし200万人以上が隣接する西ベンガル州にも住んでおり、インドの州は「言語州」と一般に言われているにもかかわらず、サンタル語は州編成において考慮されず、「言語州」の州境によって分断された形となっている（Hembrom, 2016）。東スィンブーム県では、人口の28.5％が指定部族で（Government of India, 2016a）、多くは山間の森に囲まれた村に住み、主に稲作などの農業に従事している。時に森で木を伐り、儀礼などで使われる伝統的な木の葉の皿を作るために、森でサールの葉を集めて市場で売ることも収入源につながっている。近年では、鉱山労働や、道路、橋の建設などの公共事業に従事し、現金収入を得ている人々も多い。部族共通の樹木崇拝、サルナを信仰する人が多く、独自の神々を祀っている。

　サンタル語は、オーストロアジア語族に属し、周辺地域で話される優勢言語であるヒンディー語、ベンガル語、オリヤー語といったインド・アーリア語派の諸言語とは、言語的特徴が大きく異なる（Ethnologue, n. d.）。独自の音韻体系を持つサンタル語の表記としては、ヒンディー語で使われるデーヴァナーガリー文字とは別に、オル・チキ文字が採用されている。オル・チキ文字は、ラグナート・ムルムによって1920年代から40年代にかけて考案された。ヒンディー語やオリヤー語等とは異なる独自の表記法で、インドの諸部族言語の中でも、文字化と普及に最も成功している例と言える（長田、1996）（図1）。サンタル語は活発な言語運動の結果、2003年に国の「主要な言語」の一つとして、憲法第8附則に付された。しかしジャールカンド州の公用語はヒンディー語とウルドゥー語で、行政などでは主にヒンディー語が使用されている。ある言語が公的な地位を獲得するための条件として、May（2012）は法制化（legitimation）と制度化（institutionalization）の二つの側面を挙げている。言語の制度化とは、「社会、文化、また言語的な領域や文脈で広く承認され、（その言語が使用されることが）当然と考えられること」を指す（May, 2012：6　筆者

第7章 ● インドの部族言語の教育　　153

図1　オル・チキ文字

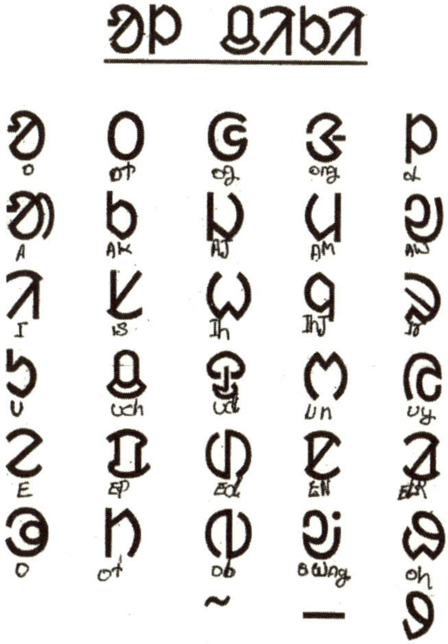

（村のオル・チキ教室で使用されている教科書『Ol Chiki
(Primary Course): Study Material: Second Edition』p. 3 より）

訳）。サンタル語をこの定義に当てはめると、国の憲法上主要な言語として、ご
く限定的とは言え法的な位置づけがされているものの、実際の公的領域では使
用されず、制度的な地位や裏付けはほぼないと言える。

　国は共同体が地域の初等教育の「オーナー」として運営するべきと唱え、州
政府もそれに応える形で、子どもたちの潜在能力（capability）を伸ばすために、
共同体が主体となって質の良い教育を提供する、共同体重視の教育政策を表明
している（Government of Jharkhand, n.d.）。しかし教育言語を見ると、ジャール
カンド州では公立学校の教授用語はヒンディー語と明記されており、部族諸言
語は教授用語としてはほとんど使用されていない。また政府の補助を受け、初
等教育段階での導入を目指してサンタル語を含む五つの部族言語の教科書が出
版されたが、学校教育での導入はなかなか進んでいない（Mohan, 2004；Mishra,

2010)。

ジャールカンド州の教育言語に関する、Patanayak（2013）の部族出身者約3000人の生徒や教員、村の人々への調査では、90％以上の子どもがヒンディー語で学校教育を受けているが、一方で、40％ほどは時に部族語で教師と話すこともあると答えている。そして78％の教員が第二言語での学校教育が部族の子どもたちの学習の障壁だと考えていることも明らかにされた。Mohanty et al.（2010）は、オリッサ州の部族出身教員たちが、手作り教材などを用いながら部族語教育を取り入れたり、授業中補助的に部族語を使って児童の理解を助けたり、といった工夫をこらしていると報告している。そしてたとえ政府がモノリンガル教育を推進しても、教員はただそれに従うだけの歯車ではなく、信念に基づき、その場にふさわしい独自の実践を行う、教育言語政策の行為主体であると論じている。Patanayakの広範な定量調査は貴重な情報を与えてくれ、また高い意識を持った部族教員の事例を中心としたMohanty et al. の議論は部族語教育の教授法について重要な示唆に富んでいる。だが、ごく一般的な学校で、どのような言語教育がされているのかという点に関しては、まだ現地に即した形での調査をする余地が残っているのではないだろうか。

次項では、農村に住む一部族の子どもたちが学校でどのように言語を学んでいるのか、ジャールカンド州在住のサンタル族の人々への聞き取りとアンケート調査、学校訪問から明らかになったことを紹介したい。

2. 調査地域と調査方法

（1）調査地

本調査地の東スィンブーム県はジャールカンド州の南東に突き出た形で、周囲を西ベンガル州、オリッサ州に囲まれている（図2）。そのためヒンディー語、ベンガル語やオリヤー語を母語とする人々、また別の指定部族であるホー族やムンダ族の人々も同じ町や村落内に居住し、小さな集落にいくつものことばを話す人々の住む多言語状況となっている。調査を実施した地域は、東スィンブーム県の中心都市、ジャムシェードプールから30キロメートルほど離れ

第7章 ● インドの部族言語の教育　155

図2　ジャールカンド州の地図

た山間の村落地域である。山や川、豊かな森に囲まれ、サンタル族をはじめとする人々が主に農業で生計を立てている。1960年代初め以降、鉱山開発に伴い外部から多くの人々が移住し、近代的な学校や病院を擁する町が造られた。町中にはヒンディー語話者が多いが、住民の実感として、周辺の農村地域では60～70％がサンタル族ではないか、とも言われている。農村のサンタル族をはじめとした人々と外部から移住してきた人々との交流は、ここ50年ほどで急速に活発になり、生活環境なども変化している。町の中心部から少し離れた国営鉱山公社は、鉱山開発と管理、鉱産物精製と精製後の残滓の処理などを行い、外からやってきた技術者に加え部族出身者など近隣の村に住む人々を鉱山労働者として雇用している。また村落や敷地内のコミュニティー・センターで地域の開発のためのプログラムも実施し、主に健康関連の支援や、子どもや若者への教育に関する活動を行っている。一方で鉱山開発以来、深刻な土壌や水質汚染、鉱山労働者や周辺の村人の健康被害も指摘されている（Hindustan Times, 2014）。

156　第Ⅱ部 ●海外の事例

（2）調査方法

　現地調査では学校や村の訪問、聞き取りとアンケート調査を行った。2016年
3月に周辺の村落、公立初等・中等学校2校を訪問し、また村のオル・チキ教
室の教師2名、地区の行政関係者2名への聞き取りも行った。ほか、訪問時に
村の人々と対話を重ねた。調査参加者は知人を介して紹介された人たちで、一
対一、または一対数人の聞き取りを行い、英語、ヒンディー語、サンタル語の
トライリンガルの通訳者が同席した。さらに学校での言語教育と、日常の言語
使用に関して、コーチング・スクールと呼ばれるいわゆる就職予備校1校で、
生徒33名に記名式のアンケート調査を行った。アンケート調査協力者は、国営
鉱山開発会社で無料開講されている就職支援プログラムの受講生である。授業
後の教室で実施し、参加者は近隣の村に居住する18歳から26歳までの33名
（男性25名、女性8名）、うちサンタル族は29名（男性21名、女性8名）である。
アンケートでは、①本人に関する情報として居住地、学校歴、②社会経済状況
と家庭環境を知る手がかりとして、家族構成、両親の最終学歴と職業、③言語
使用領域から言語の役割を分析するために、家庭、学校や地域での言語使用状
況、④教育機関での部族語教育に関連して、小学校からカレッジまでの教育機
関での言語使用状況、⑤参加者の将来への展望を知るために、就職支援プログ
ラムに参加した理由及び将来の目標を回答してもらった。本稿では、主に学校
での言語教育に関する項目に焦点をあてて分析を行う。

3．現地調査の結果

　本項では、まず全般的な教育状況を紹介するために、調査で訪れた学校2校
の様子から描写する。どちらの学校でも教員の話は聞けたが、授業の参与観察
の要望は退けられ、教室の様子は外からうかがうのみだった。1校目は、農村
にある1〜5学年の公立初等教育学校で、地域の人口構成を反映して、児童は
全員サンタル族の子どもだった。教員は二人しかおらず、複数の学年の児童が

同じ教室で学ぶ複式学級で授業を行っていた。女性教師はヒンディー語母語話者、もう一人の男性教師はサンタル語母語話者だが、教授用語はヒンディー語である。複式学級はジャールカンドの村落地域では珍しくはなく、教師や地区の行政担当者にその点について問うと、教師と教室の数が足りず、複式学級で授業をせざるをえないことが教育の質を低下させている、との答えが返ってきた。また別の女性教師は、児童の第二言語を用いながら、2学年または3学年の児童を一つの教室で同時に指導することは困難で、教師にとって大きな負担となっていると話していた。

　もう一つの学校は、部族の児童生徒のみが通う男子の寄宿学校である。部族児童生徒への教育支援の一環として、政府によって設立されたこの寄宿学校は、少数部族集団がほかの町や村から隔絶して暮らす山の上に建てられている。ここでは250人弱の1〜10学年までの指定部族の児童生徒が学んでいる。生徒のうち約半数がサンタル族で、その他にムンダ族、ホー族、サバル族などの部族出身の児童生徒が在籍していた。政府が教育費や生活費を負担し、1年生から6年生までの児童には一人当たり毎月1023ルピー、7年生から10年生は1273ルピー（それぞれ当時1700円、2000円ほど）が学校に支給され、学費や寄宿代に当てられ、さらに教科書や制服も生徒たちには無償で提供されている。中退率は他の公立学校よりも低いが、10学年修了後の後期中等教育への進学率は高くなく、2015年度は10%ほどで、そのほかの卒業生は就業するのが一般的である。教員の説明によると、経済的に恵まれず進学できない卒業生が多いとのことだった。

　本寄宿学校での教授用語はヒンディー語で、外国語として英語、また第三言語としてサンスクリット語が教科として教えられている。本来の「三言語定則」の理念に従うなら、母語を教授用語とし、地域の共通言語（ヒンディー語）を第二言語、そして第三言語として外国語を学ぶべきところ、本寄宿学校では母語教育はなく、生徒たちにとって第二（または第三）言語であるヒンディー語を教授用語とし、近代インドのことばの代わりに宗教儀礼の言語サンスクリット語、そして外国語として英語を生徒たちは学習していることになる。上述のように様々な部族の生徒が在籍しているため、部族語教育を行うのは非常に難しい環境である。

158 第Ⅱ部 ● 海外の事例

　次に家庭や学校での日常的な言語使用について、就職予備校の生徒たちへの
アンケートの回答を中心に、村や学校での聞き取り調査から見えてきた事柄も
交えながら紹介する。アンケート参加者は、ほとんどが近隣の村落在住の青年
男女で、就職支援プログラムの受講生である。受講動機は、ほぼ全員が政府や、
国営のインド鉄道会社の就職試験準備のためだった。インドでは政府系の職は
社会的地位や給与が一般よりも高く、採用試験は非常な難関である。ふつう就
職予備校は授業料がかかるが、本プログラムは国営鉱山開発公社が企業の社会
貢献活動（CSR）の一環として授業料を負担しており、経済的に恵まれていると
は言えない受講生たちにとっては、貴重な機会と歓迎されている。回答者の学
歴は比較的高く、約36％がカレッジの学士課程（B.A. または B.Com.）に在籍中
または修了者である。次に多いのが中等教育の10年生から12年生までに在籍
中の学生で、約15％。中等教育修了者は6％、修士課程在籍・修了が10％、博
士課程在学中または修了者も1名いた。

　初等教育では、ほとんどが政府系の公立学校、1名が私立学校、15％に当た
る5名が鉱山公社敷地内の学校に通っていた。公社敷地内の学校は被雇用者の
家族が通う学校で、中等教育レベルでは英語で授業を行っていて、近隣の公立
や私立の学校と比較して質の高い教育が提供されている。高学歴の参加者本人
とは対照的に、両親の教育背景は初等教育修了か修了未満が多数を占めた。こ
こで重要なのは、アンケート参加者の多くが家族の中で一定期間学校教育を受
けた第一世代に当たることだ。どこの国でも家庭の教育資本や文化資本が子ど
もの学業成績に与える影響は大きいが（Bourdieu, 1973；ブルデュー、2012）、イ
ンドでもその傾向は顕著で、塾や両親（特に母親）の宿題や試験勉強への手助け
が「織り込み済み」といって良いほど、期待されている（Mohanty et al., 2010）。
その中で、親の教育的支援が受けられない第一世代の部族の子どもたちが、初
等中等教育段階で困難に直面し、それが彼らの学業成績にも影響が出ることは、
想像に難くない。

　学校教育で教師が話す教授用語については、参加者全員が初等教育はヒン
ディー語と回答し、サンタル族が多数を占める村落地域でも、サンタル語が教
授用語として使用されてはいなかった。また全員がヒンディー語の学校に通っ
ていたことも、インドでは社会経済的に大きな意味を持つ。近年インドでは、

英語を教授用語とする私立学校が地方都市や村落地域でも続々と開校している。急激に増加している英語学校の質はまちまちで、実際には英語で書かれた教科書を使用しつつ、教員がほぼ地域語だけで授業を行い、児童生徒もまったく英語が話せないような学校も多い。しかし「グローバル言語としての英語」の能力が子どもの将来に有益であるとの認識が広く共有され、経済的に少しでも余裕があれば、子どもを私立の英語学校へ通わせる親が増えている（Pasha, 2000；Ramanathan, 2005；野沢、2015）。しかし本アンケート調査参加者のほとんどが公立学校でヒンディー語での初等教育を受けており、家庭的に私立の英語学校に通うだけの経済的余裕がなかったことを示唆している。またインドでは一般的に、中等教育修了試験や進学する際の選抜試験が厳しく、日本と同様、学校外の塾などの私的領域での学習支援が大きな意味を持つ（Nozawa, 2012；野沢、2015）。しかし回答者の多くは、塾などの学校外の学習支援を受けた経験がなく、校外での私的な教育に資金をかけられない部族の生徒たちは、進学や将来の仕事の選択、収入の面で不利になりがちである。

　次にどこでどの言語を使用するかという言語領域に関する設問では、家庭内ではサンタル語、学校ではヒンディー語と使い分けている回答が最多だった。サンタル語母語話者のほとんどが、家庭内ではサンタル語のみを話している一方で、学校での教師との会話はヒンディー語のみが最多で、あとはヒンディー語と英語使用が数名だった。授業中以外の言語使用については、友人との会話はヒンディー語のみという回答が最多で、サンタル語も話すという回答が数名あった。村の子どもたちや、初等教育の教員などからの聞き取り調査によると、学校でのサンタル語使用は多くの場合休み時間も含めて禁止されていて、サンタル語を話していると注意されるとのことだった。しかし一方でサンタル語使用に寛容な場合もあり、政府系学校の女性教師の一人は、子ども同士がサンタル語で話すことを許容していた。子どもたちは教師の問いかけに答えるとき、また発表をするときなどはヒンディー語だが、授業の内容が理解できない時には、子どもたち同士でサンタル語を用いて、補足しあっているとのことだった。この教師は児童の第二言語で初等教育を行うことの難しさに言及し、母語を補助的に使わせた方が高い学習効果が期待できるのではないか、との見解を示していた。

160　第Ⅱ部 ● 海外の事例

　子どもや保護者に、第二言語であるヒンディー語で教科を学ぶのに困難はないのかと質問すると、ほぼ決まって「問題はない」との答えが返ってくる。しかし村のオル・チキ教室で学ぶ10歳くらいの子どもたちに、ヒンディー語とサンタル語のオル・チキ学習ではどちらが簡単かと尋ねると、「サンタル語」と即答した。理由を尋ねると、「自分たちのことばだから」とのことだった。この回答や、児童が授業中サンタル語を補助的に用いているという証言からは、Patanayak（2013）の主張するように、もし母語教育が行われていたら、教科内容が理解し易く、学習効果も上がる可能性も指摘できる。

　中等教育では、2名が英語、4名がヒンディー語と英語の2言語を教授用語とする学校に通い、あとの参加者は全員ヒンディー語の学校に通っていた。中等教育での三言語学習では、ヒンディー語、英語、サンスクリット語の三つの言語を学んだという回答のみで、母語も、またインドの他の地域の言語も学習していないことがわかる。

　2016年3月の調査時、サンタル語の表記法であるオル・チキ文字が学べるのは、NGOが運営する村の私塾であるオル・チキ教室のみで、調査参加者は「あまり読めない」または「全く知らない」という回答を寄せた人も多かった。これは、ヒンディー語の読み書きについて、一人を除いて全員が「とても流暢である」と回答しているのとは対照的である。一年に一度サンタル語の試験が行われ、オル・チキ教室に通っている生徒の多くが受験し、合格すると資格が取れるが、資格を取得しても職業機会などに直接つながるわけではなく、調査参加者でもオルチキ教室に通ったことのある人は約20％と少数だった。

　ジャールカンド州政府は、UNICEFの協力を得て、2016年4月にサンタル語を含めた五つの部族言語教育を、100％の児童が部族言語を話す学校の初等教育1〜2年生次に導入する計画で、前年の2015年からは新聞報道などもされていた（Hindustan Times, 2015 ; Newsgram, 2015 ; The Indian Express, 2016 ; The Telegraph, 2015）。しかし導入予定直前の3月半ばの本現地調査では、教育関係者でも部族語教育の開始について具体的に理解している人はなく、実際に予定通り部族語教育が導入されるのかも不明だった。また同年9月に行ったフォローアップ調査でも、教育行政関係者間での意思疎通が十分でなく混乱しており、部族語教育の導入は先送りされていた。

4．考察・結論

　約650万の話者を持つサンタル語は話者数も多く、調査を行った地域では若い世代でも家庭内でサンタル語のみを話す人が大多数を占めており、話しことばとして世代間で伝わり保持されていると言える。農村地域では、Fishman（2001）の理想とする、言語はそれが使用される日常生活や儀礼といった文脈の中で、世代間で伝えられるべき、という主張に近い状態でサンタル語は伝承されている。人々の間からサンタル語に関して否定的な発言は聞かれず、部族のダンスや歌などを披露する文化行事も定期的に行われており、言語や文化に誇りを持っている人が多いことが窺がわれた。この点に関しては、部族言語をアイデンティティ形成において重要と考え、家庭内でのヒンディー語への言語シフトがほとんど見られない、というMohan（2004）の先行研究と一致している。

　しかし学校教育でのサンタル語の地位を見ると、初等教育での導入が進まず、調査地では初等教育での母語教育は行われていなかった。アンケートや聞き取りからは、学校では生徒同士サンタル語で話すことがあるとのことだったが、教師とサンタル語で会話をするとの回答はなく、またサンタル語を学校で話すと教員から注意を受けると話す子どももいた。Pattanayak（2013）の研究では、約40％の生徒が教員と部族語で話すことがあると回答しているのと比較すると、本調査参加者の学校では、部族語に対しての寛容性が低いのではないかと推測される。また県内別地域では、少ないながらも9、10年生で部族語を選択できる学校もあるとの話だったが、調査参加者で部族語を中等教育で学んだ者はなく、調査地での三言語教育は、政府の掲げる理念とはそぐわない状況となっている。さらに現地調査で聞かれた、ヒンディー語よりも母語であるサンタル語学習のほうが簡単だという子どものことばや、授業内容が理解できない時には児童同士がサンタル語で教えあっているという教師の証言は、第二言語を通じた初等教育の是非について議論する際に重要である。彼らの証言は、Jhingran（2009）、Mohan et al.（2010）やPattanayak（2013）が論ずるように、第二言語を通じた教育が部族の子どもの教科内容の理解を阻み、学習の足かせとなっている可能性を示唆している。初等段階での学習の遅れは、学業不振、中途退学

162 第Ⅱ部 ● 海外の事例

にもつながり、職業機会など、将来にわたって不利益ともなりかねない。

　憲法にも記された、子どもの母語教育を受ける権利に関する条項と、学校教育での実践との間との矛盾は大きく、その解消には困難が伴っている。現状では部族語が話せる教師や、部族語教育のための教員訓練の機会が少なく、実際に部族語教育を進めるとしても、それが障壁となる可能性がある。Mishra（2010）によると、部族語が話せる初等教育の教員は、最も多いサンタル語話者でも 1120 人である。州内のサンタル族人口が 240 万人ということを考慮すると、部族語を話せる教師の数はあまりにも少ない。部族語教育を導入する際には、同時に部族語を話せる教師の採用・養成、そのために州政府が財政負担をし、積極的な役割を果たすことが必要なのは言うまでもない。

　部族語教育導入計画について、地元の人々の間に十分な情報が与えられていないことへの不満の声も聴かれた。これは自分たちのことばの教育という、部族の人々にとって非常に重い意味を持つ事柄が、必ずしも当事者たちの声を十分反映しながら議論されていない可能性を表している。現状は May（2012）の主張する少数者の「自己決定権」の保障とも、インド政府が重視し、ジャールカンド州も推進する SSA（万人のための教育）に明記された、「共同体がオーナーの教育」の理念にもそぐわない様相を呈している。ジャールカンド州は、豊かな部族文化や言語を州の特徴として、多様な文化を推進するとしているが、理念に実際の施策を追いつかせることが、文化的な多様性を尊重するだけではなく、少数者の子どもたちの教育の権利を守り、部族と主流派の間にある言語的、社会経済的な不平等を解消するためにも重要である。

　調査当時、村の人々たちはサンタル語の読み書きをコミュニティの部族語教室で学んでいた。多くの教室には公的な支援がなく、民族文化運動を推し進める NGO と、それに共鳴する村在住のサンタル族有識者の協力によって運営されていた。ただ調査で出会った若い世代も村の有力者も、オル・チキ教育に対する態度には個人差が大きく、村の有力者たちの中でも部族語教育よりも、ヒンディー語主流派の教育・社会制度の中で成功することを重視する人もいた。サンタル語教育への関心は、部族言語の地位の低さと相関関係があるのではないかと推察される。アンケート結果から、サンタル語は家庭内のような私的領域でのみ話され、公的な領域で話されるヒンディー語との間には、少数者言語

と主流言語の間に見られる、典型的な階層関係があることがわかる（Fishman, 2001；Mohan, 2004）。また一部の学校ではサンタル語の使用が禁止され、それが幼い頃から言語間の階層意識を植えつけているとも考えられる。部族語が公的領域から排除されていることが、サンタル語学習の意義が低く見積もられる傾向につながり、サンタル語文字の普及や学習の動機付けにも影響を与えていると推察される。

　サンタル族と一口に言っても地域や年代によって多様性に富み、今回の調査のみから一概に結論めいたことを述べることは難しい。アンケート調査参加者は、特定地域に住む中等教育や高等教育を修了し、公務員や国営鉄道会社への就職を目指す若い世代が中心だった。サンタル族の中等・高等教育就学率を鑑みると、学校教育制度の中で成功した特殊なグループとも言える。今後は子どもや非識字者も多い中高年世代、また初等教育や中等教育の途中で学校を離れた人々も含めた広範な地域での比較調査や、言語政策に関わる人々への聞き取りも含めた詳細な調査が求められる。ジャールカンド州では今日、部族語教育をめぐる状況が大きく変化しようとしている。州政府の方針に対し、教育現場での部族語教育について、どのような問題が導入を阻んでいるのか、どのような解決法があり得るのか、引き続き注目していく必要がある。

注

1　もっとも現在の英国、スペインなどの例を挙げるまでもなく、「近代的国民国家」概念が誕生したと言われる西ヨーロッパでも多言語や同化圧力は偏在し、「近代的国民国家」思想そのものが、ヨーロッパの実情を反映して発展したものではないとの批判がなされている。

2　ヒンディー語は、インドで最も多くの人が母語としている言語だが、主に北インドで話されていることばで、南インドでは話さない人も多い。植民地時代に英領だった影響で、南インドでは英語の方が共通語として流通しており、国家としてヒンディー語に加え、英語をもう一つの公用語として使用している。

3　植民地時代から、西洋のミッショナリーによるキリスト教改宗の働きかけが盛んで、部族の人々の間では、キリスト教徒の割合が高いと言われる。

参考文献

アンダーソン、ベネディクト（白石さや／白石隆訳）（1997）『増補版　想像の共同体

164 第Ⅱ部 ● 海外の事例

——ナショナリズムの起源と流行』NTT 出版

長田俊樹（1994）「インド東部におけるアーディーワーシーの戦い」内藤雅雄編『解放の思想と運動』明石書店、367 〜 410 頁

—— （2001）「オル・チキ文字」河野六郎／千野栄一／西田龍雄編著『世界文字辞典』言語学大辞典・別巻、三省堂、206 〜 212 頁

鈴木義里（2001）『あふれる言語、あふれる文字——インドの言語政策』右文書院

野沢恵美子（2015）「インドにおける言語と学校教育——社会流動性と格差の再生産」杉野俊子／原隆幸編著『言語と格差——差別・偏見と向き合う世界の言語的マイノリティ』177 〜 199 頁

藤井毅（1999a）「インドにおける固有名の位相——歴史の中の多言語・多文字社会」『ことばと社会』1 号

—— （1999b）「現代インドの言語問題——言語権の保証とその運用実態」『ことばと社会』2 号

ブルデュー、ピエール（立花英裕訳）（2012）『国家貴族——エリート教育と支配階級の再生産 Ⅰ・Ⅱ』藤原書店

Abbi, A. (1995) "Small Languages and Small Language Communities: Language Contact and Language Restructuring: A Case Study of Tribal Languages in Central India." *International Journal of Sociology of Language*. 116: 175-185.

Bourdieu, P. (1973) "Cultural Reproduction and Social Reproduction." In *Knowledge, Education, and Cultural Change*, edited by Richard Brown, London: Tavistock.

Brass, P. R. (2005) *Language, Religion and Politics in North India*. Lincoln: iUniverse.

Churchill, S. (1996) "The Decline of the Nation-State and the Education of National Minorities." *International Review of Education* 42(4): 265-290 .

Crystal, D. (2014) *Language Death*. Cambridge: Cambridge University Press.

Das Gupta, J. (1990) "Language Planning and Democratic Becoming." In *Language Policy and Political Development*, edited by Brian Weinstein. New Jersey: Ablex Publication Corporation.

Devy, G., Geoffrey, N. Davis, V. and Chakravarty, K. K. (2016) *The Language Loss of the Indigenous*. London: Routledge .

Ethnologue: Languages of the World (n. d.) http://www.ethnologue.com/language/SAT (Retrieved on September 1, 2016).

Fishman, J. (2001) "Why is it so Hard to Save Threatened Language." In *Can Threatened Language Be Saved?: Reversing Language Shift Revisited A 21ˢᵗ Century Perspective*, edited by Joshua A. Fishman. Clevedon: Multilingual Matters Ltd. 1-22.

Garcia, O. and Schiffman, H., with Zachariah, Z. (2006). "Fishmanian Sociolinguistics: 1949 to the present". In *Language Loyalty, Continuity and Change: Joshua A.*

第 7 章 ● インドの部族言語の教育　　**165**

Fishman's Contributions to International Sociolinguistics. edited by Ofelia Garcia, Rakhmiel Peltz and Hal Schiffman Clevedon: Multilingual Matters, pp. 3-68.

Government of India (2001a) Census of India.

―――― (2001b) Census of India: Jharkhand: Data Highlights: The Scheduled Tribes: Census of India 2001.

http://censusindia.gov.in/Tables_Published/SCST/dh_st_jharkhand.pdf

―――― (2005) "National Council of Educational Research and Training 2005."

http://www.ncert.nic.in/rightside/links/pdf/framework/english/nf2005.pdf

(Retrieved on September 2, 2016)

―――― (2011) Chapter 6 State of Literacy.

http://censusindia.gov.in/2011-prov-results/data_files/india/Final_PPT_2011_chapter6.pdf

―――― (2013) Statistical Profile of Scheduled Tribes in India 2013.

―――― (2016a) Ministry of Tribal Affairs.

http://www.tribal.nic.in/Content/AnnualReportsOtherLinks.aspx

http://lawmin.nic.in/olwing/coi/coi-english/coi-4March2016.pdf (Retrieved September 9, 2016)

―――― (2016b) National Policy on Education 2016: Report of the Committee for Evolution of the New Education Policy.

http://nuepa.org/NEW/download/NEP2016/ReportNEP.pdf

―――― (n. d.) The Constitution of India.

Government of Jharkhand (n.d.) Official Website of Government of Jharkhand.

http://www.jharkhand.gov.in/ (Retrieved on July 29, 2017)

Hamid, M. O., Nguyen, H. T. M., and Baldaulf, R. B. Jr. (2014) *Language Planning for Medium of Instruction in Asia*. London: Routledge.

Hembrom, G. B. (2016) "Symbolic power, nation-state and indigenous language: A sociological analysis of tribes in central India." In *The Language Loss of the Indigenous*. edited by Devy, G. N. Geoffrey V. Davis, and K. K. Chakravarty. London: Routledge, 7-19.

Higham, R. and Shah, A. (2013) "Affirmative action and political economic transformations: Secondary education, indigenous people, and the state in Jharkhand, India." In *Focaal—Journal of Global and Historical Anthropology* 65: 80–93.

Hindustan Times (2014) The Nuclear graveyard: To 'light up' our homes, some lives are falling into 'darkness' (Feb 23, 2014) (Retrieve on September 20, 2016) http://www.hindustantimes.com/india/the-nuclear-graveyard-to-light-up-our-homes-some-lives-are-falling-into-darkness/story-awJRdBkcjIznurkKFG9WpN.html

―― (2015) Tribal Students in Jharkhand can Now Learn Hindi, Maths in Mother Tongue (November 24, 2015) (Retrieve on April 9, 2017) .

http://www.hindustantimes.com/ranchi/tribal-students-in-jharkhand-can-now-learn-hindi-maths-in-mother-tongue/story-vkd56eYEBVh5xBrN5fjQiM.html

Jhingran, D. (2009) "Hundreds of Home Language in the Country and Many in Most Classrooms: Coping with Diversity in Primary Education in India." In *Social Justice through Multilingual Education*, edited by Tove Skutnabb-Kangas, Robert Phillison, Ajit K. Mohanty, and Minati Panda. Bristol: Multilingual Matters, 263-282.

Khubchandani, L. M. (1983) *Plural Languages, Plural Cultures: Communication, Identity, and Sociopolitical Change in Contemporary India*. Hawaii: An East-West Center Book.

―― (1994) "'Minority' Cultures and Their Communication Rights." In *Linguistic Human Rights: Overcoming Linguistic Discrimination*, edited by. Tove Skutnabb-Kangas and Robert Phillipson. Berlin: New York: 305-315.

Krishnamurti, Bh. (1998) *Language, Education and Society: Language and Development*—Volume 7. New Delhi; Sage Publications.

Majumdar, K., (2016) "Text, Subtext and Context of Indian Culture in the Developmental Paradigm of Globalization." In *The Language Loss of the Indigenous*. Edited by Devy, G. N. Geoffrey V. Davis, and K. K. Chakravarty. London: Routledge, 20-33.

Mawdsley, E. (2002). "Redrawing the Body Politic: Federalism, Regionalism and the Creation of New States in India." *Commonwealth & Comparative Politics*, 40:3, 34-54, DOI: 10.1080/713999602.

May, S. (2012) *Language and Minority Rights: Ethnicity, Nationalism and the Politics of Language, Second Edition*, New York: Routledge

Mishra, A. K. (2010) *Tribal Languages and Tribal Language Education at Elementary Level in India*, New Delhi: Lakshi Publishers & Distributors.

Mohan, S. (2004) Tribal Identity and Acceptance of Hindi: A Sociolinguistic Study of Tribals in Jharkhand. Ph.D. Dissertation.

Mohanty, A. (2008) *Multilingual Education in India, Encyclopedia of Language and Education, 2nd Edition, Volume 5: Bilingual Education*, edited by Jim Cummins and Nancy H. Hornberger. New York: Springer, 165-174.

Mohanty, A., Panda, M., and Pal, R. (2010) "Language Policy in Education and Classroom Practices in India: Is the Teacher a Cog in the Policy Wheel?" In *Negotiating Language Policies in Schools: Educators as Policymakers*, edited by Kate Menken and Ofelia Garcia. New York: Routledge: 211-231.

Nag, S. Panda, M. Mohanty, A. K. and Manocha, S. (n.d.) Resources for Multilingual

第 7 章 ● インドの部族言語の教育　　**167**

Education in India. (PDF)

http://nmrc-jnu.com/nmrc_img/Resources%20for%20Multilingual%20Education%20
in%20India.pdf (Retrieved on September 21, 2016)

Newsgram (2015) Now Students of Primary Classes in Jharkhand to Study in Mother Tongues (November 15, 2015) (Retrieve on April 9, 2017) .

http://www.newsgram.com/now-students-of-primary-classes-in-jharkhand-to-study-in-mother-tongues/

Nozawa, E. (2012) Education, Empowerment, and Gender in Transitional Society: A Case Study in Villages of Rural India. Ph. D. Dissertation.

Ol Chiki (Primary Course): *Study Material: Second Edition* (2013) Jamshedpur: Jaher Aayo Semled.

Pasha, M. K. (2000) "Liberalization, State Patronage, and the 'New Inequality' in South Asia." In *Critical Perspectives on Globalization and Neoliberalism in the Developing Countries*, edited by Richard L. Harris & Melinda J. Seid. Leiden: Brill.

Pattanayak B. (2013) *Language Diversity in Jharkhand: A Study of Sociolinguistic Pattern and it's Impact on Children's Learning in Jharkhand*. Ranchi: JTWRI.

Phillipson, R., Rannut, M. and Skutnabb-Kangas, T. (1994) "Introduction." In *Linguistic Human Rights: Overcoming Linguistic Discrimination*, edited by Tove Skutnabb-Kangas, Robert Phillipson. Berlin: Mouton de Gruyter: 1-22.

Ramanathan, V. (2005) *The English-Vernacular Divide: Postcolonial Language Politics and Practice*. Clevedon: Multilingual Matters.

Sonntag, S. K. (2002) "Minority Language Politics in North India." In *Language Policies in Education: Critical Issues*, edited by James W. Tollefson. New York: Routledge: 165-178.

The Hindu (2017) Tribal Communities in Odisha are Speaking up to Save Their Dialects. June 4, 2017.

http://www.thehindu.com/todays-paper/tp-miscellaneous/tp-others/tribal-communities-in-odisha-are-speaking-up-to-save-their-dialects/article18716515.ece
(Retrieved on July 29, 2017)

The Indian Express (2016) Jharkhand school books to go local.

Tribal students to start with text in own languages. January 16, 2016.

http://indianexpress.com/article/india/india-news-india/jharkhand-school-books-to-go-local/ (Retrieve on September 2, 2016)

The Telegraph (2015) Governor, tribal textbooks in sight- Ethnic kids of Classes I & II to open new page next year November 27, 2016 .

http://www.telegraphindia.com/1151127/jsp/jharkhand/story_55256.jsp#.
V-NhfjX31_n (Retrieved on September 19, 2016)

168　第Ⅱ部 ● 海外の事例

Tollefson, J. W. (2002) "Introduction: Critical Issues in Educational Language Policy." In *Language Policies in Education: Critical Issues*, edited by James W. Tollefson. New York: Routledge: 3-16.

United Nations (2008) *United Nations Declaration on the Rights of Indigenous Peoples*.
http://www.un.org/esa/socdev/unpfii/documents/DRIPS_en.pdf (Retrieved on September 1, 2016)

Valdiviezo, L. A. (2010) "'Angels make things difficult': Teachers' interpretations of language policy and Quechua revitalization in Peru." In *Negotiating Language Policies in Schools*, edited by Kate Menken and Ofelia Garcia. New York: Routledge: 72-87.

World Conference on Linguistic Rights (1996) *Universal Declaration on Linguistic Rights*. Barcelona.

第III部

第三の道へ

第 8 章
言語は中立か
英語の経済的・社会的優位性についての一考察

田中富士美

> **Language is never neutral.**
> (Paulo Freire, *Pedagogy of the Oppressed*)

はじめに

　世界中にある数多くの言語のうち、現代の最先端の科学技術に用いられる言語はほんの一握りである（三浦、2009）。先端の科学技術や学術を引導する人々や強い権力を持つ人々が存在したその時代や場所の言語がその覇権をもつ言語として広大な力を持ち、古代からそれは変遷を見せてきた。近代では18世紀からフランス語、ドイツ語、そして19世紀には英語が覇権を持っていく（三浦、2009）。

　今日、ある国や地域においては英語の習得がより良い仕事を得るため、より豊かな生活のため、そして社会的向上のための最初の手段となり得る状況がある。そのような場合、英語は社会的優位性を持つことになる。言語がもつ経済力を示す言語総生産（Graddol, 2000）が数値で示すように、経済的優位性を英語

第8章 ● 言語は中立か　**171**

英語の広まりを示すカチュールの三心円

The Expanding Circle

China, Egypt, Indonesia, Israel, Japan, Korea, Nepal, Saudi Arabia, Taiwan, USSR, Zimbabwe

The Outer Circle

Bangladesh, Ghana, India, Kenya, Malaysia, Nigeria, Pakistan, Phillipinens, Singapore, Sri Lanka, Tanzania, Zambia

The Inner Circle
UK, USA, Canada, Australia, New Zealand

（Kachru, 1992）

が抱える背景も存在する。以下の三つは、英語の優位性を説明する際に用いられる大枠であると考えられる。

「国際共通語としての英語」——英語によるグローバルコミュニケーションの多くは非母語話者間で行われており、母語話者とは異なる方法で意味交渉を行う。母語話者による規範や正確性は無関係である（Seidlhofer, 2004）。

「優勢言語」——ある一つの言語が突出した地位を得れば、その言語の元々の話者が社会的、経済的に有利な立場におかれる。それはひとえにその優勢言語の言語能力に優れているからとされる（Grin, 2003）。ここでの「言語」は現代の優勢言語となった英語を意味する。経済力との因果関係は優勢言語に優位に作用し、話者である英語のネイティブスピーカーが特権を享受することなる（Garcia & Mason, 2009）。

「言語は富である」——言語は手段であるから価値ではない。しかし言語は価値を有する。お金の所有と同じように言語の所有は個人の活動の場を広げて豊かにする可能性を含んでいる（クルマス、1993）。

英語の広まりを示すカチュールの三心円では Inner Circle（中核円）にある英語のネイティブスピーカーは 約3億5000万人、Outer Circle（外郭円）にある英語の ESL 使用者（かつての植民地やコモンウェルスなど英語を公用語、国内共通語としている国）は約13億人、そして Expanding Circle（拡大円）の英語を教育

言語として扱い使用する国の人口を合わせると約18億3000万人、単純計算すると合計は約35億人（Kachru, 1992）、実際の英語使用者に絞ってみてもその人口は20億人に及ぶ（本名、2006）と言われている。つまり、ネイティブスピーカーの数をはるかに凌ぐ人口の英語使用者が存在していることになる。Crystal（2004）によれば、英語が世界70カ国以上の国で公用語や第二習得言語として特別な地位にあり、国際機関の85%、欧州機関の99%が英語を業務遂行用語としている。Modiano（2001）Seidlhofer（2005）は、英語はネイティブスピーカーからノンネイティブスピーカーへ一方通行の言語ではなく、ネイティブスピーカーとノンネイティブスピーカーの架け橋となっている、あるいはグローバル言語として国籍の違うノンネイティブスピーカー間のコミュニケーション言語となっており、英語は国際共通語（リンガフランカ）として Public Property（公共の所有物）（Modiano, 2001）であるとしている。

　さらに Jenkins（2009）によれば、Expanding Circle、拡大円（Kachru, 1992）の国々において社会的にあるいは職業の事由での英語使用が他の言語を母国語とする人々によって多くなされてきた。特にビジネスの世界においては社内公用語としての役割を担うケースが非常に多い。Zaharia & Lolescu（2009）によれば、ルーマニアと EU 加盟国との貿易において英語が経済上の大変重要な要素となっている。北欧では国境を越える合併事業などで英語が共通語となっている（Louhiala-Salminen, Charles & Kankaanranta, 2005）。ルーマニアのように経済発展を望む国では英語が媒介手段として機能する場合、それが「強い経済利益」（Zaharia & Lolescu, 2009）を求める傾向を持つものであることが少なくない。また、2016年イギリスの EU 脱退前後、英語を公用語から外す議論が持ち上がっていたが、アイルランドとマルタの英語母語話者1000万人を含むヨーロッパの人口4億9000万人のうち1億8200万人が実際的な英語使用者であること、業務遂行文書の英語使用率が高いこと、EU 内の94%の高校教育で英語教育が行われていることなどから公用語として、さらには優勢言語としてもとどまることとなった（*Financial Times*, 2017.6.2）。

　日本も例外ではない。国内の市場の縮小と消費の低迷下で日本企業は国外でのビジネスの機会を広げることを模索し続けている。グローバリゼーションの

第8章 ● 言語は中立か　**173**

中、企業にとっては海外展開が必須であり、国際共通語として機能している英語でのビジネス運用を可能にしなければならない。政府の「英語が使える日本人」（文部科学省、2002）、「グローバル人材とは」（文部科学省、2012）に提起されている内容においてもその一端が垣間見える。

　英語が媒介言語として機能する場合は、元々の英語話者の所有する文化は包蔵されていない。しかし、そのような様相を見せてはいても、英語の広範な普及はその言語を用いる元々の共同体の経済力、政治力だけでなく、文化力にもよるもので（三浦、2009）、優勢言語となり中立を保てない。

　本章では、英語を母語とも公用語ともしない Expanding Circle（拡大円の国）である中欧のオーストリア、中東湾岸のアラブ首長国連邦、日本の大学生が英語の優位性について、どのような認識と態度を持つかの調査を交え、英語の経済的・社会的優位性とは何であるのかを考えながら、英語が我々にもたらす意味について考察を展開していきたい。

1．英語の社会的・経済的優位性という見方

（1）国際共通語としての英語

　英語の国際的な役割の考え方は「English as an international language（EIL）、国際語としての英語 」（Jenkins, 2000）、「English as a lingua franca（ELF）、国際共通語としての英語」（Seidlhofer, 2011）、「English as a global language、グローバル言語としての英語 」（Crystal, 1997）などが挙げられる。また「world Englishes、世界諸英語」（Kachru, 1992）は、英語の広まり、英語変種の生成と英語の多様性を見る。

　「国際共通語としての英語（English as a lingua franca）」はその中で、比較的新しい概念である。異なる母語を持つ話者同士が唯一の共通するコミュニケーション手段として英語を使用し、英語が共通語の概念を持つことである。英語は史上かつてない言語状況にあり、グローバルな次元へ到達し、その国際的な用途へと形作られていっている（Seidlhofer, 2011）。そして英語がグローバルに普及した結果、現出したことのうち主要なものは、この言語が現代社会におけ

174　第Ⅲ部 ● 第三の道へ

る国際コミュニケーションの卓越した手段になっている点であり（アーリング、サージェント、松原訳、2015）、英語は新たに成立したグローバル社会にある多数の領域を超えて主要なコミュニケーションの手段として機能し、英語の母語話者の所有物ではもはやなくなっている（バートレット、原・杉野訳、2015）。

（2）優勢言語

　ある一つの言語が突出した地位を得れば、その言語の元々の話者が社会的、経済的に有利な立場におかれる。それはひとえにその優勢言語の言語能力に優れているからとされる（Grin, 2003）。

　この優勢言語という考え方は英語にあてはめて議論されている。鳥飼（2010）はこのように主張する。英語が完全に普遍語化し、世界中が英語で話すようになることは、一見便利なように思えるが、多様性が欠如した社会や文化は、生態学的には脆弱であり持続可能とはなりえない。英語が共通語になれば英語を母語として使う人々が圧倒的に有利になることは間違いない。英語以外の言語を母語としている人々、例えば日本語を母語として生まれ育った人間は、絶対的に不利になる。英語が普遍的な共通語となる現実の背後には、英語で話せない人々が沈黙を余儀なくされ周辺に追いやられる、というもう一つの現実がある（鳥飼、2010）。また、国際社会での力関係が公用語を決める好例であり母語使用の権利を巡っての議論を呼ぶ興味深い事例として、次のように述べている。

　　「会議通訳」という国際会議での通訳が始まったのも、英米の首脳が母語である英語の使用を主張したからである。1919 年、第一次大戦後のヴェルサイユ講和会議で、これまで通り外交用語であるフランス語を使用することに対し、英語しか話せない英国のロイド・ジョージ首相と米国のウィルソン大統領が強硬に反対し、英語を使用言語とすることを求めたのだ。……中略……英語を使用言語とすることは英米側を政治的に利することが明らかである為、フランス代表のクレマンソー首相は抵抗し……通訳者が英語―フランス語を通訳することになった。……中略……200 年にわたる国際舞台におけるフランス語の覇権が終了した歴史的な出来事であった。

　　　　　　　　　　　　　　　　　　　　　　　　　　　　　　（鳥飼、2010）

第8章 ● 言語は中立か　175

表1　英語普及パラダイムと言語エコロジーパラダイム

英語普及パラダイム	言語エコロジーパラダイム
1．単一言語主義と言語抹殺	1．多言語主義と言語的多様性
2．支配言語の引き算的な（少数言語を犠牲にする）学習の促進	2．足し算的な異言語・第二言語学習の促進
3．言語的、文化的メディア帝国主義	3．コミュニケーションの平等
4．アメリカ化と世界文化の均質化	4．諸文化の維持と交流
5．グローバル化と国際化のイデオロギー	5．ローカル化と交流のイデオロギー
6．資本主義、階層化	6．経済の民主化
7．科学と技術に基づいた合理化	7．人権のパースペクティブ、全体的、包括的な諸価値
8．近代化と経済的効率、量的成長	8．多様性の促進による持続可能性、質的成長
9．超国家	9．地域の生産物や国家主権の保護
10．二極化及び持てる者と持たざる者の格差拡大	10．地球の物質的資源の再配分

（津田 1993、トーヴェ・スクトナブ＝カンガス 2000 in 津田 2003）

　そして、これが津田（2003）による「英語支配」、Phillipson（1992）の「言語帝国主義」の考え方に結びつく。優勢言語となって強い力を持つ英語を通して、新しい精神構造が植え付けられる（Phillipson, 1992）、それは多くの場合、英語とその文化、人々、国々を礼賛する精神構造であり、同時に自分の言語、文化、人々などを軽視、蔑視するものである（津田、2003）、とする主張である。津田は「英語支配」への対抗理論として「ことばのエコロジーパラダイム」を発表している。表1はスクトナブ＝カンガスによるこの二つの理論のまとめである。

（3）言語は富である

　「言語は富である」——言語は手段であるから価値ではない。しかし言語は価値を有する。お金の所有と同じように言語の所有は個人の活動の場を広げて豊

かにする可能性を含んでいる（クルマス、1993）。言語経済学を認知させたクルマスの「ことばの経済学」は社会言語学と経済学の重なる部分の研究から、「言語の価値」「多言語世界の諸費用」「ことばの勢力拡大を決定する経済因子」「言語の経済性」といった項目を考察するものである。「言語は富である」すなわち「英語は富である」を言語経済学において検証している。これに対し、大石（2005）は「英語帝国主義に抗する理念」の中で、クルマスの主張は前項にある「英語支配」の考え方に合致するものであるとしている。

2. 日本における英語の経済的・社会的優位性とは

(1)「英語が使える日本人」「グローバル人材の育成について」

　以下は文部科学省が 2002 年に提示した「「英語が使える日本人」の育成のための戦略構想の策定について」、および、その 10 年後の 2012 年の提言である「グローバル人材の育成について」からの抜粋・引用である。

　　　経済・社会等のグローバル化が進展する中、子ども達が 21 世紀を生き抜くためには、国際的共通語となっている「英語」のコミュニケーション能力を身に付けることが必要であり、このことは、子ども達の将来のためにも、我が国の一層の発展のためにも非常に重要な課題となっている。
　　　　　　　（「英語が使える日本人」育成のための行動計画、文部科学省、2002）

　　　グローバル化が進展している世界の中で、主体的に物事を考え、多様なバックグラウンドをもつ同僚、取引先、顧客等に自分の考えを分かりやすく伝え、文化的・歴史的なバックグラウンドに由来する価値観や特性の差異を乗り越えて、相手の立場に立って互いを理解し、更にはそうした差異からそれぞれの強みを引き出して活用し、相乗効果を生み出して、新しい価値を生み出すことができる人材。
　　　世界的な競争と共生が進む現代社会において、日本人としてのアイデンティティを持ちながら、広い視野に立って培われる教養と専門性、異なる

言語、文化、価値を乗り越えて関係を構築するためのコミュニケーション能力と協調性、新しい価値を創造する能力、次世代までも視野に入れた社会貢献の意識などを持った人間。

（グローバル人材の育成について、文部科学省、2012）

「「英語が使える日本人」育成のための行動計画」は 2002 年、第一次小泉純一郎内閣時に提言された。この 3 年前の 1999 年、小渕恵三首相のもとで「21 世紀日本の構想」懇談会が発足する。このときの懇談会議事録をまとめた「21 世紀日本の構想　日本のフロンティアは日本の中にある──自立と協治で築く新世紀」の「第 6 章　世界に生きる日本」に、「国際対話能力（グローバル・リテラシー）のために」という項目があり、ここではこう強調される。

　　国際化の進行とともに、英語が国際的汎用語化してきたが、インターネット・グローバリゼーションはその流れを加速した。英語が事実上世界の共通言語である以上、日本国内でもそれに慣れる他はない。第二公用語にはしないまでも第二の実用語の地位を与えて、日常的に併用すべきである。国会や政府機関の刊行物や発表は、日本語とともに英語でも行うのを当然のたしなみとすべきである。

（「21 世紀日本の構想」懇談会、1999）

「「英語が使える日本人」育成のための行動計画」にある「経済・社会等のグローバル化が進展する中、子ども達が 21 世紀を生き抜く」の文言は、この 1999 年の議論にある「英語が国際的汎用語化」であるからその言語をもってして、経済・社会を渡って生き抜けということになる。懇談会の報告書にはこうも提言されている。

　　日本語はすばらしい言語である。日本語を大切にし、よい日本語を身につけることによって、文化と教養、感性と思考力を育むべきは言うまでもない。だが、そのことをもって外国語を排斥するのは、誤ったゼロ・サム的な論法である。日本語を大事にするから外国語を学ばない、あるいは日

本文化が大切だから外国文化を斥ける、というのは根本的な誤りである。日本語と日本文化を大切にしたいなら、むしろ日本人が外国語と他文化をも積極的に吸収し、それとの接触のなかで日本文化を豊かにし、同時に日本文化を国際言語にのせて輝かせるべきであろう。

（「21世紀日本の構想」懇談会、1999）

2012年の「グローバル人材の育成について」もここに触れられている日本語、日本文化、日本人としてのアイデンティティの保持についてが含まれている。具体的に教育現場でこれらと高度な英語教育をどう相乗させていくか様々な議論があるが、どのように考究していけばよいのだろうか。

（2）3都市の大学生の意識調査より

　ここでは、2012年から2013年にかけて東京、ウィーン、ドバイの大学生、計145名に行った研究データをもとに、日本の若い世代と他のそれぞれの地域の若い世代の英語使用の背景において、英語に対してどのような意識を持ち、社会的優位性と経済的優位性を捉えているのか比較を試みる。この3都市は、英語使用に関しては先に示したカチュールの三心円においては拡大円に属するという共通項を持ち、英語が「国際共通語としての英語」の形で使用される地域である。大学を中心とする高等教育の歴史については、ウィーンを首都に持つオーストリアは訪問したウィーン大学が国内最古の650年余り、日本は日本の大学最古の東京大学の創立が140年前である。ドバイを首都とするUAEの大学教育の歴史は浅く40年程であるが、主要国立大学を10年ごとに設立し、それぞれに国際的な評価を上げてきた（和氣、2011）。

　この調査においてウィーン、ドバイの2都市は2012年に大学を訪問、ウィーン大学教授バーバラ・サイデルホッファ先生[2]、ザーイド大学教授ピーター・ハッサル先生[3]の全面的な協力を得た。訪問中、現地の先生方、博士課程学生、学部学生と交流をもち、調査の主旨を説明し依頼、質問項目を関係する先生方に送り事前に精査してもらい、ドバイに関しては学内の倫理委員会の審議にかけていただく経緯を得た。2013年末までに、それぞれの大学の先生方が学生にQuestionnareを配付し、授業の教室内で書いてもらう方法をとり、筆者は郵送

でこれを受け取った。

オーストリアの言語政策

　オーストリアはドイツ語の国家レベルの単独公用性を持つ国（ドイツ、リヒテンシュタイン、オーストリア）の一つである。ドイツ語を公用語とする国はイタリア（南チロル）、スイス、ドイツ、ベルギー（東部ドイツ語地区）リヒテンシュタイン、ルクセンブルク、オーストリアとなっている（高橋、2010）。オーストリアは1995年にEU加盟、その前年の1994年にはオーストリア・ドイツ語検定試験を制定しオーストリア変種の国際的周知をねらい、以後、スイス、ドイツの標準変種も入れ、複中心地性を強調するなど、ドイツ語使用にも独自の言語政策を適用している。EU内での作業言語とEU公用語であるドイツ語をEUの国際的な場で使用するか、EU中心言語である英語・フランス語を使用するかはドイツ語の平等性をめぐり政府内で意見が分かれているが、EU公務員レベルでは英語の使用を優先し英語使用には積極性をもつ。外国語教育は、小学校からの英語教育とプラス第二外国語教育を進めている（高橋、2010）。永世中

母語以外で自身の成長とキャリアに最も役に立つ言語（2言語選択）
オーストリアのデータ　EU Special Eurobarometer 243, 2006

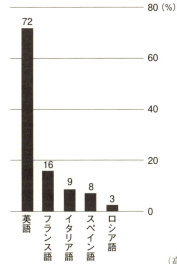

（高橋、2010をもとに筆者作成）

180 第Ⅲ部 ● 第三の道へ

立国の立場をとりながら、国連に加盟し、シェンゲン協定などヨーロッパの地域的機関の全ての協約内にいるオーストリアは言語の寛容度も広く大きいようである。また EU Special Eurobarometer 243, 2006 におけるオーストリアのデータによると、母語以外で自身の成長とキャリアに最も役に立つ言語は英語の認識が高い。

アラブ首長国連邦の言語政策

　アラブ首長国連邦（以下 UAE と記す）は、1968 年に 20 万に満たなかった人口が、2011 年には 600 万ほどに膨れ上がり、急成長を遂げている国である。600 万の人口のうち、首長国のアラブ人（エミラティ、Emirati）は 2 割ほどで、大多数は、インド、パキスタン、バングラデッシュ、フィリピン、スリランカ、イラン、そしてその他のアジアやアラブ国の人々である。1971 年にアブダビ、ドバイ、シャールジャ、アジュマーン、ウンム・アル＝カイワイン、フジャイラの各首長国が集合して、連邦を建国し、1972 年、ラアス・アル＝ハイマが加入して、7 首長国による連邦となった（Hassal、竹下／田中訳、2011）。このような 200 以上とも言われる国からの人が集まる環境で、英語が国内共通語の様相を見せている（斎藤、2010）。

　ドバイの労働市場は概ね下図の 6 層に分けられる。

　上層の政府関係者はエミラティが占めているが、経営管理者、中間管理職にはいわゆる欧米人の占める割合が多い。そこにエミラティの数を増やし、経済を動かしていくことが期待されており、英語運用力が問われることとなる。

　UAE は国策として、大学が創立され始めた当初から大学教育を英語で行うことを選択してきているが、*The National UAE*（2010 年 10 月）が「英語で学ぶことはローカルアイデンティティを弱体化させる」とし、国の 2010 ～ 2020 年の教育戦略においても「エミラティ教育者の増強とアラビア語での教育を支持」と、アラブ語による高等教育待望論も起きている（田中、2015）。大学教育の叡智をアラブ語で構築するという議論は起きて当然であろう。

　調査にあたった国立ザーイド大学は 1998 年、建国の父、故ザーイド・ビン・スルターン・アル・ナヒヤーン殿下（元アブダビ首長）の名をとり、エミラティ女性の女子大学としてスタートした。アラブ首長国連邦の将来が安全で発展的

ドバイの労働市場層

公務員（政府関係者）

経営管理者
経営スペシャリスト

中間管理職

一般ホワイトカラー
（事務・営業職など）

技術労働者
（秘書・ドライバーなど）

一般労働者
（単純作業・ハウスメードなど）

佐野（2009）をもとに筆者作成

であるために必要な知識と能力を備えた男女のリーダーの育成に向けて、革新とインスピレーションと教育に焦点を当てた展望を抱いている（ハッサル、竹下、田中、2011）。UAE の大学では必修のアラビア語学とイスラム宗教学以外の授業は全て英語で行われる。女性のリーダーシップ育成、起業家育成に国をあげて取り組んでいるため、それらに関する討論会はしばしば開かれ、女子学生同士で積極的な討論が展開されている（松原、2011）。

　故ザーイド・ビン・スルターン・アル・ナヒヤーン殿下は「国の発展には女性の高等教育が肝要」としていた。現在ではザーイド大学は女子学生、男子学生、そして留学生も合わせ 19 カ国約 6000 人が在籍しているが（和氣、2011）、時間帯をずらしたカリキュラムにより男女の学生がキャンパス内で同空間に同席しないシステムをとり、エミラティの伝統を守っている。教員の国籍は多岐にわたるが、英語圏が中心となっている。またテクニカルエンジニアや事務職員もエミラティ以外の国籍のものが占めている。これはエミラティの人材がまだ育って間もないからということであった（田中、2015）。

ウィーン大学、1365年創立のドイツ語圏最古・最大の大学である
（筆者撮影）

ザーイド大学ドバイキャンパス （筆者撮影）

調査対象

ウィーン（オーストリア）
　University of Vienna / Universität Wien 学部生　言語学専攻 24 名
　Vienna University of Economics and Business　学部生 21 名（計 45 名）

ドバイ（アラブ首長国連邦）
　Zayed University（英語話者の教員を招聘、教育言語は英語、生活言語はアラビア語）
　学部生　情報通信、心理学、インテリアデザイン、マルチメディアデザイン、国際関係、ビジネス、会計学、グラフィックデザイン専攻　59 名

東京（日本）
　2016 年 3 月までの勤務校　学部生　英文、仏文、児童心理専攻　41 名

調査結果

質問項目①
English belongs to UK, US, Canada, New Zealand and Australia (Inner Circle Nations).
英語は英語を母国語としている国のものである。

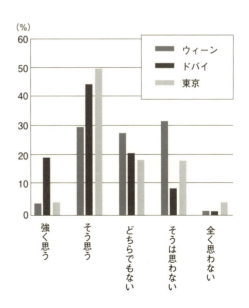

質問項目②
English is recognized as a lingua franca (a language for international or transnational communication).
英語は国際言語（国際共通語）として認識されている。

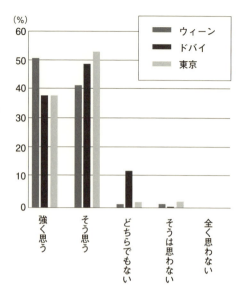

質問項目③
English proficiency helps to communicate with a wider population.
英語を使える能力はより多くの人々とのコミュニケーションに有用である。

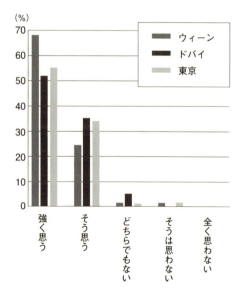

質問項目④
English speaking/writing ability makes it possible to share our messages with more people in the world.
英語を話し、書く能力は世界のより多くの人たちとメッセージをシェアしあうことを可能にする。

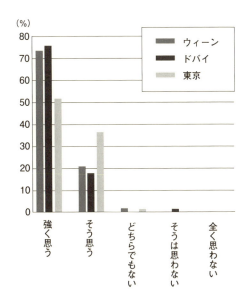

質問項目⑤
I use SNS (facebook, myspace, twitter and others) in English.
SNSに英語で書くことがある。

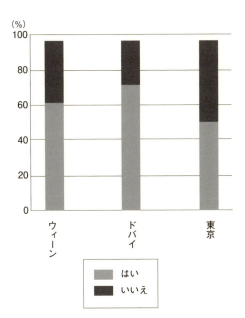

質問項目⑥

I use English to communicate with non-native English speakers.
非母語話者と英語で話すことがある。

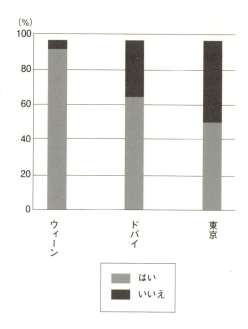

質問項目⑦

English as lingua franca in business in the world, FOR or AGAINST.
世界におけるビジネスで英語が共通言語となることに賛成か反対か。

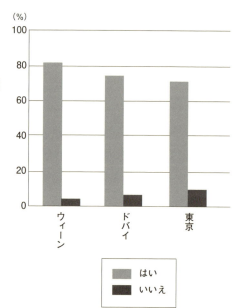

質問項目⑧
If a group of people comprising mainly *Austrian/Emirati/Japanese also includes one or more NNS or NS English speaking foreigners, everybody should speak English.
自国の母語話者のグループにひとりふたり英語の非母語話者あるいは母語話者の外国人がいた場合そこでは英語で話すのが妥当である。
*調査対象により異なる。

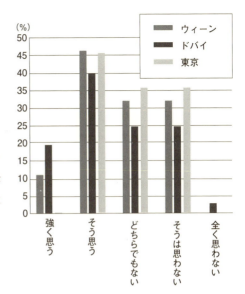

質問項目⑨
I feel strange to see a group of *Austrian/Emirati/Japanese speak only English amongst themselves.
自国の母語話者のグループで英語で会話がなされていた場合違和感をおぼえる。
*調査対象により異なる。

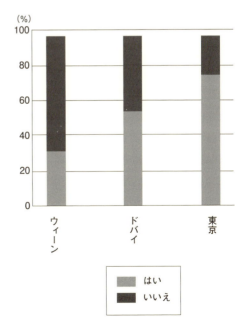

質問項目⑩

I am interested in a job opportunity which requires English skill.
英語能力を求められる職業に就くことに興味がある。

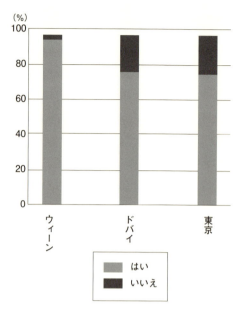

質問項目⑪

I will need to use English regardless of whether I like it or not, doing business in the future.
将来就職したあといずれにせよ英語を使う必要性があると思う。

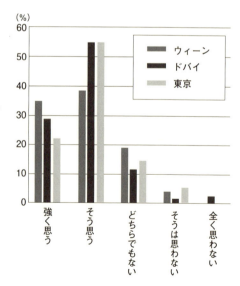

第8章 ● 言語は中立か　189

質問項目⑫
If I have some facility in English, it is beneficial and advantageous for better job opportunity.
英語能力を持っていることは職を得るために有利であり有益である。

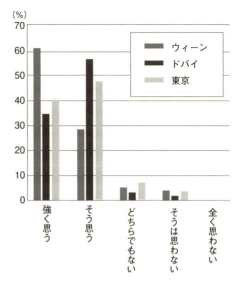

質問項目⑬
English proficiency helps to climb the social ladder or to get economic advantage.
英語能力をもっていることは経済的優位性をもち社会的地位を得ることに役立つ。

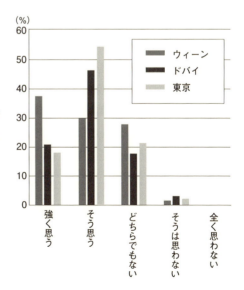

質問項目⑭
My English ability is adequate for working in those circumstances which has social and economic advantages.
私の英語能力は13の質問のような場で活かすに十分である。

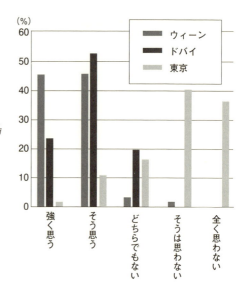

質問項目⑮
My English proficiency is sufficient for working worldwide.
私の英語能力は世界的規模で働くに十分である。

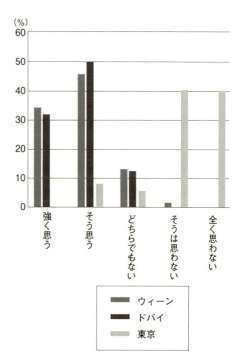

第8章 ● 言語は中立か　191

（3）質問項目への回答から

　調査質問項目②に関して、「国際共通語としての英語」の認識がどの地域にも高く見られる。このことは、それぞれの地域において外国語教育の中軸に英語がおかれていること、そして質問項目⑥の「非母語話者と英語で話すことがある」の比率が高く示されるように、「国際共通語としての英語」の定義を満たす英語が身近に存在することが考えられる。これらに関連して、質問項目③～⑤の実際の英語使用においてもその手段としての有用性の功の部分への比率が高い。質問項目⑧、⑨は英語使用の日常への浸透の深浅を推し量ることが可能であろう。日本、UAE、オーストリアの順に母語使用への引張が大きい。質問項目⑩、⑪は職業を得てからの英語使用の度合についてであるが、どの地域も概ね同じような数値になっている。⑫、⑬はこの章の主題となっている項目であるが、どの地域も数字の上では70％強が同意している。これについては後述したい。⑭、⑮は自身の英語力の自己評価と言える。日本人の自己評価の消極性もしくは謙虚さも含む結果であろうが、日本の学生がその自信のなさを数字に表している。この点を質問項目⑧と合わせて見ると、英語使用はその対象者が存在しない場合は躊躇する割合が高くなるという日本人の結果と比例する。対してオーストリア、UAEはその割合が低くなり、⑭、⑮の質問における自身の英語力の評価は高くなる。さらなる調査研究を必要とするが、この傾向は英語を「優勢言語」と考え、自己のうちに「劣等意識」が生じることとそうではないことの差である可能性も考えられる。

　オーストリア、UAEの数値については先に述べたそれぞれの国の大学教育、言語政策、英語教育、そして言語と経済の関わりが少なからず反映された結果となっている。日本の状況は前項で述べた点と、次の項で論究する流れの中にある。

（4）「英語公用語化論」、「社内英語公用語化論」

　政府の「英語が使える日本人」、「グローバル人材の育成について」提言がなされていた時期、日本においては「英語公用語化論」が議論され、「社内英語公用語化論」が起きた。

　「英語公用語化論」は過去1世紀の間に度々起きているが、直近のそれは

2000 年、当時朝日新聞論説委員だった船橋洋一による「あえて英語公用語論」
であった。これについての様々な反論について、尾崎（2005）は、背後にある
イデオロギーは、経済効率第一主義、経済の国際化優先主義というプラグマ
ティックな資本主義イデオロギーである。同時に、「日本は国際政治経済社会に
おいて、まだまだ前進できるはずである。この国の底力からみれば、国際社会
で、もっと優位にたてるはずである」という経済ナショナリズムである、とま
とめている。

　これに関連して、言語道具主義という見方がある。これは国と個人の両レベ
ルにおいて、英語の熟達度に応じて経済的利益が得られるとする主義である
（久保田、2015）。経済の国際化と競争社会の新自由主義の原理は、人が労働市
場に赴くときに自身に能力をつけてその商品価値を高め、より経済的に優位な
立場に立つものであるが、その能力には IT の能力と同じようにコミュニケー
ション能力が包含される。英語能力と経済的利益の関係性はこれまでも先行研
究がそれを示してきた。つまり、言語道具主義と新自由主義は相応しているも
のと考えられる（久保田、2015）。前項の質問項目⑫、⑬においてのそれぞれの
地域の学生の認識にも、こういった社会背景を意識してか、あるいは無意識に
か、それが表れている。

　こうして、英語は国家を超えた政治的・経済的つながりのリンガフランカと
して使用されている一方で、科学、技術、ビジネス、学術などの領域でもグ
ローバルコミュニケーションの道具として使用されている。そのため英語能力
は国家・個人双方のレベルにおいて、多種多様な状況における個人的、社会的、
経済的発展に貢献できる資源とみなされることがよくある（アーリング、サー
ジェント、松原訳、2015）。

　日本に視点を戻すが、2010 年、楽天とユニクロ（ファースト・リテイリン
グ）の「社内英語公用語化」が示され、その後それに著名な企業が多く追随し
た。この「English as a corporate language」（企業内言語としての英語）の議論
については東欧や北欧でも先行研究がされている（Louhiala-Salminen, Charles &
Kankaanranta 2005; Zaharia & Lolescu, 2009）。伊藤（2016）は、知恵が英語以外
（日本語やドイツ語）でも蓄積されている自動車産業においては、日本はその体
幹をしっかり持ち続け、世界での地位を維持し続けているから問題ないが、現

在も、そしてこれからも、さまざまな産業で、知恵が世界中に分散し、国際語としての英語で蓄積されるようになっていく確率が高いと推測される（伊藤、2016）としている。

3．結びにかえて、および日本の英語教育への提言

英語の役割の再考を試みる。英語は世界語としての英語の社会的・政治的・経済的価値を持ち、世界諸英語における英語の多様な地域的な特徴と規範があり、言語帝国主義で強調される個人レベルから構造レベルにまで至る英語と英語以外の言語間の不平等も認識される。それに付随した英語話者と非英語話者との不平等、さらには言語の死と少数言語の消滅（久保田、2015）への影響があり、意識をもって省察すべき点である。これらはここまで見てきた「国際共通語としての英語」「優勢言語」「言語は富である」の中にあり、英語の経済的・社会的優位性に焦点が当たると再思されるべきものである。だが、ここで一つ分けて考えておかなくてはならない点もあり、英語の経済的・社会的優位性を不本意ながら「利用」しなくてはならない状況も存在する。Mufwene（2010）は、生態的、文化的、言語的多様性に富んではいても経済的に貧しい国々が、金融的解決策の限られている中で国民の人権を守りながら、かつその言語権を守りながら教育や文化的領域で自分たちの言語を使用できる道を探れるか、また、言語というものを人類の役に立てるための道具とみなす捉え方があっても不自然ではないと述べている。つまり、貧困にあり大きな経済発展と開発が望まれる地域にあっては、その地域の言語のみでは教育や文化も国民の生活を守れるものは得られず、英語へのアクセスによってのみそれが可能になるという現状がある。

その一方、斎藤（2007）によれば、主要先進国と言われる国の言語状況では、それぞれ単一の強力な言語を有していることがわかる。モノリンガルの安定した母語能力を有するからこそ、政治・経済・文化において繊細な議論ができるとする。日本で育ち、日本語を操る者は、その思考は習得した日本語によるものである。その思考力を深甚なものにするためには日本語の力が大変重要であ

る。そのためには、母語能力をいささかも損なうことなく、できればそれをさらに高めた上で、共通語としての利便性の高い英語を技術として運用する能力をどこまで引き上げられるか（斎藤、2007）が重要ではないか。「（2）3都市の大学生の意識調査より」で触れた日本の大学生の調査結果からは、共通語としての英語への意識は高く、その利便性や優位性についての認識も持っているが、運用能力を満足なほどに高く反映できていないとするもので、この点が数値として現れた結果と見てとれる。母語における思考の上に重ね合わせる英語運用能力の構築は、英語の運用能力そのものを発達させる教育だけではなく、言語意識（Seidlhofer 2004, Kubota, 2016）教育を、英語教育に運用していくことにより、英語の「取扱い方」と英語と母語の「振合」を個々が判断できるようにしていくことを進め、その言語習得の意味を深く知ることが肝要であろう。

　人間が外国語を学ぶ究極の目的は、言語も文化も異なる他者と意思疎通を図り、平和的に共存するためであろう、と江利川（2016）は『英語と日本軍』の中で述べている。相手の言語を理解することで、その人々やそれに関わるものを知り、防ぐことができたであろう戦争やテロがある（江利川、2016；鳥飼、2010）。言語教育、特に国際共通語としての英語教育においては、唯一の規範として英語にのみ注目するのではなく、英語を越えて、越境コミュニケーションに必要な意識や態度そして技能をどのように育むのかを考える必要がある（久保田、2015）。相手との差異を認め、その背景にある文化や生活、考え方を理解しようと試みた上で自身を知ってもらおうとする努力をする力を備え、そしてそれを伝えている言語そのものが持つ意味をも認識した上で、その言語を運用しコミュニケーションを図る力を備えることが望ましいと言えるだろう。

　これまで見てきた中で、英語が汎用言語となり媒介言語としての役割を果たしているからといって言語の社会的な在り方は中立であるとは言えない。しかし、言語習得が資本主義的、政治経済的な豊かさを得る手段となり得ているのは事実である。人々の智や暮らしを豊かにするために、その言語のもつ不平等を乗り越えていけるのかを思議することは、外国語教育の重要な一つの側面であると言えるだろう。

注

1 言語が持つ経済力を示す言語総生産 GLP（Gross Language Products）は 1995 年、英語、日本語、ドイツ語、スペイン語、フランス語、中国語、ポルトガル語の順に多かった（Graddol, 2000）。2012 年は英語、中国語、スペイン語、日本語、ドイツ語、アラビア語、フランス語の順になっている（エコノミスト 2014）。

2 バーバラ・サイデルホッファ（Dr. Barbara Seidlhofer）、ウイーン大学教授。English as a Lingua Franca 研究の世界的第一人者。

3 ピーター・ハッサル（Peter Hassall）、ザーイド大学教授。イギリス生まれ、ニュージーランド国籍、英語教育が専門。UAE での英語教育のため ESSC Extremely Short Story Competition を考案。50 語丁度で書く極めて短いストーリーを英作文の授業と課外活動で実施。インターネット上で公開。学生の創造性と ESSC が描き出す世界は文化やアイデンティティを反映した英語表現を引き出し、非常に興味深い。現在 ESSC は数カ国で実施され、日本では青山学院大学、本名信行名誉教授によって 2006 年度から 2012 年度まで日本「アジア英語」学会が実施した。

4 エミラティ（Emirati）は UAE National とも呼ばれる UAE 人。UAE の元々の国民で、現在は国の総人口の 25% 程。

参考文献

アーリング、エリザベス・J ／サージェント、フィリップ（松原好次訳）（2015）「英語と開発」アーリング、エリザベス・J ／サージェント、フィリップ編（松原好次監訳）『英語と開発』春風社

伊藤清道（2016）「アジアに展開する企業が "TOEIC B 級以上 " を係長昇進要件とすることの是非」基調講演レビュー、田中富士美編「日本「アジア英語」学会ニューズレター」第 44 号

　http://www.jafae.org/file/010-news_letter/newsletter44.pdf

江利川春雄（2016）『英語と日本軍──知られざる外国語教育史』NHK ブックス

大石俊一（2005）『英語帝国主義に抗する理念──「思想」論としての「英語」論』明石書店

尾崎哲夫（2005）「英語公用語論に関する一考察（A Study of Advocacy of Making English the Official Language）」『外国語教育フォーラム』第 4 号、関西大学外国語学部

久保田竜子（奥田朋世監修）（2015）『グローバル化社会と言語教育──クリティカルな視点から』くろしお出版

クルマス、フロリアン（諏訪功／菊池雅子／大谷弘道訳）（1993）『ことばの経済学』大修館書店

斎藤憲二（2010）『株式会社ドバイ──メディアが伝えない商業国家の真実』柏艪舎

斎藤兆史（2007）『日本人と英語──もうひとつの英語百年史』研究社

佐野陽子（2009）『ドバイのまちづくり──地域開発の知恵と発想』慶應義塾大学出版会

高橋秀彰（2010）『ドイツ語圏の言語政策』関西大学出版部

田中富士美（2015）「第8章 アラブ首長国連邦（UAE）ドバイにおける英語と経済──UAEナショナル／エミラティの女子大生の意識調査に基づく報告」杉野俊子／原隆幸編『言語と格差』明石書店

津田幸男（2003）『英語支配とは何か──私の国際言語政策論』明石書店

バートレット、トム（原隆幸／杉野俊子訳）（2015）「リンガフランカとしての英語使用による地域の「声」構築」、アーリング、エリザベス・J／サージェント、フィリップ編（松原好次監訳）『英語と開発』春風社

鳥飼玖美子（2010）『「英語公用語」は何が問題か』角川書店

日本政府21世紀日本の構想懇談会（1999）「21世紀日本の構想 日本のフロンティアは日本の中にある──自立と協治で築く新世紀」「第6章 世界に生きる日本（第1分科会報告書）」

http://www.kantei.go.jp/jp/21century/houkokusyo/index1.html

本名信行（2006）『英語はアジアを結ぶ』玉川大学出版部

松原直美（2011）「女子大生の生活」細井長編著『アラブ首長国連邦（UAE）を知るための60章』明石書店

文部科学省（2002）『「英語が使える日本人」の育成のための戦略構想の策定について』

http://www.mext.go.jp/b_menu/shingi/chousa/shotou/020/sesaku/020702.htm

──（2012）「グローバル人材の育成について」

http://www.mext.go.jp/b_menu/shingi/chukyo/chukyo3/047/siryo/__icsFiles/afieldfile/2012/02/1 4/1316067_01.pdf

三浦信夫（2009）「覇権言語の興亡──科学伝搬を例に」木村護郎クリストフ／渡辺克義編『媒介言語論を学ぶ人のために』世界思想社

和氣太司（2011）「大学の制度と現状」細井長編著『アラブ首長国連邦（UAE）を知るための60章』明石書店

Crystal, D. (1997) *English as a Global Language*, Cambridge University Press

── (2004) *The Language Revolution*. Polity

Garcia, O. & Mason, L. (2009) Where in the World is US Spanish? Creating a Space of Opportunity for US Latinos. In Harbert, W. et al. (eds.) *Language and Poverty*. Multilingual Matters

Graddol, D. (2000) *The Future of English?* The British Council

Grin, F. (2003) *Language Policy Evaluation and the European Charter for Regional or Minority Languages*. Basingstroke: Palgrave

Hassal, P. (2011) Facets of Emirati Women: Japanese/English ESSC E-Book 竹下裕子

／田中富士美編訳、アルクコミュニケーションズ（電子書籍 Amazon USA, Amazon UK, Amazon Germany）

Jack, A. (2017) The poverty of English in a post-British EU (*Financial Times*, 2017.6.2) https://www.ft.com

Jenkins, J. (2009) *World Englishes: a Resource Book for Students, 2nd edition*, London, UK, Routledge

Kachru, B. (1992) *The Other Tongue*. University of Illinois Press

Kachru, B. B., Kachru, Y., & Nelson, C. L. (eds.) (2006) *The Handbook of World Englishes*. Oxford: Blackwell

Louhiala-Salminen, L., Charles, M. & Kankaanranta, A. (2005) English as a Lingua Franca in Nordic Corporate Mergers: Two Case Companies. *English for Specific Purposes* 24 (4), 2005, pp. 401-421

Mufwene, S. S. (2010) The Role of Mother-tongue Schooling in Eradicating Poverty: A Response to Language and Poverty. *Language* (86) 4, December 2010, pp. 910-932

Modiano, M. (2001) Linguistic imperialism, cultural integrety, and EIL. *ELT Journal* 55/4 October 2001. Oxford University Press

Seidlhofer, B. (2004) Research Perspectives on Teaching English as a Lingua Franca. *Annual Review of Applied Linguistics* (2004) 24, pp. 209-239

―― (2005) English as a lingua franca: *ELT Journal 59/4* pp. 339-341

―― (2011) *Understanding English as a Lingua Franca*. Cambridge University Press

Phillipson, R. (1992) *Linguistic Imperialism*, Oxford University Press

Zaharia, A. M. & Lolescu, R. (2009) Globalization of English as a Corporate Language: *Annals of the University of Petroşani, Economics*, 9 (4), 2009, pp.329-334

第9章
脱グローバル化時代の語学教育
「母語＋英語＋第三の場所」の提案

杉野俊子

> Keep learning and help others.
> （座右の銘）

はじめに

　2017年3月のニューヨークタイムズの記事は、2017年2月17日に英国のトニー・ブレア元首相が欧州連合離脱を支持する英国民に翻意を促した演説を受け、このEU離脱（Brexitブレグジット）と米国のトランプ主義（Trumpism）の並行性の深さを指摘していた（Friedman, 2017）。両者の共通点は、二つの大戦後の安定化、繁栄、安全保障、民主主義と開放性という大規模なシステムを弱体化して国家主義の世界に戻す意図があるという理由で、この脱グローバル化と保護主義の傾向に記事は警告を鳴らしていた。

　一方、同時期に文部科学省の新学習指導要領案は、グローバル化や人工知能（AI）の発達などへの対応から授業の在り方を見直し、小学3年から英語を始めるための授業時間を増やし、「質も量も」を鮮明にすると発表した（朝日新

聞2017年2月15日）。歌やゲームなどを通じた「外国語活動」の開始を現行の小5から小3に早め、「聞く・話す」を中心に年間35コマ（週1コマ）をあてる他、小5からは「外国語活動」から教科書を使う正式な教科「外国語科」に格上げされ、年間授業時数は年間70コマに倍増すると報道された（朝日新聞2017年2月15日）。文科省はあくまで「外国語活動」と「外国語科」ということばを使っているが、ここでの要点は「外国語」は「英語」であり、「英語学習」はグローバル化への対応のためだということである。

　他方、多言語や多文化（平和主義）を言語教育の理念とする考え方もある。「多文化の中で民主的市民を支援する」「教育財の配分が基礎的学校教育においてはなるべく単一平等」を言語教育の理念としている現代アメリカの政治理論家マイケル・ウォルツァーや（小林、2010）、言語教育は「人格形成」と「恒久平和」がその目的の根底にあると主張している森住（2016）や、複言語主義、言語の多様性、相互理解、民主的市民の推進、社会的結束という理念に基づいて言語教育を行っている欧州連合（EU）（山本冴里、2013）などがその例である。

　日本の大学の理念はどうであろうか。多くの大学のホームページでは、グローバル人材育成に英語は必須アイテムだと謳っている。ホームページを読む限り、「グローバル人材（＝国際人）＝英語話者」という図式ができている印象を受ける。これは前述の小学校英語にも共通して、「外国語」は「英語」という先入観と同時に、「アジア人以外（主に白人）」は「英語話者」という考えを助長する要因になり得る。

　「グローバル人材」養成を目的として、すべて英語で教科を教える授業（content-based instruction）を提供している大学もあるが、一般的な英語の授業では、欧米型の論理的思考法の形式を学ぶ授業や、大学や企業から点数化された実績を求められるためTOEIC（Test of English as International Communication）の授業や基礎的な英会話の授業などを行っているのが実情である。
　以上からわかる傾向は、英語がグローバル化の下に行われている全学生対象の授業では、多言語教育は軽視されている。また英語ができる者とできない

者との格差が広がっている。英語に苦手意識を持っている学生は、英語でのコミュニケーションに自信を失い、「自分は英語が下手だし、英語が全然わからない」と劣等感を覚え、必修の英語の授業を縮こまって受講している。英語ができても「ネイティブ（ネイティブスピーカーの略：英語圏の英語母語話者）」と英語圏以外の英語話者（English users）との差別化の影響を受け、自信を失う場合もある。

　本章では、大学では豊かな教養教育、分析力、思考力の涵養を目的としているのに、「なぜ大学の英語教育は、教育理念からかけはなれて、スキルばかりを教える教育になるのか」「日本では生物の多様性は認めているのに、なぜ外国語の多様性を重視せず英語偏重になってしまうのか」を検証したい。「グローバル化＝国際化＝英語教育（スキル重視、格差の広がり、多言語教育の軽視、英語ネイティブ重視）」の図式に矛盾点を挙げながら論じていく。近年、特にグローバル化への反動が各国で見られる中、持続可能な道として「第三の居場所（人間力としての教養、教養としての外国語）」も示唆する。

1．矛盾1：現在の英語教育は大学の理念とかけ離れていないか

（1）大学教育と言語教育の理念

　学校教育、特に大学教育はどんな使命と理念を持っているか。1877 年に日本で最初に設立された東京大学は、その使命と教育理念を「世界的視野をもった市民的エリート」（東京大学憲章）を育成すること、そのためには、健全な倫理感と責任感、主体性と行動力を持っていることが期待され、教養課程における教養教育から可能な限り多くを学び、広範で深い教養とさらなる豊かな人間性を培うことが要求されるとある（濱田、2014: 19）。自学自習をモットーにし、自由の学風と創造の精神を育む学問の都を謳っている京都大学の目標の一つは、「現代の学生にとって、大学は単に知識を学ぶ場所ではない。インターネットを開けば、膨大な知識にすぐに接することができるからだ。大学とは、教員個人の考え方を通じて、世界の解釈の方法や、知識や技術を実践に移す方法を学ぶ

場所である。そのために、教員は学生にとってもっと魅力的な存在になる必要がある」とある（毎日新聞、2014）。

文部科学省は、高大接続改革の一環として、2015年8月に問題発見・解決力養成を目指したアクティブ・ラーニング導入と高校教員の質と数の改善が必須との方向を示した。また、知識・技能偏重、選択形式偏重の大学入試を改め、思考・判断・表現力を評価する記述式重視などの方針を打ち出した（鈴木、2016）。

また、2015～2020年頃までを想定した我が国の高等教育の将来像の中では、その理念を下のように述べている（文部科学省、2004）。

　大学は、学術の中心として深く真理を探求し専門の学芸を教授研究することを本質とするものであり、その活動を十全に保障するため、伝統的に一定の自主性・自律性が承認されていることが基本的な特質である。このような特質を持つ大学は、今後の知識基盤社会において、公共的役割を担っており、その社会的責任を深く自覚する必要がある。

他の多くの大学のホームページをまとめると、「理論的・科学的能力と実践的能力を統合」「柔軟な思考力と問題発見・解決能力のある人材の育成」「国際的視野」「論理的・科学的能力と実践的能力の統合」のような謳い文句を多く使っている。また、「日本人として 主体性を認識し、その上でグローバリゼーションに対応できる世界的視野で物事を捉え、創造的な知性と豊かな人間性を備えた人材を育成する」「伝統的文化を継承しつつ、豊かな心を育み、地球の平和を支える科学を創造することによって、社会の調和的発展に貢献する」などもある。

バブル景気の頃、教育課程審議会において改革の基本方針をまとめた第一次答申（1985年6月）に出されたものは、理念としての「個性重視原則」である。広田（2015）は「もしも、経済が順調で、上下の格差が小さく、誰もが似たような条件下で人生の選択をし、その選択における失敗が生存を危機にさらすような社会であったら、理念としての『個性重視の原則』は妥当だったかもしれないが、公教育の中に差異を作りだしていく方向の教育制度改革は、その後

202 第Ⅲ部 ● 第三の道へ

次々と制度化されて、格差・不平等や貧困の問題が浮上しつつある現代社会の中で、その格差や不平等をそのまま反映しかねない、あるいはその世代的再生産を正当化してしまいかねない教育制度改革が進められている」と警告している（pp.2-3）。

渡部（2015）もまた、1960年代に国立大学におけるアカデミズムの権威主義に反発して起きた学生運動の後、理工系中心の国立大学体制と私大の事業拡大路線はその後も変わりなく続き、そこでは相変わらず高度経済成長に呼応した「発展・競争・効率」を重視する価値観を前提として学教育が行われ、日本の大学としてどのような「知」や「学び」を目指していくのかという議論の余地はほとんどなかったと述べている（p.7）。渡部はそこで、成熟社会の大学教育において、学生自身の「主体的な学び」を取り戻すためには、「大学」を学生が「楽しく学ぶ場所」、「夢をもって日々学ぶ場所」に変えて行かなければならないと提案している（p.107）。

（2）スキル重視の英語教育

それでは、そのような使命や理念は実際の大学の語学教育、特に英語教育の中で生かされているのだろうか。「大学は今日より良い生活のためのパスポートだ、良い生活というのは経済的な目的のための教育に焦点を当てすぎている」とCovaleskie（2014）も批判しているように、公的な機関の言語教育の場合、多くは、「シラバスに記されているように、コミュニケーションのための『使う』という目的」、つまり言語運用能力の養成が中心となっている（山田、2011）。PhippsとGonzalez（2004）は、スキル習得に偏り、様々な専門科目との組み合わせ可能になった外国語科目を「まるで商品棚に並んでいる商品のように扱われている」と皮肉って表現している（山田、2011：212に引用）。

英語の機能をコミュニケーションのためだけと関連付けることは世界主義者（全世界を国際的にする）のことばのあやであり、彼らが規範的とする目標は内在的な「言語単一主義＝アメリカの場合は英語」であり、言語の多様性は逆に円滑なコミュニケーション（easy communication）の障害になることを前提としているとMay（2012）は主張している（p.218）。

第9章 ●脱グローバル化時代の語学教育　　203

　英語だけで授業を行っている一部の大学を除いては、習熟度別のレベルに合わせて教材や教授法を選ぶことが多い。そのような場合、教師の多くは初級レベルの教科書を選ぶ。そのような教材は、日常生活、たとえば時間・食べ物・趣味などや、欧米圏の文化を簡単に紹介するものが多い。学生の聞く・話す能力に主に合わせると、この選択は間違っているとは言えないし、簡単な教科書が教師の熱心さに比例するわけではない。しかし、話すことや聞くことは弱点になっていても、辞書を引けばある程度難解な文章を読める学生にとっては、このような知的刺激の少ない授業はやる気喪失につながりかねない。外国人講師の場合、主に話す力を身につけるように大学側から要求されるのだが、その時も簡単な内容の英会話を行う。皮肉な事に、学生の満足度は高度な思考力を要求する授業より、後者の方が「楽しかった」と授業評価が高いのは、知的な刺激はなくても通じることの喜びと、労せず良い成績をとれる傾向があるからだろうか。

　また、理系の学生は企業から要求されているからと、TOEIC に特化した授業を選択ではない必修科目で行う場合がある。これならば、語彙力、文法力、リスニング力が上がるという利点があるからだ。しかし、このような授業はあまりにも標準化、画一化、マニュアル化されたもので、松尾（2010）が言うところの、「教師の技能が奪われ（脱技能化）、教育のダイナミックさが失われていく」結果になる。なぜならば、このような授業は、学年や授業目標にもかかわらず同じ TOEIC の教材を印刷して教え、解答の選択肢の採点をするだけで、文化的や歴史的な背景を説明する必要もないからである。

　習熟度別で初級のレベルのクラスになっても、工夫次第で共働タスク（社会問題についての資料収集、英語に直す、グループで発表する）を通して、柔軟な思考力と問題発見・解決能力のある人材を育成できる可能性は十分ある。安易にスキルだけを強調する授業は、「理論的・科学的能力と実践的能力を統合」「柔軟な思考力と問題発見・解決能力のある人材の育成」の理念とはほど遠いので、再考を要する。

（3）「英語は英語で」の授業

一般に、「英語で授業すれば、英語力が育つ」と考える傾向にある。成田（2013）は、そういうことを言い出す人に限って、中学校以降に英語を学び始めた一般の日本人が、実務に使えるほど英語をしっかり習得しようとすればどれだけ膨大な時間と努力を要するかを、自分で体験していないからだと指摘している。「『英語で授業を行う』には、文法・語彙力はもとより、発音の知識と訓練を受けて、口頭運用も相当慣れていなければならないが、その条件を満たす実力を備える教師は二割に満たないのだろう」と言っている（成田、2013：20）。「「使える英語プロジェクト」[1]があるが、初めから英語力が相当高い生徒を対象に、いわばエリート教育する企画になっているから、英語だけを使う授業は可能だけれど、一般の生徒は置きざりにされ、授業の崩壊、入試での合格率の急激な低下など弊害が顕著になる」と警告している（成田、2013：21）。

山田（2011）も、言語運用能力のスキル習得だけで希望の英語能力を得ることができるならば、「大学」という教育機関でなくてもよいのではないかと明言している。山田（2011）は、大学の教育目的は専門科目や語学など教養教育の枠組みを超えた、大学の全体像につながってくるものなので、教育の全体像の構成部分である「どんな語学」、そしてどんな「スキル」が必要かという順に定まってくるべきものだと論じている。

2．矛盾2：平等であるはずの教育（英語）は格差を作っていないか

（1）国内の場合

高等学校のみならず、英語だけで授業を行っている大学や学部が増加している。たとえば、秋田県立の国際教養大学、早稲田大学国際教養学部、大分の立命館アジア太平洋大学（半分英語）等がある。しかし後者の二校でも専門分野を英語だけで学んでいるわけではない。東大の場合、よりグローバルにという観点から、学生の語学能力やそれと連動すべき積極的な表現力や行動力の育

成、関連する知識の涵養や国際経験の機会の拡大といったことが課題になるので、全ての学生の基本的な英語能力の強化という意味では、英語で提供される授業はさらに増えているが、全授業が英語で行われているわけではない（濱田、2015：23）。

前述のマイケル・ウォルツァーは、日本の小学校の長所として、低学年では全ての生徒が同じように教育され、生徒たちがみな同じペースで学ぶという民主的な点が高く評価できると述べている（ウォルツァー、山口訳、1999）。しかし、これも最近では親の経済力との関係が問題になっている。

例えば、塾などにかけられる費用が8倍の差があるなど、親の収入格差が子どもの学力格差になっている（朝日新聞 2016 年 10 月 14 日）。英語教育に関して、毎日（あるいは最低週に一日）英語だけで幼児教育を行っている幼稚園は、2001年の 18 園から 2008 年の 293 に増えていて、その 70％以上が年間 60 万円の授業料がかかるので、親の収入が英語の格差（English divide）を作る原因になっている（Kubota, 2011）。中学受験を目指そうとする親子にとって、小さい時から培われてきた英語力か受験勉強に時間と労力をかけるかという「小4の壁」と呼ばれる選択を迫られる場合もある（今村、2016）。しかし、小学校で英語が必修化され、今後は大学入試でも英語を「話す力」が問われるようになると、ますます子どもに「使える英語」を身につけさせようと「英語熱」が増すであろう。その時に、習得に時間がかかる語学は親の経済力が関係してくるというのは、小学校英語導入時に予想のつくことなので、一つの教科でそれ程の学力差がつかない対策を国単位で考えるべきであろう。

（2）国外の場合

国家戦略として「優秀さ」と「平等」を目標として、アメリカは以下のような教育改革を推し進めた。

> アメリカ教育改革は、近年スタンダードとアカウンタビリティーに基礎をおいてきた。それは、一方で、産業界のモデルに由来するスタンダードを基にした教育システムの組み換えであり、他方で、価値の多様化する社会において、スタンダードとなる共通した正統な知識や技能を確立していこ

206 第Ⅲ部 ● 第三の道へ

うという動きでもあった。テスト成績によって結果責任を問う一方で、学校や教師に教育実践の柔軟性を保証し、互いに競い合わせることで、自由競争を促し学力向上を図るという市場原理が導入されている（松尾、2010：8-9)。

　これはあくまで理想であって、移民など英語低学力者（Limited English Proficiency: LEP）やエボニックという独特の黒人英語を話す者が密集している地域では、教育の質や英語能力が低いため学力テストで常に低い平均点を示している（杉野、2013)。そのため、義務教育である高校の卒業率は州と人種・民族によって異なる。2011 ～ 12 年の公立高校の卒業率は歴代 1 位の 80％で、白人の 86％に対して、アフリカ系では 69％、ヒスパニック系は 73％となっている。一番差が大きいワシントン DC では、全体 59％、白人 86％、黒人 58％、ヒスパニック 54％、アジア系が 74％になっている（Governing DATA)。アメリカでは、もともと英語ができない子ども達の学力を向上するために学力テストを使用して、教育改革は逆に教育格差を広げる負のスパイラルを生みだす結果になっている（杉野 2013)。

　また、英語圏以外の国で英語に堪能な人は、その堪能さを獲得あるいは保持できる文化・経済・社会的な優位性を持っているので、その英語力と優位性を使って植民地時代から続く特権を持った社会経済地位を保っていこうとしている（Phillipson, 2003)。英語を話さない人は世界の人口の 3 分の 1 を占めることからもわかるように、ナイジェリアやケニヤのようなアフリカの英語圏の国でも英語を駆使する人口（エリート層）は 10％に満たない（Philiipson, 2003)。
　このように、世界では英語が社会階層を広げる原因になっていることが多々あることを学生に周知させる「言語政策」のような授業も大事である。

（3）在日外国人の言語選択の際の格差

　前述のように、2020 年度から小学 5・6 年生の英語が「外国語活動」から教科に格上げされ、3・4 年生においては従来の 5・6 年生用の「外国語活動」が実施されることが決められているが、この「外国語活動」は英語活動ととらえ

られることがほとんどである。

「所得の多い家庭の子どもの方が、よりよい教育を受ける傾向」を6割の親が容認しているという記事は、日本の公立小中に子どもを通わせている日本人の親に調査した結果である（朝日新聞2013年3月21日）。これは、筆者が2001年より研究している日本在住の日系ブラジル人の親が子どもの教育言語を選ぶ時にも同じような傾向が出ている。それは単純に日本語か（彼らの母語の）ポルトガル語かの選択だけではない。特に日系ブラジル人の親の所得が少ない場合は、以前は無理をしてでも公立の学校より授業料が3～4倍のブラジル人学校（塾形態）に通わせる親が多かったが、最近は授業料が安い日本の公立学校に行く数が増加している。それ自体は問題ではないが、母語喪失や親との意思疎通の困難さやセミリンガル（日本語もポルトガル語も中途半場）という問題を生みだしている。

専門職に就いている所得の多いブラジル人の場合は、彼らの子どもを学校言語が英語のインターナショナル・スクールで勉強させ、補習校などでポルトガル語を勉強する場合が多い。

日本国内の外国人学校は2007年12月の時点で221校に達する。221校を大別すると、民族学校が188校（85.1%）、国際学校は33校（14.9%）になっている。その内、欧米・南米系が138校（62.4%、ブラジル人学校95校を含む）、アジア系が83校（37.6%）である（朴、2008：7）。インターナショナル・スクールの学校言語は英語で、通常幼稚園から高等学校までの課程があり、生徒たちの出身家庭は、「海外駐在員の外国人」「海外駐在員ではない外国人」「日本人」の3種類に分かれ、年間160万～250万円の高額な学費を自己負担する必要がある（平田、2013；朴、2008）。

最近は、外国人学校に通わせる日本の家庭が増えている。日系ブラジル人の多い愛知県、静岡県などはブラジル人学校が多いにもかかわらず、選択肢にはブラジル人学校は入っておらず、インド人学校を含めた主に言語価値の高い英語で授業を行うインターナショナル・スクールあるいは中華学校を選択する。

国際結婚した夫婦で、子どもをインターナショナル・スクールに通わせる選択をした家庭の特徴は、①経済資本が高く、②夫婦ともに自分の母語以外の国（多くの場合、配偶者の母国）にかなり長期間滞在した経験を持ち、③外国人配偶

者が全員欧米出身の英語話者である。この「欧米出身の英語話者」という文化資本は、日本社会で最大限に活用されている（山本、2012：143）。

2013年10月にインタビューした日系二世のブラジル人女性教員 は、「ブラジル人のエリートの人は白人が多く、大使館や領事館の人で、日系の人とは交流がない。日系の人でも銀行、会社員、医者の人がいる。旦那さんが日本人だと日本に住んで、ポルトガル語を子どもに教えていない人もいる」と答えてくれた。

日本では言語的に英語あるいは英語話者に価値を見出している。それはまた、相手の出身国によって日本語能力を要求するという日本人の行動にも表れている。欧米圏の言語を話す者は、知的労働者として優遇され、日本語能力を要求されることは少ない。日系ブラジル人も、2008年のリーマンショック以前は労働者として働いている限り、特に日本語は要求されることはなかったが、2008年以降は就職の際になんらかの日本語の能力を要求されるようになった。

佐久間（2011）は、日本では、外国人問題と多文化共生について頻繁に使われる文言は、人種・階級差別的であると言明している。つまり、問題化された外国人の存在と、それゆえ「共生」の対象とされている人々は、全ての外国人が対象ではなく、非欧米圏のしかも日本よりも経済的に遅れている出身国の人々が暗黙の内に想定されているからだ（佐久間、2011：73）。

3．矛盾3：英語の拡散が生む（今さらの）ネイティブ信奉

日本社会に「英語至上主義」「英語信奉（英語崇拝）」「ネイティブ信奉」が蔓延するようになったのはいつごろだろうか。ひとくちに英語と言っても実に多様であり、その多様性は World Englishes と English が複数形で考えられているほどだ（仲、2016；杉野、2016）。ネイティブと呼ばれている人たちも、人種や出自や教育歴などが実に様々であることは、日本人（日本語のネイティブ）が実に（方言などを含めた）多様な日本語を話すことを少し考えればわかるはずだ。しかし、英語のネイティブというと「正しい英語」、「美しい発音」を話す「（白人の）アメリカ人」であり、日本人は自分達の英語はネイティブの人を超える

ことができないと考えてしまいがちだ。「英語が下手ですみません」と卑屈な態度をとったり、英語圏以外の人の「訛り」のある英語は聞きたくないというような態度をとったりするのは避けるべきである（杉野、2016）。仲（2016）も、相手の用いる英語に対する寛容な態度を伴わなければ、英語は私達を相手と結びつけるどころか、分断する道具にもなると警告している。

4．矛盾4：グローバル化＝英語化によって国際人が増えているのか

「国際化」と「グローバリゼーション」は異なる概念である。「いかなる行為者やその集団といえども、グローバリゼーションとその影響を制御することはできない。しかしながら、国際化はグローバリゼーションにより社会や組織に課された多くの要求に対応するための戦略であり、高等教育においては学生たちをグローバル化した世界に関与していく準備をさせるための1つの方法と考えられる」とアルトバック（2010：7）は述べている（広田、2013参照）。グローバリゼーションは各国家の選択的な動きとはまったく異なる動きが付け加わったことであり、超国家的な変動であり、一国内の教育制度の在り方に対して、直接的・間接的に大きな影響を外部から及ぼすようになってきたものである（広田、2013：45）。

英語が「グローバル言語」であると信じることで、英語ができれば「国際人」あるいは「グローバル人材」になれるというのは幻想である。その良い例が2017年1月にアメリカ大統領に就任したドナルド・トランプ氏である。トランプ氏は移民やイスラム教徒や女性に対して差別的で攻撃的な発言を繰り返しており、多様性豊かなグローバル社会に適した人物とは言えない。経済的・政治的な意図があるにしても、英語が話せたからといって日本の大学が育てようとしている「グローバル人材」になれるとは限らない。また、情報のグローバル化によって、トランプ氏の差別的発言は瞬時に世界中に広まっている。それらのメッセージは英語で発信されているのだ。

英語さえできればという発想は、逆にまた日本人学生の英語離れ、留学離れ

に結びつきかねない。なぜなら太田（2013）が指摘するように、留学に要求される語学力（TOEFLなど）は、米国、英国、オーストラリアでは有名校ほど高く、たとえ留学したくても求められる英語能力を満たせない日本人が増えているからだ。

　山上（2013）も、国立大学の学生に海外留学を経験させるという制度は、簡単に実行できないと指摘している。単位交換の授業科目、留学時期、授業料など、協定を結ぶ相手校からの留学生受け入れや、彼らの支援や英語による授業など対処しなければいけない問題が山積みであるからだ。

　成田（2013：47）は、定型文のやり取り（例：What do you like? I like kimuchi.）はコミュニケーションとは言わないし、国際理解をはき違えていると指摘している。「国際理解」は外国人との「コミュニケーション」における中核的な理念で、歴史、社会、文化、風習、さらに宗教の違いなども理解し合えるような相互理解である。「英語活動」を「コミュニケーション（まがいの）活動にすり替えるなど、学校教育では「コミュニケーションもどき」の授業が横行している、と警告している。それにもかかわらず、そのような歴史、社会などを基本として文系、社会科学系の教育の在り方について論じられた施策はほとんどない。日本の産業界は、理系の大学院教育に今後の活路を見出し、その振興を主導しており、文系の人間育成こそがグローバリゼーションへの対応策となるのだとする議論はみかけないと吉田（2013：11）は指摘している。

　もし今後も1995年の労働力を単純に維持しようとすれば、2020年には1270万人、2050年には3327万人（全労働者の61.7%）の外国人労働者を受け入れなければいけない。このような現実を考慮すれば、大学が養成すべき「グローバルな人材」とは、たとえばアメリカの企業で英語を駆使し最先端のビジネスに関わるような人材とは限らなくなる。もっと現実的には、勉強か仕事で日本に来ている様々な価値観をもった外国人と一緒にうまくやっていくことができるような人材の養成が最初の目標となるであろう（渡部、2015：18）。

5．結論と示唆

　本論では、「グローバル化＝国際化＝英語教育」と「外国語＝英語教育（スキ

ル重視、格差、ネイティブ重視）」という考え方が依然として日本の語学教育や社会に根付いていることを提示し、その図式に疑問を持つことに焦点をあててきた。つまり、「グローバル人材＝英語のできる人」という幻想を辞めるべきだと主張したい。「国際人」から「英語」を関連付けることはできるかもしれないが、「英語」から「国際人」に必ずしも結びつかないからである。しかも「はじめに」で述べたように、世界はEU離脱（Brexit）や米国のトランプ主義（Trumpism）のように、脱グローバル化と保護主義の方向に向かい始めた。そんな世界に生き残っていく持続可能な能力として日本の大学生に求められるものは、単なる英語のコミュニケーション力ではないと思う。

　先日、ある私立大学で、100人程度の一年生の授業参観の機会を得た。英語だけで教科の授業（content-based instruction）を受講できる語学力がある学生対象の授業である。ここでは、「英語ができる」ことが条件なので、英語の教育を行うのではなく、一般の教育を英語で行うのである。つまり、英語ができるということが前提条件になっているので、彼らの能力を計るのは英語力ではなく「学力（教育力）」である。

　もし、日本政府が目指している「英語が使える人材」教育がこのような形を目指しているならば、そして日本全体で英語が話せることが当たり前になるならば、そこで必要とされるのは英語力ではなく「学力」と「専門性」となる。英語ができることがメリットにならないのである。

　それでは、英語力がなくても専門性はある他の一般大学の学生の場合を考えよう。彼らには専門性があるので、彼らに必要なのは英語力ということになる。つまり英語が熟達している学生は専門性が、専門性がある英語力不足の学生にはある程度の英語力があれば、今の時代を生き抜いていくことは可能である。

　そこで、理想としての多言語主義と合わせて、日本語、英語、第三の場所を示唆したい。この第三の場所は「人間力としての教養＋教養としての外国語（英語以外で２外国語以上）」を蓄積しておく場所で、学校卒業時にすぐには役に立たなくても、将来的に海外に住む、海外で仕事をする、海外の人と交流する時に役立つように、雑学を含めたいろいろな知識を蓄積しておく場所である。つまり以下のような図式が成り立つことになる。

　① 英語を使って仕事をしたい人　⇒　日本語、英語（順序は逆も可能）

212　第Ⅲ部 ● 第三の道へ

② 英語以外を使って仕事をしたい人　⇒　日本語、他の外国語

③ 複数言語を使って仕事をしたい人　⇒　日本語、英語を含めた複数言語

④ すぐには英語を使わないで仕事をしたい人　⇒　日本語、第三の場所

　いずれの①〜④の人材も、その根底にすぐれた人権感覚、豊かな人間性、異種なるものに対する寛容性を持ち合わせていれば「国際人」と成りうるのである。それはたとえば、英語圏以外からの外国人や、逆にアジア人でも英語を話す来訪者が多い都の施設で、まず見た目の人種や民族性にかかわらず日本語の「こんにちは」で統一し、質問を受けた時には英語あるいは多言語で対応する。この「しなやかさ」と「柔軟性」が「この第三の場所」に入っていれば、英語が堪能でなくても「国際人となることは」十分可能だ。英語力があればそれはそれで良いことである。一番避けたいことは、英語力がなければ「国際人になれない」と思い込んだり、英語が下手だからと劣等感を持ったり、その結果外国人を遠ざけたりすることである。

　最後に、現在の大学の語学教育に携わる者は、習熟度に差があっても、そして日本語を使ってでも、この第三の場所に、できるだけ多くの英語を含めた外国語の知識や文化、歴史や社会の知識（言語政策の概念や実例を含む）、論理的思考力、常識、感性を詰め込んで学生を大学から送りだす使命を持っていると提唱したい。

注

1　文部科学省の「今後の英語教育の改善・充実方策について報告〜グローバル化に
　対応した英語教育改革の五つの提言〜」（平成26年10月）で、英語を用いて何が
　できるかを促進したもの。
　　例として、大阪市の「使える英語プロジェクト事業」は 義務教育終了段階で、
　自分の考えや意見を英語で伝えられる生徒（「英語をつかうなにわっ子」）の育成
　を目的としている。

参考文献

朝日新聞（2017）「小3から英語　授業時間増──新指導要領案「質も量も」鮮明」
　2017年年2月15日朝刊
──（2016）「教育格差防ぐ支援の輪」2016年10月14日朝刊

―――（2013）「学校週6日制8割賛成――公立小中の親　教育格差6割容認」2013年3月21日朝刊

アルトバック、P（我妻鉄也訳）（2010）「高等教育におけるグローバリゼーションと国際化」『桜美林高等研究』第2号

今村拓馬（2016）『受験か英語か、両立か――多様化する進路に戸惑う親』Yahoo Japan News. 2016年8月23日検索 http://news.yahoo.co.jp/feature /293

ウォルツァー、マイケル（山口晃訳）（1999）「第8章　教育」『正義の領分――多元性と平等の擁護』而立書房

太田浩（2013）「日本人学生の内向き志向再考」『大学の国際化と日本人学生の国際志向性』学文社、67 〜 86頁

小林正弥（2010）「「市民性の教育」の理念と課題――コミュニタリズム的共和主義と教育基本法改定問題」『武蔵野大学政治経済研究所年報』2号、157 〜 180頁

佐久間孝正（2011）『外国人の子どもの教育問題――政府内懇談会における提言』勁草書房

鈴木寛（2016）「人材育成：日本の大学の何が問題か」Nippon.com（最終更新日2016年8月19日）

杉野俊子（2016）「英語の普及とどう向き合うべきか」山本忠行／江田優子ペギー編著『英語デトックス――世界は英語だけじゃない』くろしお出版、18 〜 32頁

―――（2013）「アメリカの教育――教育格差を助長する学区制」杉田米行編『アメリカを知るための18章――超大国を読み解く』大学教育出版、174 〜 184頁

坪井健（2013）「日本の大学と大学生文化」『大学の国際化と日本人学生の国際志向性』学文社、39 〜 61頁

仲潔（2016）「劇薬としての英語」山本忠行／江田優子ペギー編著『英語デトックス――世界は英語だけじゃない』くろしお出版、2 〜 17頁

成田一（2013）『日本人に相応しい英語教育――文科行政に振り回されず生徒に責任を持とう』松柏社

濱田淳一（2014）『東京大学――世界の知の根拠へ』東京大学出版会

平田久子（2013）『子どもをインターナショナル・スクールに入れたいと思った時に読む本』コスモピア

広田照幸（2015）『教育は何をすべきか――能力・職業・市民』岩波書店

―――（2013）「日本の大学とグローバリゼーション」『グローバリゼーション、社会変動と大学』岩波書店、43 〜 72頁

朴三石（2008）『外国人学校――インターナショナル・スクールから門族学校まで』中公新書

松尾知明（2010）『アメリカの現代教育改革――スタンダードとアカウンタビリティーの光と影』東信堂

森住衛（2016）「豊かな多言語世界のための6つの論点」森住衛／古石篤子他編著『外

国語教育は英語だけでいいのか──グローバル社会は多言語だ！』くろしお出版、2〜14頁

文部科学省（2004）『我が国の高等教育の将来像（答申）』平成17年1月28日中央教育審議会（最終更新日2016年8月19日）

毎日新聞（2014）「大学教育の使命・山極寿一」『時代の風』2014年09月07日

山上浩二朗（2013）『検証　大学教育混迷の先を診る』岩波書店

山田悦子（2011）「高等教育における言語教育の目的を考察する」『神田外語大学紀要』23号、209〜226頁

山本冴里（2013）「欧州評議会の言語教育政策（訳）」、細川英雄・西山教行編『複言語・複文化主義とは何か』第3版、くろしお出版、2〜6頁

山本ベバリー・アン（2012）「インターナショナル・スクールに通わせる国際結婚家庭」志水他編著『「往還する人々」の教育戦略』明石書店、139〜156頁

吉田文（2013）「グローバリゼーションと大学」『グローバリゼーション、社会変動と大学』岩波書店、15〜42頁

渡部信一（2015）『成熟社会の大学教育』ナカニシヤ出版

Covaleskie, J. F. (2014) What good is college? The economics of college attendance. *Ohio Valley Philosophy of Education Society*, pp. 93-101.

Friedman, T. L. (2017) Tony Blair's lesson for Trump. *The New York Times*, March 2, 2017 (p.1 and p.14)

Govering DATA. State high school graduation rates by race, ethnicity. Retrieved on 2017/03/09 from http://www.governing.com/gov-data/education-data/state-high-school-graduation-rates-by-race-ethnicity.html

Kubota, R. (2011) Immigration, diversity and language education in Japan: toward a glocal approach to teaching English. In Seargeant, P. (Ed.). *English in Japan in the era of globalization* (pp.101-124). NY: Palgrave Macmillan.

May, S. (2012) *Language and minority rights- Ethnicity, nationalism and the politics of language* (2nd Ed.). London, U.K.: Routeledge.

Phillipson, R. (2003) *English-only Europe? Challenging language policy*. London: Routeledge.

Phipps, A. and Gonzalez, M. (2004) *Modern languages: Learning and Teaching in an intercultural field*. London: Sage Publications Ltd.

第10章
日本における英語必要・不要論
バフチンの「対話」の概念が示唆する第三の道

波多野一真

> The ideological becoming of a human being（中略）is the process of selectively assimilating the words of others.
> われわれの世界観の形成は、他者のことばを選択的に取り入れる過程なのである。
>
> （Mikhail Bakhtin, 1981 : 341 ［筆者訳］）

はじめに

　日本では、英語教育を「種類」に分けることがしばしばある。例えば、「受験英語」や「英会話」など、英語教育の目的や種類を端的に示すことばがなじみ深いだろう。最近では、「グローバル人材育成」という名のもとに、大学や中学校・高校のみならず、小学校においても、グローバルに活躍できる人材を多く輩出するために、英語教育をさらに推進すべきだという論調が多く聞かれるようになった。

　しかし、日本で英語を教えていると、英語教員の中には、学習者全員が将来「グローバル人材」として英語を必要とするわけではないと思っている人が意外と多いことに気づく。生徒・学生の学習志向や目的観が多様であるにもかかわ

らず、「グローバル人材育成」という名のもとに、画一的とも思える英語教育の道標に従わなければならない歯がゆさを感じているのだ。英語を教えることを本分とする英語教員であるからこそ、「なぜ」「どのように」英語を教えるのかを日々自分に問いかけているのだろう。

このような英語教員の自問は、あまり社会の表に出ることがないように感じる。しかし、英語必要・不要の議論や、英語の学習目的についての論争は、日本の英語教育の歴史の中でしばしば見られた。例えば、大正時代に入り、米国で排日移民法（1924年）が出されたことをきっかけに、日本社会の中で「英語廃止論」が叫ばれたり、昭和では、国会議員と大学教授が誌上で論争した、いわゆる「平泉・渡部論争」が大きく注目されたりと、英語教育の是非やあり方について激しい議論が行われた。近年では、小学校英語導入についての議論（例：大津（編）2004）や英語支配論（津田、2003）などの学術的議論や、ビジネス界からの議論（例：成毛、2011）も見られる。

このように、日本の英語教育は、他の教科には見られないような大きな論争を生んできた。英語教員が感じる歯がゆさは、そうした議論が「問い」の段階で停止しており、答えを導けないまま現在に至っていることを表しているのではないだろうか。

本稿は、日本の英語教育におけるそうした議論が、賛成か反対かという議論軸では答えが見つからないことを指摘し、それに代わる第三の道（新しい議論軸）を模索する試みである。この主張は、ロシアの哲学者・文芸評論家であるバフチン（Mikhail Bakhtin 1895~1975）という人物の哲学を基礎としている。バフチンの考えは、学術分野では広く研究されているものの、一般的にはあまり認知されているとは言えず、しかも理解が難しいとされる。そこで、本稿では、この難解なバフチンの哲学を、なるべく必要最小限の概念に絞り簡単に解説をすることを試みながら、日本の教育における英語必要・不要論との関連を考察していきたい。

第 10 章 ● 日本における英語必要・不要論　　**217**

1. バフチンの世界観

（1）声の複数性と対話

　バフチンはロシアの哲学者・文芸評論家で、彼の哲学・理論は、教育学や社会学など、学術分野で広く議論されている。バフチンの世界観は、「ポリフォニー」と「対話」という概念がそれをよく表している。ポリとは「複数」、フォニーとは「声・音」ということだ。ここで言う「声」とは、単なる音声ではなく、「意見」や「考え方」、あるいはもう少し積極的に「主張」と捉えることもできるだろう。バフチン（1995）は、文芸評論家としてロシアの文豪ドストエフスキーの小説を評する中で、小説に表れる声（主張）の複数性を論じている。通常、小説中の登場人物が話す内容は、作者の意見や考え方の代弁である場合が多い。そうした小説の場合、主張の中心は作者であり、登場人物が複数であっても、そこには一つの声（作者の主張）しか存在しない。そこでは、声が同質であるがゆえに、対話（ダイアローグ）とは対極にある独白（モノローグ）となってしまう。しかし、バフチンによれば、ドストエフスキーが描く登場人物は独立した声を持っており、作者（ドストエフスキー）の主張を代弁しているのではない。ゆえに、ここには異質な複数の声が存在するため、対話があるのだ。

　しかし、バフチンが論じるそうした声の複数性は、単に小説の中だけに現れるのではなく、人間の生活、社会の中に常に存在している。例えば、流行の映画があったとしよう。その映画をあなたはとても面白いと思っているが、あなたの友だちはあまり気に入っていない。その映画に対するあなたの声と友だちの声は同時に存在しているが、その複数の声は時にぶつかり合うこともあるだろうし、声が違っていてもお互いに影響を与え合うこともある。あなたにとってその映画は面白かったが、友だちの指摘する欠点も理解でき、総合すると70点ぐらいの映画だったと判断することもあるだろう。このように、複数の声はただ同時に存在するだけでなく、双方向に影響をし合い、受容したり反発したりしながら、ダイナミックな交流をしている。また、あなたが「おもしろい」と思った背景には、過去において、映画のおもしろさについての誰かの発言（声）が影響されているかもしれない。ゆえに、あなたの「おもしろい」ということばの中には、すでに他人の声を含んでいるかもしれない。バフチンは、こ

218 第Ⅲ部 ● 第三の道へ

のように声が双方向に影響し合う関係を「対話」と呼んだ。バフチンが発見したのは、このような人間社会に存在する声の複数性（ポリフォニー）とその対話的性質なのだ。

（2）バフチンが説く二つの言説

　ここで重要なのは、バフチンは、複数の異なる声が交差するとき、つまり対話が成立するとき、人や社会が成長すると論じていることである（Bakhtin, 1981; Wertsch, 1991; Freeman & Ball, 2004）。ここで、対話が成長をもたらすことを理解するために、二つの概念を紹介したい。一つは「権威的言説」（authoritative discourse）、もう一つは「自己説得的言説」（personally persuasive discourse）だ。言説とは、社会や文化の底流として流れる考え方と密接に結びついた言語表現、言語の使い方、またはその内容を指す。ここでは、議論の理解のために便宜上「主張（声）」と言い換えてもよいだろう。

　権威的言説とは、ある社会の中で権威として働く力からの主張である。例えば政府見解、教科書、教師の説明は、それぞれの権威レベルは違うが、全て権威的言説（権威者からの主張）と捉えることができる。

　一方、自己説得的言説とは、権威の支持を得てはいないが、日常生活の中で大切だと思われている、人々が納得する主張だ。あなた個人の考えは、そうした社会の中にある自己説得的言説との交流を通じて、時に受容し時に反発しながら、あなた自身にとって説得性のある、あなた独自の自己説得的言説へと成長をしていく。

　権威的言説と自己説得的言説との間には相違が発生することがある。例えば、先ほどの映画の例をとって考えてみよう。映画を鑑賞したあと、あなたは映画好きな別の友人がその映画を酷評しているのに遭遇する。あなたは、映画のことをよく知っている友人（映画についての「権威者」）が言うことだから、その評価は正しいのだろうと思うが、実際に映画を観てみて「はたしてそんなに悪い映画だっただろうか？」と疑問に思うことがあるかもしれない。このように、権威的言説（映画好きな友人のことば）は、自己説得的言説（あなた自身の心に忠実な意見）から反論を受ける可能性をはらんでいる。

　ここで重要なのは、権威的言説がそうした反論にどう反応するかだ。もし権

威的言説が一方的に個人に主張され、その反論が抑圧されるようなことがあれば、そこには双方向の対話関係は成立しない。逆に、そうした反論に対して権威が反応するとき、そこには大なり小なり対話が生まれ、その権威は「絶対的な権威」ではなくなる（Morson, 2004）。例えば、あなたが映画の評価（権威的言説）に疑問を投げかけたとき、友人はどのような反応を示すだろうか？　友人があなたの疑問に何かしらの答えを返してきたとき、それがしぶしぶの返答であったとしても、そこには対話が生まれる。この瞬間、「評論家」としての友人の権威は絶対的なものではなくなり、他者（あなた）の声との交流を始めるのだ。

　しかし、友人の権威は完全になくなったというわけではない。あなたに返答し、なぜあの映画が良くないかを理路整然と説明することで、あなたを納得させることができたなら、友人の「評論家」としての評価はさらに高まるだろう。そして、あなた自身も、その権威から映画についての新たな知識や観点を学ぶことができるかもしれない。一方、もし友人があなたを無視し、同じ主張を繰り返すだけで権威を貫き通そうとすれば、そこには対話関係が生まれず、お互いに学び合う機会を失ってしまう。

　このように、異なる二つの声（権威的言説と自己説得的言説）が交流するとき、そこに成長の可能性を生み出す。バフチン研究の第一人者であるホルクイスト（Holquist, 2002）が指摘するように、権威的言説は、多様なものを受け入れず、単一性（oneness）を好む傾向がある。しかし、個人や社会が、そうした言説に対して挑戦状を突きつけるとき、そこには成長の可能性が生まれるのだ。言い換えれば、権威的言説が存在すること自体が人や社会の成長を阻むわけではなく、権威的言説と自己説得的言説との間に対話を認めないことが、成長を妨げることになるのだ。ゆえに、個人や社会の成長においては、この二つの声の間に「対話があるか否か」という問いが重要となる。

2. 日本の英語教育における権威的言説

(1)「グローバリゼーション」という言説

　バフチンの対話の概念は、わが国の英語教育にどのような示唆を与えるだろ

220　第Ⅲ部 ● 第三の道へ

うか？　ここで、日本の英語教育における権威的言説を考察してみたい。日本における英語の普及は、主として教育政策によってもたらされている。ゆえに、政府がどのような方向性で英語教育を推進しようとしているかは、国民に対する権威として働くと考えてよいだろう。

　日本における戦後の英語教育については、学習指導要領やその他の教育方針を発表した政府資料、そして、それらの方針にアイディアを与えた審議会（中央教育審議会等）の答申・議事録の資料が多くの情報を与えてくれる。こうした資料を読み解くと、高度経済成長期を経験した日本が、1960年代以降、社会の変化に対応していくための質的変化を求める中で、より実用的な外国語教育を模索し始めたことが見て取れる。1971年の中央教育審議会答申では、国際交流の場で活用できるような実用的な外国語能力の向上が必要であると指摘しており、こうした声はその後次第に大きくなっていく。そして、グローバリゼーションの加速、高齢化社会への不安、日本経済の停滞などにより、1990年代以降さらに強調されるようになった。小渕首相委嘱の「「21世紀日本の構想」懇談会」が2000年に発表した報告書では、日本の状況を「重大な危機」と捉えて、21世紀を迎える日本が向かうべき方向性を提案しており、その中で、外国語（特に英語）の実用能力を日本人が身につけることの重要性をより具体的に指摘している：

　　社会人になるまでに日本人全員が実用英語を使いこなせるようにするといった具体的な到達目標を設定する必要がある。その上で、学年にとらわれない修得レベル別のクラス編成、英語教員の力量の客観的な評価や研修の充実、外国人教員の思い切った拡充、英語授業の外国語学校への委託などを考えるべきである。それとともに、国、地方自治体などの公的機関の刊行物やホームページなどは和英両語での作成を義務付けることを考えるべきだ。長期的には英語を第二公用語とすることも視野に入ってくるが、国民的論議を必要とする。まずは、英語を国民の実用語とするために全力を尽くさなければならない。これは単なる外国語教育問題ではない。日本の戦略課題としてとらえるべき問題である（「21世紀日本の構想」懇談会、2000：20）。

第10章 ● 日本における英語必要・不要論　221

　上記の記述で重要なのは、外国語教育（実質上、英語教育）を単なる教育の問題ではなく、日本の「戦略課題」と表現していることだ。2002年に文部科学省が発表した「「英語が使える日本人」の育成のための戦略構想」では、そのタイトル自体にも「戦略」という表現を用いている。このように、1990年代以降には「戦略として英語教育を推進する」という表現がしばしば登場するようになる。また、これ以降の英語教育関連資料には、「コミュニケーション能力」「グローバル化に対応」「国際競争力」等の表現が以前にも増して多く用いられている。これらは日本人一般に大変に馴染みのある表現であり、英語教育に関する政府の権威的言説として重要なキーワードだ。その中でも、「グローバル化」や「グローバリゼーション」ということばは、英語をなぜ学習しなければならないかを説明する上で最も頻繁に用いられるキーワード中のキーワードだろう。

（2）権威的言説とメディア

　これらのことばがどのように言説へと発展したのかを具体的に説明することは難しい。しかし、キーワードの内容を考えれば、国際的な動きを体験的に知りうる立場にあり、政府関係者とつながりのある人々（例えば、政治家、大企業トップ、学者、そして政府関係者自身）が、国家の将来について危機感を抱き、そうした危機感を政府関係者と共有していく中で形成されたものと推測できる。政府の諮問機関である中央教育審議会や「「21世紀日本の構想」懇談会」のメンバーたちが果たした役割も大きいだろう。

　逆に、一般の人々が、こうした言説を全く耳にする以前から、国際的な動きを把握し、政府関係者にこうしたキーワードを用いて発表させる力学が働いたとは考えづらい。これらのキーワードは、メディアを通して広く人々の間に権威的言説として浸透していったのだ。今津（2010）は次のように指摘している。

　　言説が誰か（または何らかの機関）によって創出され、聖性が与えられ、常
　　識のように自明化して定着する流通の過程において、メディアが果たす役
　　割が極めて大きいことにも留意しておこう。とりわけ教育に関する言説に
　　見られることであるが、人々の認識や思考、行動の目標、評価に関する枠

組みを示す言説は、メディアに登場するなかで権威を帯びてステレオタイプ化し、圧倒的な力を発揮していくことになる。例えば、「学力低下」や「生きる力」、あるいは「指導力不足教員」など、その言語表現が簡潔で、その意味内容は不明瞭であるにもかかわらず何らかの問題を指示している感覚だけは伝わってくる場合、人々はメディアの中で一定の力を帯びたそのようなことばを多用する。各話者はステレオタイプ化されたことばによって複雑であるはずの状況を単純に解釈し、言説のやりとりによって問題を分析し、解明し、処方箋を出したような錯覚に陥ることもしばしばである（今津、2010：7）。

上記の指摘のように、権威的言説はメディアを通して伝えられ、権威を帯びて型にはめられ、極度に単純化するもの（すなわち、ステレオタイプ化）がある。「グローバリゼーション」などのキーワードも、英語を学ぶ目的についてのステレオタイプ化された言語表現であり、メディアを通じて人々はそれを受容し、あたかも自ら考えたことばであるかのような錯覚すら与えているのではないだろうか。

本来、外国語を学ぶ目的は一つではない。個人レベルで考えれば、音楽や文学など、海外の文化を理解したい興味から、特定の外国語を学ぶことがしばしばある。また、ことばそれ自体への興味から、外国語の文法や文構造を学ぶことによって、その知的好奇心を満たそうとする人もいるかもしれない。筆者自身にとっての英語学習の目的を例にとってみると、定期試験で高得点を取るため、高校・大学に受かるため、留学で成功するため、英語の論文を理解するため、英語で論文を書くため、と時期により次第に変化していった。英語を学ぶ目的は多様であり、同一の個人の中でも時とともに変化する。こうした個人の具体的な学習目的は、自己説得的言説として自らのことばで語られるべきものだ。

グローバル化に対応するために英語を学ぶという観点は、そうした多様な目的の一つでしかない。国家として英語教育を推進するという目的観と、個人の英語学習の目的観は必ずしも一致しないのだ。それは、個人が国家を動かすという目的を持っていないのと同じで、この違いは当然だろう。にもかかわら

ず、多くの日本人は、英語を学ぶ重要性を「グローバル化に対応するため」と考えているようだ。拙著（波多野、2016）でも紹介した高校生への調査で、「英語は高校生にとって大事な科目か」という質問に対しては、彼らの多くが「重要」と答え、そのほとんどが理由について「グローバリゼーションだから」と答えた。ところが、自らがなぜ英語を学んでいるかを尋ねると、「受験のため（83.3％）」「単位を取るため（58.3％）」という答えが優勢で、「グローバリゼーションに対応するため（37.5％）」という理由は一転して二次的な位置に追いやられた。これは、前者の質問が「一般論」としての英語の重要性についての答えを喚起したのに対し、後者の質問は、自らの「具体的」な目的についての答えを喚起したからだ。つまり、「グローバル化に対応するため」という目的観は、個人のそれではなく、単に一般論を表したにすぎない場合が多いということだ。

「グローバリゼーションに対応するため」というのは、日本社会における英語教育についての一般論を表す言説であり、個人の具体的な生活や人生における目的観と一致するとは限らない。上記で見たような政府の権威的言説は、メディアによって日本社会全体に浸透し、グローバル化の影響を体験的に知りえていない高校生にさえ「グローバリゼーションだから」と言わしめる力を持つに至ったのではないだろうか。

3.「対話があるかどうか」を議論の軸に

ここで、本稿のはじめに提起した「英語は必要か、不要か」という問いを再び考えてみたい。英語教育に関する権威的言説としての「グローバリゼーション」というキーワードは、「なぜ英語を学ぶのか」という問いに対する理由や目的を表象している。これが各人の具体的な英語学習の目的観と一致するかどうかは、個人によるだろう。そこで、権威的言説が個人に提示されたときの反応について、仮想的に表で示すような四つのタイプ（A〜D）を考えてみたい。

タイプAとタイプBは、権威的言説が示すところの価値（英語の価値）を、自分の人生との関係において判断を下し、その上でその言説を受容する（タイプA）、あるいは拒否（タイプB）する場合だ。権威的言説を絶対的な真理とと

224　第Ⅲ部 ● 第三の道へ

表　権威的言説への英語学習者の反応例

	対話あり	対話なし
受容	**タイプA** 具体的で明確な目的観のもと、英語学習へのモチベーションが向上する。	**タイプC** 自分にとっての英語の価値を理解しておらず、目的があいまいで、英語の学習が持続しない。
拒否	**タイプB** 英語以外の勉強の方が自分には価値があると判断し、明確な目標のもと、英語以外の学習へのモチベーションが向上する。	**タイプD** 英語が嫌い・苦手なため拒絶するが、他の具体的な目的・目標を持たないため、英語以外の学習へのモチベーションにならない。

らえず、自らの人生と対照的に吟味しているという点で、「対話」が成立しているのだ。例えば、異文化に興味があり、海外で活躍したいという明確な目標を持っている生徒・学生にとっては、「グローバリゼーション」ということばはとても魅力的に感じるであろうし、そのために用意された様々な教育プログラム（英語プログラム、留学プログラムやそのための奨学金など）の価値をしっかりと認識することができるだろう。そして、自らの人生の目的観と合致させてその恩恵を受けることができるにちがいない（タイプA）。逆に、権威的言説と自らの人生の目的観とは違うと認識し、英語を学ぶ以外の目標を明確に掲げる人もいるだろう。学校の中では英語が必修科目になる場合があるだろうが、それはそれと理解しつつ、自らの目標に向かってどこに一番力を入れるべきかを理解している場合だ（タイプB）。タイプAとタイプBは、権威的言説への反応は正反対だが、自らの人生における英語の価値をはっきりと認識している点で共通している。どちらの場合も、自分にとって何が大切なのかについて自己説得的言説を発達させているのだ。

　逆にタイプCとタイプDは、学習者が、権威的言説と自らの人生の目的観について吟味していない、あるいは混同している場合だ。ここでは、権威的言説が支配的な主張になる。タイプCでは、グローバリゼーションのために英語を学習することが大切だという一般論を、自らの個人的な英語学習の目的と同一

視して疑わず、受容している場合だ。タイプDは、グローバリゼーションのために英語学習が大切だと漠然と思っているが、英語学習に興味が持てない、あるいは嫌いなために拒絶する場合である。

　上記のタイプ分けは、タイプC・DよりもタイプA・Bが大切だということ、つまり権威的言説に対して対話的な態度で自己説得的言説を発達させることが大切だということを示すためのものであるが、これをもって、学習者に対して英語学習の目的観をしっかり持てと要求しているわけではない。しっかりとした人生の目的観を持って英語を学習している生徒・学生は多数派ではないだろう。それよりも、英語学習への興味や、好き・嫌いといった感情、定期試験・入試などの短期的な目標などが英語の学習志向に大きく左右していることの方が多いのではないだろうか。そのような学習者に「目的観を持て」と要求することは、やっと歩くことができるようになった幼児に「歩くときは行き先を決めてから歩け」と指示することに等しい。目的観は、教育を通して培われることはあっても、はじめから要求すべき類のものではないだろう。

　むしろ、上記のタイプ分けを理解することが必要なのは、学習者の周りの人々である。彼らが権威的言説を学習者の自己説得的言説と混同する場合はないだろうか？　親や学校、あるいは社会全体が、「グローバリゼーションのために英語は必要だ」という期待から、それに応じたプログラムを奨励し、その中で成功することを善とする。しかし、こうしたシステムの中では、タイプDの学習者はとても肩身の狭い思いをすることになり、自己説得的言説が未発達のため、自ら個人的な目的観を持たぬまま、英語が苦手なことへの焦燥感を募らせるかもしれない。そして、タイプCの学習者にとっても、具体的にどんな場面で英語を使うのかが不明瞭で、一時的な勉強になりがちなため、英語の学習が持続しない。こうしたシステムを作らないために、学習者の周りの人々が、権威的言説を認識し、学習者の自己説得的言説を発達させることを軸に英語の価値を語らなければならない。つまり、議論の軸は「英語が必要か、不要か」（A・C vs. B・D）ではなく、英語の価値について「対話があるのか、ないのか」（A・B vs. C・D）を主とすべきなのだ。そして、そのためには、学習者の周りの人々自身が、権威的言説と対話し、自己説得的言説を発達させることが必要になる。

4. 第三の道へ

（1）二つの提案

　英語教育が推進されるべきだとする考えを「第一の道」、英語は必要ないとする視点を「第二の道」とすると、英語排斥運動をはじめとした英語必要・不要論や、「平泉・渡部論争」に見られる英語教育のあり方についての議論は、この二つの道を行ったり来たりしてきた歴史だと言えよう。実際には、それぞれの主張は複雑であり、例えば「英語の重要性は理解するが、小学校に導入するには時期尚早だ」とか「全員が高度な英語力を必要とはしないが、中等教育では少なくとも基礎的な英語の読み書きを育成すべきだ」など、決して単純な二元論とは言えないことが多い。しかし、先に見た今津氏の指摘のように、メディアを通して「グローバリゼーション」などといったキーワードが権威的言説として伝わると、そうした複雑なニュアンスがそぎ取られ、必要・不要という単純な模式のみが独り歩きする。その結果、「第一の道」にも「第二の道」にもそれぞれ利点があるにもかかわらず、どちらかが絶対的に重要だという誤解を抱くことになってしまう。重要なのは、この二つの道を硬直化して考えてはいけないということだ。なぜなら、それぞれの道の恩恵を受ける人々にとっては、どちらも利点となりうるからだ。

　そこで「第三の道」として提案したいのは、前述したように、英語が必要か不要かではなく、そこに対話があるかないかを問うことを軸に議論がされるべきということだ。前述したパターンA～Dを用いるなら、A・CかB・Dかを問うのではなく、A・BかC・Dかを問うことが重要だ。バフチンのことばで説明するなら、権威的言説との対話、他の自己説得的言説との対話を通じて、自らの自己説得的言説を発達させることを軸に考えるべきなのだ。

　これには二つの提案を含んでいる。一つは、上記で論じてきたように、議論の軸を「対話か否か」へ転換するということだ。言い換えれば、政策の影響を受ける我々一人ひとりが、自らの人生における言語の重要性を理解する上で、また、わが国の英語教育政策を評価していく上で、「英語の価値についての考え方」をシフトすべきだという提案だ。また、自らに対話があるかどうかを問う

ことで、「グローバリゼーション」という言説から解放され、目の前の一人ひとり（児童、生徒、学生）が本当に必要とすることを吟味することができるだろう。これには、まず、普段は気づかない権威的言説とその影響を意識化することが大切だ。そして、それに対して疑問を投げかけ、納得するまで自らと対話をすることだ。

　また、そうした対話的態度を養成するのは教育の力である。ゆえに、第二の提案として、対話的態度を養成し、自己説得的言説を発達させる教育のあり方について言及したい。しかし、これは、実は英語教育だけの問題ではなく、日本の教育政策全般の問題である。ゆえに、いったん英語教育の話題から離れ、対話的態度を阻む例として、日本の領土に関する教育について考え、どんな教育が目指されるべきかを考察してみたい。

（2）対話的態度を阻む教育

　現行学習指導要領を一部改訂する旨を発表した文部科学省（2014）は、地理・歴史・公民の授業の中で、日本の領土に関する教育を一層充実させることを通知した。例えば、尖閣諸島は我が国の固有の領土であり、領有権をめぐる問題は存在しないことを「理解させる」ことが新しい指導要領で明記されるとしている。筆者は、領土に関するこうした政府の立場について異議を唱えるものではない。しかし、この通知には、政府見解について生徒に「考えさせる」機会を想定している記述は一つも見つからず、一方的に「考えを理解させる」ことを主としており、こうした教育観については異議を唱えたい。なぜなら、バフチンの概念を借りれば、権威的言説が自己説得的言説を受け入れる余地を与えていないことになるからだ。そこには対話が成立せず、成長を促さないのだ。

　領土に関する教育方針についてのこうした改訂は、実は、文部科学省が本来育成を目指す人材像に反するものであると筆者は思う。例えば、同じ改訂について書かれた別の政府資料には、グローバル化する社会に必要な資質について、「社会の中で自ら問題を発見し解決していくことができるよう、自国と世界の歴史の展開を広い視野から考える力や、思想や思考の多様性の理解、地球規模の諸課題や地域課題を解決し持続可能な社会づくりにつながる地理的な素養についても身に付けていく必要がある」（「新しい学習指導要領等が目指す姿」文部科学

省ウェブページ）とされている。こうした人材を育成するためには、権威的言説のみを鵜呑みするような対話なき態度を育成してはならない。それよりも、日本政府の主張を紹介しつつ、他の国の見解についても学び、なぜそこに違いが生じてくるのか、なぜ領土の問題が国民感情につながるのか、どのように日本は隣国とつきあっていくべきかを「考えさせる」ことが重要だ。そうした教育を施さず、どうして真にグローバル化社会で活躍できる人材を育成できるというのだろうか。教育を受ける青少年の視点に立てば、権威的言説をただ植え込もうとする国よりも、自由に考える機会を与えてくれる国に対して「社会の成熟性」を感じるのではないだろうか。そして、そのとき、彼らは、そうした国の教育を受けることができたことに感謝し、愛国心を抱いてくれるようになると筆者は信じる。

（3）対話を可能にする教育への転換

　対話的態度を阻んでいる例として日本の領土に関する教育について指摘したが、これは教育政策のほんの一面に過ぎず、これをもって日本の教育全体が対話的態度を阻んでいるとは言い難い。しかし、受験に代表される知識偏重型の教育が長い間批判を浴びてきたように、「教えられるままに覚える」という学習癖が日本人の中にしみこんでしまっているのなら、対話的態度を阻む要素を一つ一つ検証しながら、教育の転換を図るべきであろう。事実、文部科学省は、知識偏重型の教育からの脱却を図り、近年では、アクティブラーニングと呼ばれる学習法を推進している。初等・中等教育においても、高等教育においても、学習者自らが能動的・主体的に知識や理解を構築していく手法への転換が模索されているのだ。このような手法は、対話的態度を養成する上で大切であろう。

　しかし、こうした試みが、社会全体の対話的態度の育成へとつながり、英語教育に見られるような権威的言説と対話できるようになるには、一見否定的に見える反抗的な自己説得的言説（例えば、「英語は必要ない」といった意見）に対して、政府や世論がどれだけ寛容でいられるかが問われてくるだろう。「グローバル化社会なのだから、英語が必要なのはあたりまえだ」と全否定するのではなく、なぜ「英語は必要ない」と思うのかについて耳を傾ける能力が必要になる。また、逆に、権威的言説への反抗や拒否が、非現実的・反社会的なもので

あれば、個人や社会に価値をもたらす声とはならないだろう。「英語は必要ない」という意見が、ただ単に「日本人たるもの日本語で話すべきだ」などという国粋主義的な立場からの主張のみであれば、英語を必要とする現実への価値ある回答にはならないのだ。また、そうした反抗的な自己説得的言説が、他の意見を受け付けないような意固地なものであれば、そこにはもはや対話は存在しない。

バフチンが説く世界観からわかることは、個人や社会が成長するためには、権威的言説と自己説得的言説が一方的に主張をくり返すのではなく、互いに飽くなき対話を続けていくことが大切だということだ。それを実現するには、アクティブラーニング等の有効な手法で知識偏重型の教育から脱却することは大切だが、その前提として、教育現場において、学習者が「何を言ってもよい」「他と違う考えを持っていてもよい」と感じることができる「安全な環境」を作っていくことが重要だ。そうした環境の中で、「私の声」を発見し、それを共有していくことで、他者とともに成長していくことができるのだ。

おわりに

本稿を執筆したきっかけは、筆者の周りの多くの英語教員が、冒頭に紹介したような「歯がゆさ」や「矛盾」を感じていることを知ったことだ。他章でも扱っているように、国内外には、少数言語であるがゆえに、母語さえも十分に学ぶことができない人たちがいる。言語教育に携わる教員として、言語が人々の暮らしを大きく左右する力を持っていると知っているがゆえに、学習者一人ひとりに寄り添った、もっと人間的な教育をしていきたいという思いが強いのだろう。

矛盾は放っておけば害悪を及ぼす可能性がある。しかし、矛盾を抱える英語教員が、目の前の学習者と向き合いながら、最良の教育を模索する対話を続けていくことができるならば、矛盾は大きな糧となる。権威的言説と自己説得的言説との飽くなき対話によって、個人や社会に価値を創造していくことが、矛盾から第三の道への大きなステップとなるのだ。

参考文献

今津孝次郎（2010）「序・教育言説を読み解く」今津孝次郎／樋田大二郎編『続・教育言説をどう読むか――教育を語ることばから教育を問いなおす』新曜社、1～23頁

大津由紀雄編（2004）『小学校での英語教育は必要か』慶應義塾大学出版会

中央教育審議会（1971）第22回答申「今後における学校教育の総合的な拡充整備のための基本的施策について（答申）」

津田幸男（2003）『英語支配とは何か――私の国際言語政策論』明石書店

成毛眞（2011）『日本人の9割に英語はいらない――英語業界のカモになるな！』祥伝社

「21世紀日本の構想」懇談会（2000）21世紀日本の構想　日本のフロンティアは日本の中にある――自立と協治で築く新世紀

波多野一真（2016）「どうして英語一辺倒になるのか？」山本忠行・江田優子ペギー編『英語デトックス』くろしお出版、33～44頁

バフチン（望月哲男／鈴木淳一訳）（1995訳本）『ドフストエフスキーの詩学』ちくま学芸文庫

文部科学省（2002）「「英語が使える日本人」の育成のための戦略構想」

―――（2014）「「中学校学習指導要領解説」及び「高等学校学習指導要領解説」の一部改訂について（通知）」

文部科学省公式サイト　新しい学習指導要領等が目指す姿「資料1・教育課程企画特別部会論点整理」初等中等教育分科会（第100回）（平成27年9月14日）

http://www.mext.go.jp/b_menu/shingi/chukyo/chukyo3/siryo/attach/1364316.htm

Bakhtin, M. M. (1981). Discourse in the novel. In M. Holquist (Ed.), *The Dialogic imagination: Four essays by M. M. Bakhtin*. (Trans. Caryl Emerson and Michael Holquist). Austin, US: University of Texas Press.

Holquist, M. (2002). *Dialogism: Bakhtin and his world (2nd ed.)*. New York: Routledge.

Morson, G. S. (2004). The Process of ideological becoming. In A. F. Ball and S. Warshauer Freedman (Eds.), *Bakhtinian perspectives on language, literacy, and learning*. Cambridge, UK: Cambridge University Press.

Freedman, S. W., Ball, A. F. (2004). Ideological Becoming: Bakhtinian Concepts to Guide the Study of Language, Literacy, and Learning. In A. F. Ball and S. Warshauer Freedman (Eds.), *Bakhtinian perspectives on language, literacy, and learning*. Cambridge, UK: Cambridge University Press.

Wertsch, J. V. (1991). *Voices of the mind: A sociocultural approach to mediated action*. Harvester Wheatsheaf.

あとがき

　英語が国際共通語として媒介言語の役割を果たすようになり、英語のオーナーシップはそのユーザー全てに広く委ねられるという様相を見せている。筆者の住む金沢は、北陸新幹線の開通で海外からの旅行者が東京―金沢―関西のそれぞれ移動時間が等しく２時間半の正三角形の頂点として経由選択地とするようになり、多様な国々の旅行者が大挙して往来するようになった。英語メニューを置く店でアイスランド人、日本人、イタリア人、メキシコ人が客同士英語で話すという場面に遭遇するようなこともある。地域の観光業の職に就く者は世界に広まった多様性のある英語（Varieties of English）に接することになる。地域企業は ASEAN 諸国に工場や提携先、子会社を置いており、ASEANの公用語としての英語（Asian Englishes）を扱うことになる。母語話者の介在しない英語使用場面が母語話者との意思疎通場面よりもはるかに多く存在することは広く認知されている。第８章に先述したように、イギリス離脱後の EU に、英語が公用語としてその大元の母語話者不在で残ることとなった。覇権言語としての勢威のその後の英語の多くは媒介言語の形姿となった。

　1980 年に Bolinger が言語を「弾丸をこめた銃」と表現した。*Language – The Loaded Weapon* で言語の持つ「力－権力」の如何と共に公用語が英語を含む二言語以上の国々における英語の取り扱い方と言語政策について言及している。いまから 37 年前、世界が東西冷戦状態にあり、前年の旧ソビエト連邦のアフガニスタン侵攻を受け、モスクワオリンピックにアメリカがボイコットを提唱し、日本もそれに同調した年である。その後、世界は潮流を変えながら進み、人々は最先端の技術の更新を続け、グローバル化（globalization）という言葉が世界を融和しているかのごとく存在する。しかし私たちはそれを常にクリティカルに見ていく必要がある。言語においてもそのことがあてはまる。

　「弾丸をこめた銃」――言語は使用者である人間が存在する以上、同様に生き

て人間と行動を共にする。人間と共に地球上に存在する約7千もの言語はそれを操る人間の興隆あるいはその反対の状況とともに消長する。言語は人々の暮らしを豊かにするために存在するはずであるが、時として言語は人々を苦しめるものと化し、生命を脅かす存在にもなり得てしまうのではないか。言語は音声化したあるいは文字化、さらには手話のようにサイン化した符号である。しかし、それだけでは勿論ない。人間の一生と共にその人の全てに関わっていく。どのような環境に生を受けたかで与えられる言語の種類は違っても、それを使って生活し幸福を追求していく。その言語で十分でないなら足るための付加言語となる外国語も使用し、さらに広範囲の人間を理解し共生する。

　言語教育に重要なことは、その言語がどのような言語であり、なぜその言語を学ぶのかというごく当たり前のことを認識すること、それが嚆矢である。例えば、先出の金沢での多く見られる英語使用の形は、国際共通語としての英語が媒介手段となった形の非母語話者間での意思疎通である。では、どうしてこのように使用されているのか。であれば、どのように理解するのか。さらには、非母語話者が英語を使用しているとすれば母語は何語であって、どのような国や文化背景があるのかまで了知することを言語教育そのものの根幹に存在させることであろう。

　最後に、本書の刊行にあたっては、出版費用の一部として、平成29年度金沢星稜大学研究成果出版助成費を受けた。厚く感謝申し上げたい。
　また、明石書店の兼子千亜紀氏と編集の岩井峰人氏に大変にお世話になったことを記し、ここに謝意を表したい。
2017年10月

田中富士美（編集）

参考資料

Bolinger, D. (1980) *Language - The Loaded Weapon: The Use and Abuse of Language Today*. Routledge.

用語索引

欧文

L1（第一言語）　11, 13, 14, 18, 19, 24
L2（第二言語）　13

あ行

アイデンティティ　3-4, 31, 41, 77, 88, 91-2, 96,
　　134-6, 145, 161, 176, 178, 180, 195
アイヌ　4, 7, 55, 92, 125-7, 131-40
アイヌ語　4, 7, 55, 125-7, 131-9
アクティブラーニング　228-9
一国二制度　104
イヌア（名霊）　86
イヌイット
　　毛皮貿易　78, 83, 85
　　自殺率　85
　　タバコ中毒　85
　　伝統知識　88
　　麻薬中毒　77, 85
イマージョン教育　40, 130, 135
「美しい」日本語　125
英語教育　4-7, 32-4, 40-2, 44-9, 51-3, 56, 60, 65-6,
　　69-70, 73, 97, 125-6, 136, 138, 172, 178-9, 191,
　　193-5, 200, 202, 205, 210, 212-3, 215-6, 219-
　　23, 226-8, 230
英語教育の限界　4, 49, 51
英語公用語化論　191
英語の価値　223-6
英語を英語で教える授業　4, 6, 32, 34, 36-7, 39, 43,
　　45-6

か行

外国にルーツを持つ生徒　50-1
学習言語　24, 30, 44-5, 47, 124
学習者の理解　38
広東語　102, 105-14, 116
危機言語　21, 101, 125, 127, 136-7, 139
寄宿学校　86-7, 157
基本的な学力要求　115
グローバリゼーション　172, 177, 201, 209-10, 213-
　　4, 219-27

グローバル化　3-5, 7, 11, 32-3, 45-6, 48, 53, 56, 73,
　　91, 103, 110, 114, 116, 126, 137-8, 145, 175-7,
　　195, 198-200, 209-12, 221-3, 227-8, 231
グローバル人材　30, 33-4, 47-8, 59, 173, 176-8,
　　191, 196, 199, 209, 211, 215-6
権威的言説　218-29
言語意識教育　136-7, 139
言語総生産　170, 195
言語的多様性　4, 6, 49-52, 175, 193
言語復興　4, 7, 125-6, 134-6, 239
言説　58, 127, 218-30
口話教育　17, 22
5カ年計画　116
国語　125-7, 132, 134, 136, 138-40
国際観光都市　102, 116
国際共通語としての英語　171, 173, 178, 191, 193-4,
　　232
ことばへの気づき　32, 40, 46
コーハンガ・レオ　130, 133
コミュニカティブ・アプローチ教授法　33, 42-3
コミュニケーション重視　34, 42-3
混交経済　78, 82

さ行

三文四語政策　103, 108-9, 116
自己説得的言説　218-9, 222, 224-9
シャーマニズム　83
手話言語法　20-1
少数派　3, 92, 125, 132, 238
情報保障　22-4
人工内耳　17, 19-20, 22-3, 25-7
真実と和解の委員会　86-7
生活言語　44-5, 47, 183
先住民族　4, 7, 125, 127-8, 131, 134-5, 139, 146, 239
先住民運動　80

た行

対話　5, 7, 68, 135, 156, 177, 215, 217-9, 223-9
多数派　3, 24-5, 125, 132, 134, 137, 225
多文化主義　87, 148, 238
中華人民共和国マカオ特別行政区　→マカオを見

よ

聴者　11-2, 14-9, 21
長老　85-6, 88, 95
ツンドラ地帯　78, 84
テ・アタアランギ　129-30, 135, 139, 239
デフファミリー　11, 18
トラウマ　81, 86, 91

な行

日本語対応手話　11, 14-6, 17, 21-2, 25-6
日本手話　4, 6, 10-1, 13-8, 20-2, 24-6
ヌナブト協定　80, 91

は行

バイリンガル教育　12-3, 21-2, 88, 146
バイリンガルろう教育　13, 21-2, 25-6
バフチン　5, 7, 215-9, 226-7, 229-30
複言語・複文化　115-6, 214
普通話　102, 105-16, 118
文法・訳読教授法　32-3, 42-3, 48
ポリフォニー　217-8
ポルトガル語　29-31, 50, 102, 104-11, 113-6, 195,
　　207-8
ポルトガル・中国（Luso-Chinese）式　107, 114

ま行

マオリ　4, 7, 125-39, 238-9
マカオ　4-5, 7, 102-12, 114-7, 239
　　特別行政区基本法　105
　　複合リゾート　115
メディア　18, 23, 54, 175, 183, 221-3, 226

や行

夜間定時制高校　4, 6, 49-52
優勢言語　149-50, 152, 171-5, 191, 193

ら行

琉球諸語　125
ろう学校　12-8, 21-3
ろう教育　4, 6, 10, 13, 15, 17, 21-2, 24-6
ろう者　10-2, 14, 16-20, 24-5

執筆者紹介

【筆者紹介】

佐々木倫子（ささき・みちこ）［第 1 章］
桜美林大学名誉教授
専門分野：日本語教育学、バイリンガルろう教育
主な著書：『手話を言語と言うのなら』（共編著、ひつじ書房、2016 年）、第 1 章「手話と格差——現状と今後にむけて」『言語と格差——差別・偏見と向き合う世界の言語的マイノリティ』（共著、明石書店、2015 年）、『マイノリティの社会参加——障害者と多様なリテラシー』（編著、くろしお出版、2014 年）、『ろう者から見た「多文化共生」——もうひとつの言語マイノリティ』（編著、ココ出版、2012 年）

井上恵子（いのうえ・けいこ）［第 2 章］
青山学院大学非常勤講師、財団法人海外子女教育振興財団講師
専門分野：英語教育学
主な著書・論文：第 3 章「教室における異文化摩擦」『国際理解教育　問題解決シリーズ』（東洋館出版社、1997 年）、「授業科目英作文——授業実践事例編目的別にみた授業事例」『高等教育における英語授業の研究——授業実践事例を中心に』（大学英語教育学会授業学研究委員会編著、松柏社、2007 年）、第 8 章コラム「海外帰国子女の言語問題」『言語と貧困——負の連鎖の中で生きる世界の言語的マイノリティ』（共著、明石書店、2012 年）、第 3 章コラム「今、帰国生に求められるもの」『言語と格差——差別・偏見と向き合う世界の言語的マイノリティ』（共著、明石書店、2015 年）

蒲原順子（かんばら・じゅんこ）［第 3 章］
福岡大学非常勤講師、西南学院大学非常勤講師、九州産業大学非常勤講師、博士（応用言語学）
専門分野：第二言語習得、イマージョン教育、言語政策
主な著書・論文：「日本人の思考の源流を探る」（明海大学 Journal of Hospitality and Tourism Vo.10、2015 年）、「日本人児童の第 2 言語としての英語習得のプロセス研究」（共著、日本英語検定協会　2011、12、13 年江戸英語教育センター委託研究成果報告、2015 年）、第 6 章「ニュージーランドのマオリ語教育に関する考察——バイリンガル教育における文化的格差」『言語と格差——差別・偏見と向き合う世界の言語的マイノリティ』（共著、明石書店、2015 年）

長谷川瑞穂（はせがわ・みずほ）［第 4 章］
東洋学園大学教授
専門分野：英語学、英語教育学
主な著書・論文：『英語総合研究』（編著、研究社、1995 年）、『はじめての英語学』（編著、研究社、2006 年）、『世界の言語政策』（共著、くろしお出版、2002 年）、「2 言語多文化主義とカナダの言語教育」（科研費報告集、2000 年）、第 3 章「カナダの先住民の教育と貧困」『言語と貧困——負の連鎖の中で生きる世界の言語的マイノリティ』（共著、明石書店、2012 年）、第 7 章「カナダの少数派——フランス語系カナダ人と移民」『言語と格差——差別・偏見と向き合う世界の言語的マイノリティ』（共著、明石書店、2015 年）

原　隆幸（はら・たかゆき）[第5章]
鹿児島大学総合教育機構共通教育センター准教授、博士（応用言語学）
専門分野：応用言語学、言語政策、英語教育学
主な著書・論文：「日本における言語文化教育——異文化間コミュニケーション能力の指標を求めて」（『鹿児島大学言語文化論集 VERBA』No.40、2017年）、「東アジアの外国語教育に学ぶ」『英語デトックス——世界は英語だけじゃない』（共編著、くろしお出版、2016年）、第10章「香港とマカオにおける言語教育——旧宗主国の違いは言語格差をもたらすのか」『言語と格差——差別・偏見と向き合う世界の言語的マイノリティ』（共著、明石書店、2015年）

岡崎享恭（おかざき・たかゆき）[第6章]
近畿大学国際学部准教授
専門分野：言語復興、先住民族教育、英語教育学
主な著書・論文：「テ・アタアランギとマオリ語復興」（近畿大学総合文化研究科紀要『渾沌』第12号、2015年）、「ハワイ先住民族の言語・文化教育システム構築過程——先住民族教育権の回復と言語編制の変化」『ことばと社会』（第13号、三元社、2011年）、「Critical Consciousness and Critical Language Teaching」（Second Language Studies Volume 23(2)、2005）

野沢恵美子（のざわ・えみこ）[第7章]
東京大学教養学部附属グローバルコミュニケーション研究センター特任講師、博士（教育学）
専門分野：比較教育、言語政策、女性学
主な著書・論文：第9章「インドにおける言語と学校教育——社会流動性と格差の再生産」『言語と格差——差別・偏見と向き合う世界の言語的マイノリティ』（共著、明石書店、2015年）、"Development and the Empowerment of Women in Rural India"（『芝浦工業大学研究報告人文系編』第47巻第1号、2013年）、「19～20世紀初頭英領インドにおけるナショナリズムと女性教育」（明治学院大学教養教育センター『カルチュール』第7巻第1号、2013年）

田中富士美（たなか・ふじみ）[第8章、あとがき]
後掲の「監修者・編者紹介」を参照

杉野俊子（すぎの・としこ）[第9章、コラム①、まえがき]
後掲の「監修者・編者紹介」を参照

波多野一真（はたの・かずま）[第10章、まえがき]
後掲の「監修者・編者紹介」を参照

森谷祥子（もりや・しょうこ）[コラム②]
東京大学大学院博士課程在学
専門分野：英語教育学、国際英語論、言語態度
主な論文：「Conflicting Attitudes towards English Learning among Japanese University Students」（東京大学大学院修士課程修士論文、2014年）、「The Effect of Staying in a Multicultural City: How Japanese Adult English Learners' Attitudes Are Influenced by Exposure to Different Varieties of Englishes」（国際シンポジウム報告集 2012、2013年）

中川洋子（なかがわ・ようこ）［コラム③］
駿河台大学グローバル教育センター准教授、博士（言語学）
専門分野：言語政策、英語教育学
主な著書・論文・訳書：「新英語教科書に見られる言語観――複言語主義への気づきの視点から」（『駿河台大学論叢』(53)、2016年）、第6章「英語の能力は発展の鍵なのか？」『英語と開発――グローバル化時代の言語政策と教育』（共訳、春風社、2015年）、「The Promotion of "English as 'the' International Language" (ETIL) in English Textbooks for High Schools in Japan.」（『言語政策』No.9、2013年）

濱嶋 聡（はましま・さとし）［コラム④］
名古屋外国語大学世界共生学部教授
専門分野：言語政策、英語教育学
主な著書・論文：「クイーンズランド州ヨーク岬における言語復活と意義」（名古屋外国語大学現代国際学部紀要第13号、2017年）、「南オーストラリアにおけるガーナ (Kaurna) 語復興・維持の意義」（名古屋外国語大学現代国際学部紀要第12号、2016年）、第17章「オーストラリア」『国際的に見た外国語教員養成』（東信堂、2015年）、「Indigenous Language Policy in Australia」（名古屋外国語大学現代国際学部紀要第8号、2012年）、「Literacy Development of Aboriginal Students」（名古屋外国語大学現代国際学部紀要第7号、2011年）

岡山陽子（おかやま・ようこ）［コラム⑤］
前茨城大学大学教育センター准教授、博士（教育学）
現在は専修大学経済学部非常勤講師、文教大学国際学部非常勤講師
専門分野：英語教育学、言語政策
主な著書・論文：『初めての多読的シャドーイング』（コスモピア、2015年）、『A Clever Way to Read Economic News』（共編著、三恵社、2011年）、『The Global Economy in the News 2』（共編著、専修大学出版局、2005年）、『The Global Economy in the News』（共編著、専修大学出版局、2002年）、「The Development of the Writing System in Palau」（茨城大学人文学部紀要第18号、2005年）、「Languages-in-Education: The Case of a Kindergarten in Palau」（茨城大学人文学部紀要第17号、2005年）

山本忠行（やまもと・ただゆき）［コラム⑥］
創価大学通信教育部教授、大学院文学研究科教授
専門分野：日本語教育、言語政策
主な著書・論文：コラム6「西欧語によって結ばれるアフリカ・分断されるアフリカ」『言語と格差――差別・偏見と向き合う世界の言語的マイノリティ』（共著、明石書店、2015年）、「英語圏アフリカ諸国における比較言語政策の試み」（『言語政策』No.10、2014）、『言語と貧困――負の連鎖の中で生きる世界の言語的マイノリティ』（共著、明石書店、2012年）、『世界の言語政策』第1～3集（共編著、くろしお出版、2002、2007、2010年）、『英語デトックス』（共編著、くろしお出版、2016年）

近藤 功（こんどう・いさお）［コラム⑦］
前韓国ナザレ大学専任講師
専門分野：日本語教育
主な著書・論文：「日本の農村地域に生きる中国人妻たち」『中国21 vol.27』（風媒社、2007年）、『国際結婚――多言語化する家族とアイデンティティ』「外国人妻たちの言語習得と異文化接触――山形県の事例を

中心に」（明石書店、2009 年）、第 9 章コラム「苦難を抱える外国人妻たちとその子どもたち」『言語と貧困——負の連鎖の中で生きる世界の言語的マイノリティ』（共著、明石書店、2012 年）

【監修者・編者紹介】

〈監修〉

杉野俊子（すぎの・としこ）

前工学院大学教授、元防衛大学校教授、博士（教育学）

現在は工学院大学、國學院大學、早稲田大学非常勤講師

JACET 言語政策研究会代表、日本言語政策学会理事、JALT（TLT）日本語編集長、ヨーロッパ体育連盟理事

専門分野：英語教育学、社会言語学、言語教育政策

主な著書：「英語の普及にどう向き合うべきか」『英語デトックス』（共編著、くろしお出版、2016）、第 2 章「日系ブラジル人——時空を超えた言語・教育と格差の中で」『言語と格差——差別・偏見と向き合う世界の言語的マイノリティ』（共著、明石書店、2015 年）、『アメリカ人の言語観を知るための 10 章——先住民・黒人・ヒスパニック・日系の事例から』（大学教育出版、2012 年）、『Nikkei Brazilians in a Brazilian School in Japan: Factors Affecting Language Decisions and Education』（慶應義塾大学出版会、2008 年）、他論文多数

〈編集〉

田中富士美（たなか・ふじみ）

金沢星稜大学人文学部准教授

日本「アジア英語」学会理事

専門分野：英語教育学、国際英語論、言語政策

主な著書・論文・訳書：第 8 章「アラブ首長国連邦 UAE ドバイにおける英語と経済——UAE ナショナル／エミラティの女子大学生の意識調査に基づく報告」『言語と格差——差別・偏見と向き合う世界の言語的マイノリティ』（共著、明石書店、2015 年）、『英語と開発——グローバル化時代の言語政策と教育』第 4 章（共訳、春風社、2015 年）、第 10 章「米国ラティーノ／ヒスパニックの言語と社会的向上——ニューヨーク市の事例を中心に」『言語と貧困——負の連鎖の中で生きる世界の言語的マイノリティ』（共著、明石書店、2012 年）、「A Survey-based study of Japanese university student attitudes toward EIL and implications for the future of English education in Japan.」(Asian Englishes, 13(1), 2010 年)

波多野一真（はたの・かずま）

創価大学経営学部准教授、博士（外国語・第二言語教育）

専門分野：言語政策、英語教育学

主な著書・論文：第 3 章「なぜ英語一辺倒になってしまうのか？——英語を学ぶ目的観の確立を！」『英語デトックス』（共編著、くろしお出版、2016 年）、第 6 章「教育改革と言語的弱者——コモンコア（全米共通学力基準）・アメリカ教育改革の現状」『言語と格差——差別・偏見と向き合う世界の言語的マイノリティ』（共著、明石書店、2015 年）、「Makiguchian perspectives in language policy and planning.」(Journal of Language, Identity, and Education (12), 2013 年)

言語と教育
──多様化する社会の中で新たな言語教育のあり方を探る

2017 年 10 月 31 日　　初版第 1 刷発行

監修者	杉 野 俊 子
編著者	田 中 富 士 美
	波 多 野 一 真
発行者	石 井 昭 男
発行所	株式会社 明石書店

〒 101-0021 東京都千代田区外神田 6-9-5
電 話　03（5818）1171
FAX　03（5818）1174
振 替　00100-7-24505
http://www.akashi.co.jp

装丁　　　明石書店デザイン室
印刷／製本　モリモト印刷株式会社

（定価はカバーに表示してあります）　　ISBN978-4-7503-4573-4

JCOPY 〈（社）出版者著作権管理機構 委託出版物〉
本書の無断複写は著作権法上での例外を除き禁じられています。複写される
場合は、そのつど事前に、（社）出版者著作権管理機構（電話 03-3513-6969、
FAX 03-3513-6979、e-mail: info@jcopy.or.jp）の許諾を得てください。

言語と貧困
松原好次、山本忠行編著
負の連鎖の中で生きる世界の言語的マイノリティ
◎4200円

言語と格差
杉野俊子、原隆幸編著
差別・偏見と向き合う世界の言語的マイノリティ
◎4200円

グローバル化と言語政策
宮崎里司、杉野俊子編著
サスティナブルな共生社会・言語教育の構築に向けて
◎2500円

消滅の危機にあるハワイ語の復権をめざして
松原好次編著
先住民族による言語と文化の再活性化運動
◎5000円

世界と日本の小学校の英語教育
西山教行、大木充編著
早期外国語教育は必要か
◎3200円

英語で大学が亡びるとき
寺島隆吉著
「英語力=グローバル人材」というイデオロギー
◎2800円

英語教育が甦えるとき
山田昇司著
寺島メソッド授業革命
◎2500円

新版「ろう文化」案内
キャロル・パッデン、トム・ハンフリーズ著　森壮也、森亜美訳
◎2400円

言語教育における言語・国籍・血統
在韓・在日コリアン／日本語教師のライフストーリー研究
田中里奈著
◎5000円

異文化間を移動する子どもたち
帰国生の特性とキャリア意識
岡村郁子著
◎5200円

移民政策の形成と言語教育
日本と台湾の事例から考える
許之威著
◎4000円

グローバル化と言語能力
自己と他者、そして世界をどうみるか
異文化間教育学会企画
小島勝、白土悟、齋藤ひろみ編
◎3000円

異文化間に学ぶ「ひと」の教育
異文化間教育学大系1
OECD教育研究革新センター編著　本名信行監訳
徳永優子、稲田智子、西村美由起、来田誠一郎、定延由紀、矢倉美登里訳
◎6800円

文化接触における場としてのダイナミズム
異文化間教育学大系2
異文化間教育学会企画
加賀美常美代、徳井厚子、松尾知明編
◎3000円

異文化間教育のとらえ直し
異文化間教育学大系3
異文化間教育学会企画
山本雅代、馬渕仁、塘利枝子編
◎3000円

異文化間教育のフロンティア
異文化間教育学大系4
異文化間教育学会企画
佐藤郡衛、横田雅弘、坪井健編
◎3000円

〈価格は本体価格です〉